本书由中央财政支持地方高校发展专项资金提供资助
本书受重庆工商大学高层次人才科研启动项目资助（项目批准号：1855040）

ZHONGGUO JIBEN YANGLAO BAOXIAN CAIZHENG FUDAN DE JINGSUAN PINGGU JI ANLI FENXI

中国基本养老保险财政负担的精算评估及案例分析

石晨曦 著

重庆大学出版社

内容提要

本书基于我国基本养老保险制度，考虑参保人员职别、性别及账户的差异，建立养老保险财政支付压力的精算模型，仿真情境模拟不同人口结构、经济环境下基本养老保险的长期自平衡性，探索政策参数及经济变量对基本养老保险可持续性的作用机制，提出减轻基本养老保险财政支付压力和完善基本养老保险改革的建议。本书对精算模型进行了由特殊到普适、由简单到复杂的循序渐进式阐述，让具有一定数学基础的读者理解内部原理。延伸阅读部分，从存量角度再次测算养老保险基金可持续性，并罗列相关的政策文件，有利于加深读者对社保精算研究和养老保险制度发展的理解。

本书既可作为研究社保精算和社会养老保险的参考书，又可为相关部门制定改革方案提供参考依据，还可作为社保精算专业研究生、本科生的辅导用书。

图书在版编目(CIP)数据

中国基本养老保险财政负担的精算评估及案例分析／石晨曦著. -- 重庆：重庆大学出版社，2019.8

（重庆智能金融实验与实践中心案例库）

ISBN 978-7-5689-1736-0

Ⅰ. ①中… Ⅱ. ①石… Ⅲ. ①养老保险制度—研究—中国 Ⅳ. ①F842.67

中国版本图书馆 CIP 数据核字(2019)第 170599 号

中国基本养老保险财政负担的精算评估及案例分析

石晨曦 著

策划编辑：尚东亮

责任编辑：李定群　版式设计：尚东亮

责任校对：姜　凤　责任印制：张　策

*

重庆大学出版社出版发行

出版人：饶帮华

社址：重庆市沙坪坝区大学城西路 21 号

邮编：401331

电话：(023) 88617190　88617185(中小学)

传真：(023) 88617186　88617166

网址：http://www.cqup.com.cn

邮箱：fxk@cqup.com.cn (营销中心)

全国新华书店经销

重庆市国丰印务有限责任公司印刷

*

开本：787mm×1092mm　1/16　印张：13.75　字数：328 千

2019 年 8 月第 1 版　2019 年 8 月第 1 次印刷

ISBN 978-7-5689-1736-0　定价：39.00 元

序言 PREFACE

《国民经济和社会发展第十三个五年规划纲要》明确指出，实现“十三五”时期发展目标，破解发展难题，厚植发展优势，必须牢固树立和贯彻落实创新、协调、绿色、开放、共享的新发展理念。一项制度需要以协调管理为基础，坚持不断地创新才能保证持续健康的发展。社会保障属于治国安邦的基石，健全和完善社会保障制度是构建社会主义和谐社会的必然要求。基本养老保险是社会保障制度的重要组成部分，其目的是保障广大离退休人员的基本生活，起到“安全网”的作用。基本养老保险制度的持续健康发展不仅保障人民的生活，而且为经济发展提供稳定的社会环境，是关系老百姓生活、社会稳定的大事。当前，我国人口结构面临老龄化的挑战、经济处于结构转型的关键时期，在多重压力和各种矛盾并存的背景下，养老保险制度成为经济、人口、福利、法律等领域的研究热点。

养老保险制度是社会保障制度的核心内容。养老保险政策的制定与改革应充分考虑养老保险基金所面临的不确定性，并进行量化分析，才能确保改革方案的可持续性。精算技术通过精密的计算，在对过去数据充分分析的基础上测算风险并实现风险的监控与转移。社保精算将精算学与社会保险相结合，运用人口学、数学、投资学、统计学等学科的知识原理对各种社会保险计划的风险状况、损失规律、成本及债务水平、长短期财务状况及偿付能力等进行分析，以保证整个社会保险制度能够健康可持续发展。相比商业保险精算，目前的社会保险精算则处于一个觉醒期。在全国转变经济增长方式的战略背景和人口老龄化加速的情况下，国家将对社会保险加速覆盖和有效保障提出更高的要求。如何对制度可持续性进行评估，如何评价政策制定是否能提供有效保障。传统的分析方法和手段显然难以满足这些要求，引入精算是必然途径。自 1951 年城镇职工基本养老保险体系初步建立至今，我国养老保险制度在不断探索完善的过程中积累了许多成功的经验，但同时也出现了许多问题。人口老龄化的冲击以及现行“统账结合”筹资模式自身存在的问题，我国养老保险基金的筹资效果始终不够理想，给国家财政和社会带来了巨大的资金压力，尤其是人口老龄化加重了养老保险基金的养老金支出负担。高龄人口占总人口比例增加、人口红利优势的衰退使养老金收取金额远远少于支出金额，加上转轨成本和隐性债务的存在，显然现行筹资模式无法满足当前养老保险制度的需求。

本书聚焦企业职工基本养老保险基金，基于我国养老保险制度，在充分考虑城镇企业职工各年龄参保人群适用的计发方式，针对不同参保人群、不同账户（统筹账户和个人账户）分别建立养老保险财政支付压力的精算模型，测算了现行养老保险制度下基金运行情况并进行仿真情境模拟，得到不同人口、经济环境下最优的延迟退休“步调”，为精算研究在养老保险相关政策制定过程中的应用提供了范例和理论基础。本书分上、下两编，即中国基本养老保险财政负担的精算评估研究和延伸阅读，共11章。上编有8章：第1章导论部分，阐述了研究背景和意义、国内和国外的文献综述、研究思路与方法和创新与不足；第2章对基本养老保险制度模式、保险精算相关理论进行了界定，并对企业职工基本养老保险制度发展历程、现状进行分析；第3章基于我国养老保险制度，充分考虑城镇企业职工各年龄参保人群适用的计发方式，针对不同参保人群、不同账户（统筹账户和个人账户）分别建立养老保险财政支付压力的精算模型；第4章考虑迁移、死亡等因素的影响，从高生育率水平、中生育率水平和低生育率水平分别进行城镇人口结构的测算；第5章通过计量方法测算了相关的主要经济变量并进行相关基础假设；第6章和第7章均为测算章节，测算了现行制度下未来基本养老保险基金的财务状况、延迟退休政策实施后基本养老保险基金的财务状况以及不同经济环境下未来基本养老保险基金的财务状况；第8章综合考虑目前国情及研究结论提出相关政策建议。下编延伸阅读有3章，分别对从存量角度测算养老保险基金、完善多层次养老保险体系以及相关政策文件进行讲解，以便于读者更深入理解社保精算的方法及当前政策环境。

基本养老保险基金运行过程中实际管理运营和历史遗留问题尚未完全得到解决，而我国又受到了人口老龄化的冲击，这使得还未健全的企业职工基本养老保险制度受到了更多的挑战。政府、相关部门加大了对社会保障制度改革的重视，尤其提倡社会保障的精算研究。十八届三中全会通过的《中共中央关于全面深化改革若干重大问题的决定》里提到应坚持精算平衡原则，建立更加公平、可持续的社会保障制度。从这个意义上讲，此选题具有很强的现实意义。书中建立了动态的企业职工基本养老保险财政支付压力的精算模型，形成了企业职工基本养老保险财政支付压力测算的方法体系，丰富了企业职工基本养老保险的财政支付压力测算研究。测算中采用了一些新技术、新方法，丰富了精算基础值测算的理论和方法体系。81种情境模拟为精算研究在养老保险相关政策制定过程中的应用提供了范例和理论基础。此书关于养老保险筹资机制改革的研究，方法科学、逻辑严谨、剖析深刻，对从事养老保险制度研究、工作的人士都具有一定的参考价值。

杨再贵
2019年2月于中央财经大学

作者简介

石晨曦,出生于1990年2月,河南开封人,中央财经大学经济学博士。现为重庆工商大学财政金融学院教师,主要研究领域为社会保险与养老精算,已在《财贸经济》《经济科学》等CSSCI来源期刊发表论文10余篇。

目录 CONTENTS

下编 延伸阅读

引 言

我国经济发展逐步从经济建设型向民生保障型转变,政府用于民生支出的比例逐步提高。企业职工基本养老保险作为基本养老保险体系的主要组成部分,其运行过程中的自平衡性不仅关系整个基本养老保险体系的可持续性,也影响政府对未来基本养老保险的转移支付水平、企业和个人的参保缴费积极性。十八届三中全会通过的《中共中央关于全面深化改革若干重大问题的决定》提到,应坚持精算平衡原则,建立更加公平、可持续的社会保障制度。中国共产党第十九次全国代表大会报告再次提出,应改革、完善企业社会保险制度。政府相关部门对于养老保险制度的改革更加重视。养老保险制度的改革受人口、经济、政治等多重因素的影响,同时养老保险制度的发展水平也会对劳动力流动、经济发展、社会稳定产生影响。基本养老保险制度作为保障退休人员生活水平的最后防线,其制度参数、运行模式任一方面的变动都会对民众生活带来较大的影响。因此,政府相关部门对于基本养老保险制度的改革是十分审慎的。基本养老保险的周转期较长,横跨了参保人的工作期和退休期。制度改革带来的影响存在较长的"潜伏期",在未来若干年后才能显现出来。通过精算方法,可从长期的角度,对现行制度下基本养老保险运行状况测算分析,发现潜在风险及问题;同时,可事先模拟某种改革对基本养老保险未来运行状况的影响,以检验改革方案的合理性、科学性。因此,运用精算技术对基本养老保险制度进行研究十分必要。

本书基于我国养老保险制度,在充分考虑城镇企业职工各年龄参保人群适用的计发方式,针对不同参保人群、不同账户(统筹账户和个人账户)分别建立养老保险财政支付压力的精算模型。由于养老保险基金的收支主要受人口结构及经济因素的影响,为保证最终结果的准确性和实际性,本书运用 PADIS-INT 人口测算软件,基于 2015 年城镇人口结构对 2095 年前高、中、低生育率水平下的城镇人口结构进行测算。借鉴国外经验,设计不同"步调"的延迟退休方案。对不同方案下,养老保险基金在未来年度的收支、结余及财政支付压力进行测算,并变动部分经济、政策参数值,模拟各因素对基本养老保险财政支付压力的影响。分别检验现行制度下各延迟退休方案下未来基本养老保险的长期自平衡性,并测算将产生的财政支付压力。根据测算结果,分析主要经济、政策参数与基本养老保险自平衡性和财政支付压力的关系,为减轻基本养老保险财政支付压力,完善基本养老保险改革提出建议。

第 1 章对企业职工基本养老保险运行、研究现状进行分析。对相关文献进行梳理,在总结、比较以往学者研究方法、研究思路的基础上,对本研究的思路、方法进行相应的完善。以往学者在基本养老保险制度可持续性的实证研究中采用精算方法进行测算研究的较少,而且这些研究的研究对象过广,部分假设、方法及模型的构建不够精确。国内学者对养老保险制度的精算研究还处于不断完善的阶段,而针对企业职工基本养老保险未来财政支付压力

的长期精算测算的研究以及从流量角度、对企业职工基本养老保险未来的资金流量进行测算分析未见报道。

第2章是本书研究的理论基础,包括与本书建模相关的养老保险制度和保险精算理论两部分。我国企业职工基本养老保险制度自1984年在市、县级的国有企业进行退休费社会统筹的改革试点,至今仍在不断完善。目前,影响企业职工基本养老保险缴费、计发方式的规定主要有《关于建立统一的企业职工基本养老保险制度的决定》和《关于完善企业职工基本养老保险制度的决定》。本书建立精算模型用到的保险精算理论包括利息理论、生命表理论和生存年金理论。

第3章建立基本养老保险财政支付压力的精算模型。根据现行企业职工基本养老保险政策制度,充分考虑企业职工各年龄参保人群适用的计发方式、性别及职别的差异,基于精算原理,分别针对不同参保人群建立统筹账户和个人账户2016—2095年的资金流情况、财政支付压力建立精算模型。

精算模型中的主要指标包括两大类:一是人口结构,二是经济指标及养老保险制度内参数。第4章和第5章对相关参数进行了测算。考虑目前我国生育政策的放宽,第4章通过PADIS-INT软件分别测算了高、中、低生育率水平下的城镇人口结构。记账利率、实际缴费工资占社会平均工资比例等经济指标以及养老保险制度内参数通过灰色空间测算模型等方法估计得到,并根据历史数据和现行政策设定养老基金收益率、覆盖率等参数值。

第6章首先对2016—2095年现行制度下基本养老保险基金收支、结余规模及将产生的财政支付压力进行测算。结果显示,现行养老保险制度下基本养老保险基金不具有可持续性,进而在借鉴国际其他国家延迟退休的办法的基础上,设计了“三步走”的延迟退休方案,并针对目前企业女工人、女干部、男性职工退休年龄的差异,设计了3种“步调”的延迟退休方案。最后对2016—2095年各延迟退休方案下基本养老保险基金收支、结余规模及将产生的财政支付压力进行测算。高、中、低生育率水平下产生的基本养老保险的财政支付压力存在明显差异。延迟退休有利于提高基本养老保险基金可持续性,并缓解基本养老保险的财政支付压力。

第7章将实际缴费工资占平均工资比例、记账利率等影响基本养老保险财政支付压力的主要因素进行组合,设计为81种情境。分别基于现行养老保险制度、延迟退休方案,对81种情境下基本养老保险财政支付压力进行测算。从横向、纵向两个维度分析各因素对基本养老保险的财政支付压力的影响。

第8章对本篇的研究结果进行总结并提出相关政策建议。通过测算结果可见,现行养老保险制度运行下,企业职工基本养老保险不具有财务可持续性,未来将产生巨额的刚性财政支付压力且随年递增。若能保证生育率达到中等水平、以0.25年及以上的“步调”逐年提高退休年龄,则能保证基本养老保险基金的长期可持续性。但是,由于基本养老保险基金的可持续性易受经济环境变动的影响,仅依靠提高生育率水平、延迟退休不能保证基本养老保险基金的抗风险能力。在基础参数测算部分,发现实际缴费工资不实、养老金待遇不存在弹性调整空间,均降低了基本养老保险基金的抗风险能力。据此提出了下面5点政策建议,以

期能提高基本养老保险可持续性、缓解基本养老保险的财政支付压力。

第一,加快实现基础养老金的统筹调剂。基本养老保险财政支付压力主要来自需支付退休人员的基础养老金。政府对于基本养老金的"兜底责任"减弱了基本养老保险制度实现自平衡的动力,只会更加依赖于财政的转移支付,而加大财政未来的支付风险。政府不能推卸对基本养老保险的责任,但是可通过明确中央、地方政府的责任,将弥补基本养老保险基金缺口的责任在中央、地方政府间分摊。基础养老金本身具有互济的性质,基础养老金实行统筹调剂意味着从省级层面实现养老金的互济作用。这样一来不仅可实现资金的优化配置,而且可减轻中央政府的支付压力。为更好地实现基础养老金的统筹调剂,有两点事项需要注意:一是剥离基本养老保险基金的历史旧账;二是明确中央、地方政府的具体监管责任。

第二,加快生育发展目标的实现。从测算结果可见,生育率水平的提高可明显提高养老保险基金的可持续性、缓解养老保险财政支付压力。"全面二孩"政策实施后,2016 年总和生育率水平达到 1.7,是 21 世纪以来的生育的高峰值,但仍未达到目标的生育率发展水平。虽然目前基本养老保险基金收支结构开始显现不合理化,基金本身的平衡性降低。但在企业职工基本养老保险基金赤字到来之前,加快深化养老保险制度的改革并尽早实现生育发展目标,定能缓解甚至避免基本养老保险基金赤字的产生。

第三,渐进式延迟退休应"小步慢走"。目前,养老保险制度处于改革的炽热期,很多碎片化的现状问题、历史遗留问题都需应对、解决。政府加大了深化改革养老保险制度的力度。在这个历史的非常时期,为稳、为准地进行改革是最有利于改革政策的实施和隐性风险的降低。对于延迟退休这一关系老百姓切身利益的举措,更应谨慎而后行。选择"小步慢走"的延迟退休政策,能为针对解决政策实施过程中遇到的问题提供更宽裕的时间,同时提供完善、修订政策的空间。

第四,建立养老金待遇的调整机制。81 种情境模拟结果说明,养老保险基金的可持续性不仅受人口结构这一主要因素的影响,同时经济环境的变动也会对其产生质的影响。建立养老金待遇的调整机制的重点在于指标的选择和模型参数的设计,对此提出几点建议:根据物价指数、工资增长率的变动情况,调整养老金待遇;根据缴费年限、缴费方式,调整养老金待遇;养老金待遇的调整应公平优先。

第五,健全基本养老保险征缴机制。由于现行养老保险制度关于基本养老保险缴费基数、缴费年限规定存在弹性空间以及征缴机制的不健全,故基本养老保险征缴过程中漏缴、少缴的现象较为严重,用人单位和个人均存在尽量少缴费的动机,因此,应尽快健全基本养老保险征缴机制,加大基本养老保险征缴过程中的监督力度。首先,厘清制度规定中的模糊界定;其次,建立通用的社会保障信息系统;最后,加大征缴工作的强制性和惩罚力度。

本书的创新点如下:

①本书建立了动态的企业职工基本养老保险财政支付压力的精算模型,形成了企业职工基本养老保险财政支付压力测算的方法体系,丰富了企业职工基本养老保险的财政支付压力测算研究。企业职工基本养老金包括基础养老金、过渡性养老金和个人账户养老金。基本养老保险制度的转轨使得基本养老金的计发方式相对复杂。以往通过精算方法对企业

职工基本养老保险的测算研究较少，且已有研究中模型多是从存量角度建模。本书根据现行企业职工基本养老保险政策制度，充分考虑企业职工各年龄参保人群适用的计发方式、性别及职别的差异，从流量角度，分别针对不同参保人群建立统筹账户和个人账户，建立收支精算模型，充分将制度模型化。此模型及测算方法体系可用于未来各时点企业职工基本养老保险财政支付压力的测算。

②测算中采用了一些新技术、新方法，丰富了精算基础值测算的理论和方法体系，包括用 PADIS-INT 测算人口结构，用对数正态分布函数拟合育龄妇女生育率，用灰色空间模型测算实际缴费工资占社会平均工资比例，构建养老金随年龄增长率、工龄工资增长率等指标的测算模型，等等。不同于以往研究中赋值假设，本书将部分政策参数、经济指标模型化，不仅为基础参数值的测算提供了新的方法，同时提高了基础值的精度。未来城镇人口结构的测算是基于我国城镇人口结构历史数据，全面考虑分年龄性别出生率、死亡率、迁移率的影响，并从高生育率水平、中生育率水平和低生育率水平分别测算，符合当前我国生育政策调整下人口变动情况，为完善人口、经济和养老保险政策提供参考。

③设计了 3 种延迟退休的方案，对养老保险财政支付压力具有重要影响的因素进行了 81 种情境模拟，得到不同人口、经济环境下最优的延迟退休“步调”，为养老保险精算研究在实际政策制定过程中的应用提供了范例和理论基础。本书设计了不同“步调”的延迟退休方案及 81 种主要因素的变动情境，分别对 3 种生育率水平下、各情境下基本养老保险的财政支付压力进行测算。考虑目前我国人口结构现状、经济背景，选择最优的延迟退休“步调”。通过横向、纵向两个维度分析，明确基本养老保险制度内各参数、经济指标之间的制衡关系，有利于构建基本养老保险的自动调节机制。

上编 中国基本养老保险财政负担的精算评估研究

第1章 导 论

1.1 研究背景与意义

社会养老保险是关系民生和经济发展的事业，基本养老保险体系建立至今，一直处于不断完善的阶段。人口、经济环境变动带来的挑战，进一步加大了对基本养老保险体系改革的需求。养老保险制度改革是政府、民众及学者关注的热点问题。城镇基本养老保险基金累计结余虽不断增长，但累计结余增长率呈不断下降之势。2008 年城镇基本养老保险基金的累计结余增长率为 34.37%，2015 年累计结余增长率为 11.15%。其中，2014 年降至 1.68%。2008—2015 年，城镇职工基本养老保险基金总收入中，养老保险基金缴费收入所占比例不断下降，由 2008 年的 82.3% 下降至 2015 年的 78.44%①。企业职工基本养老保险作为养老保险的重要组成部分，是基本养老保险体系改革的重点②。自 2008 年以来，企业职工基本养老保险基金的财务可持续性开始降低，体现在基金收支规模增长率及收入结构的恶化。截至 2015 年，企业职工基本养老保险基金累计结余收不抵支的省份已达到 6 个省，比上年增加了 4 个。累计结余下降的省份达到 5 个，比上年增加了 3 个。我国企业职工基本养老保险实行部分积累模式，即现收现付制的统筹账户与完全积累的个人账户相结合的运行模式。1997 年，我国对企业职工基本养老保险进行改革，企业及劳动者需缴纳养老保险费。而在此之间的计划经济时期，养老金由国家承诺发放，劳动者不需缴纳养老保险费。对于这个时期的劳动者，其个人账户并无资金积累，但国家需保证其退休后的养老金待遇。这些职工应有的养老金权益就构成了隐性债务，这部分债务无疑加重了基本养老保险基金的支出负担。自基本养老保险实行“统账结合”模式以来，管理过程中权责划分不清、监督不到位，现收现付制的统筹账户在发放养老金时存在“挪用个账”的现象，致使个人账户存在严重的“资产不实”。基本养老保险基金运行过程中实际管理运营和历史遗留问题尚未完全得到解决，而我国又受到了人口老龄化的冲击，这使还未健全的企业职工基本养老保险制度受到了更多的挑战。

政府、相关部门加大了对社会保障制度改革的重视，尤其提倡社会保障的精算研究。十

---

① 根据历年《劳动和社会保障事业发展统计公报》和《人力资源和社会保障事业发展统计公报》公布的城镇基本养老保险基金总收入、征缴收入、支出和累计结余数据计算得到。

② 参考国务院相关文件名称及内容里的措辞，本书将城镇企业职工基本养老保险简称企业职工基本养老保险。

八届三中全会通过的《中共中央关于全面深化改革若干重大问题的决定》(以下简称“三中全会《决定》”)里提到,应坚持精算平衡原则,建立更加公平、可持续的社会保障制度。社会保障制度的精算研究得到了重视,精算作为一门学科,综合了人口、数学等多方面的知识。通过精算方法研究社会养老保险有利于从长远的角度分析问题、发现潜在的风险因素,并对参数变动的长期影响进行分析。在人口老龄化、经济“新常态”的当下,对社会保险的精算研究能更好地掌控外在环境变化对制度运行的影响。三中全会《决定》中也提到,完善、发展中国特色社会主义制度,推进国家治理体系和治理能力的现代化是全面深化改革的总目标。这对养老保险制度改革具有深远的理论指导意义。社会保障体系作为国家治理体系的一部分,由于其“保障”的属性,对于国家治理起着“安全网”的作用。但若养老保险体系运行模式不够“现代化”,不适应社会发展需要,将可能对国家的治理产生负面作用,甚至引发社会躁动。因此,全面深化改革养老保险制度是时代所需,也是贯彻落实三中全会精神的体现。

目前,企业年金发展并不健全,商业养老并不普遍,基本养老保险是退休人员的主要收入来源。基本养老保险基金的支付能力、可持续性对保障退休人员生活待遇水平至关重要。企业职工基本养老保险制度自 1997 年初步建立至今,取得了显著的成绩,但同时也产生了许多问题。政府及相关部门对企业职工养老保险体系的改革出台了一系列政策法规,并加强了执行和管理力度,但实际的执行效果并不乐观,出现了名义高缴费率与实际低费基、参保人群与缴费人群非同比增长等一系列的矛盾。在人口老龄化、长寿风险的冲击下,养老保险制度的改革成为保证其可持续性、解决历史遗留问题与现阶段运行问题的必然选择。对养老保险制度的改革探索,学者们提出了很多观点,主要的观点有:提高退休年龄,通过延长养老保险缴费期提高养老保险基金的支付能力;养老保险实行“名义账户”,建议做大个人账户;通过政府税收政策提高职工参保积极性、降低企业负担。除了养老保险制度内部改革,政府倡导通过发展养老产业、发展养老保险的“第三支柱”——商业保险,来提高退休人员待遇水平。这些关于改革的观点大多处于探索阶段。例如,提高退休年龄,自 2008 年提出设想至今仍处于方案设计状态。2017 年 3 月 1 日,人力资源和社会保障部部长尹蔚民、副部长游钧在国务院新闻办召开的新闻发布会答记者问表示,由于延迟退休年龄政策直接涉及每个人切身利益,故改革政策的制定需继续深入研究,适时推出政策。因此,需在改革初期对现行制度运行的财务效应进行深入分析。

健全有效的养老保险体系应既能解决历史遗留问题和体系内现存问题,又能应对人口老龄化和经济变动的影响,保证养老保险体系的长期可持续性。经济因素、社会因素和政治因素等影响社会保障制度构建的深度与广度,而社会保障制度作为经济社会发展的“安全网”,在影响社会稳定的同时也对经济、政治等发展产生影响。社会保障制度与经济、社会、政治发展间的关系是相互交叉、相互影响的。由于养老保险缴费收入、养老金支出时间跨度长,养老保险基金受经济波动等风险的影响较大。因此,养老保险政策的制定与改革应充分考虑养老保险基金所面临的不确定性,并进行量化分析,才能确保改革方案的可持续性。精算技术通过精密的计算,在对过去数据充分分析的基础上测算风险,并实现风险的监控与转移。社保精算是将精算学与社会保险相结合,运用人口学、数学、投资学及统计学等学科的知识原理对各种社会保险计划的风险状况、损失规律、成本及债务水平、长短期财务状况及偿付能力等进行分析,以保证整个社会保险制度能够稳定。相比商业保险精算之下,目前的社会保险精算则处于一个觉醒期。在全国转变经济增长方式的战略背景和人口老龄化加速的情况下,国家将对社会保险加速覆盖和有效保障提出更高的要求。如何对制度可持续性进行评估,如何评价政策制定能否提供有效保障,传统的分析方法和手段显然难以满足这些要求,引入精算是必然途径。已有学者通过精算方法对社会养老保险进行研究,但是这些研究在某些方面都过于粗糙,大多只局限于对支付额度的测算等。例如,在测算人口结构时,方法过于简单,未区分性别差异;养老基金收支的测算未全面考虑经济因素的影响。

基于此思路,本书构建企业职工基本养老保险财政支付压力的精算模型,运用 PADIS-INT 等新工具和新技术测算中国人口结构的变化,对养老保险财政支付压力具有重要影响的因素进行了 81 种情境模拟,测算各情境条件下未来企业职工基本养老保险财政支付压力,并对企业职工基本养老保险制度面临的问题和挑战进行深入分析。精确地测算企业职工基本养老保险带来的财政支付压力,是深入分析现行企业职工基本养老保险制度运行状况的起点,也是进一步明确政策改革所面临主要问题的关键,能为完善养老保险制度提供科学依据。本书借鉴国际发达国家和福利型国家延迟退休的经验,结合我国国情,设计不同"步调"的渐进式延迟退休方案。基于精算平衡的原则,模拟在不同"步调"的延迟退休方案下基本养老保险运行情况及带来的财政支付压力,寻找最合适的延迟退休"步调",符合我国现阶段养老保险体系改革的需要,能为退休年龄改革方案的设计、养老保险制度的完善提供一定的理论依据。

1.2 国内外研究综述

养老保险作为保障人民生活水平的重要险种,国外养老保险机制起步较早,国外学者已密切关注到公共社保系统的可持续性所面临的严峻挑战,其研究相对国内学者更为深入。国内外学者的研究大致可分为宏观层次和微观层次。宏观层面的研究主要是针对养老机制与劳动力供给、经济发展等宏观环境关系的分析,以及从宏观定性角度分析养老保险的可持续性。微观层面的研究以定量分析为主,主要是通过精算原理、统计学原理等方法对影响制度运行的参数、制度运行过程中某项指标或制度本身的可持续性进行研究。根据研究对象的差异,可分为以下 5 类:

①养老保险制度与人口、经济关系的研究。

②政策参数变动对养老保险制度影响的研究。

③养老保险制度参数、关键指标的测算研究。

④不同养老保险制度模式对比的研究。

⑤养老保险制度可持续性的测算分析。

本节针对上述 5 类国内外的研究分别进行论述。

1.2.1 养老保险制度与人口、经济关系的研究

养老保险制度与人口、经济及财政负担关系的研究主要集中在人口结构变动、经济环境变动对养老保险基金收支、可持续的影响,以及养老保险制度对国家税收、财政负担、参保人行为的影响。汪伟(2012)构建世代交替模型分析在人口老龄化的背景下,家庭消费、储蓄、教育支出对经济的影响。从个人、企业、政府及市场4个角度建立三期的世代交替模型,对养老保险缴费、储蓄、教育及经济增长之间的关系进行分析。研究结果显示,老龄化下,加重了在职人员的压力,政府应平衡效率、公平和经济增长之间的关系,养老保险制度的改革应以"保障"和"激励"作为主要原则。Ranchhod(2006)关注养老金对南非老年人群中劳动力供给的影响。作者发现,就业率和劳动力供应显著下降。那些达到退休年龄后仍继续工作的人员更倾向于选择工作时间灵活的工作,而且他们的工作时间短于未达到退休年龄的参保人员。研究结果表明,政府确实需要考虑通过其各种福利计划促进对劳动力供应的相关激励。养老保险基金的投资组合模式、运行机制会对市场经济、股票市场等产生影响。Andonov(2013)等分析了美国和其他国家养老基金对房地产投资的效果。Andrew(2001)分析了社保基金进行股票投资对消费者的影响以及对股票市场的影响。养老保险制度对于财政的影响体现在政府对于养老保险制度施行提供的税收优惠,养老金计划通过影响个体储蓄、消费行为间接地影响税收,制度运行过程中带来财政负担(Disney, 2004;Ingles, 2015)。养老金计划对于个体行为的影响体现在诸多方面,如对个人储蓄、消费的影响,对家庭生育的影响,对个人选择退休时间的影响,等等。David 和 Ransom(2011)、Beshears(2009)等分析了养老金计划与参保人储蓄行为之间的关系。Ashenfelter 和 Card(2002)以教师群体为研究对象,分析消除强制退休制度后,个体退休行为和再就业的行为。Boeri 和 Brugiavini(2008)则以女性为研究对象,分析养老金计划中的退休政策对女性退休行为的影响。Ebenstein 和 Leung(2010)以中国农村为研究对象,对于孩子性别是否影响父母参加养老保险参保率进行了研究。结果发现,生儿子的家庭,父母的养老保险参保率相对低于生女儿的家庭,且为退休后的积蓄也较少。Duval(2003)研究养老保险制度和社会转移对 OECD 国家男性退休决定的影响。针对55~59岁、60~64岁和65岁及以上3个年龄组进行研究,发现对于提前退休的参保人员,其实际负担了更多的隐性成本。王晓军和赵明(2015)比较国际关于减少人口老龄化采取的措施,发现其他国家多是采用间接的方式来应对老龄化,最主要的方式就是延迟退休。这些国家提高退休年龄的幅度与老龄化的速度并不是完全成正比的。考虑我国现行男女退休年龄及预期寿命的差异,作者认为,延迟退休应在男女退休年龄达到一定值后重点提高女性的退休年龄。同时,发现提高折现率对缓解养老金支付压力的作用与提高退休年龄相近,而提高平均工资则会产生相反的作用。

1.2.2 政策参数变动对养老保险制度影响的研究

养老保险制度的改革完善主要是通过政策参数改革和制度模式改革。学者通过对制度内政策参数的分析,明确政策内参数变动与养老保险制度运行效率之间的关系,对现行政策合理性进行分析、提出相关改革建议。王晓洁和王丽(2015)基于面板数据,构建回归模型,

针对城镇化水平对城乡居民养老保险实际参保率的影响进行研究。回归结果显示,城镇化率、经济发展水平的提高有利于城乡居民参保率的提高,但是财政分权对提高城乡居民参保率具有抑制作用。对于流动人口,其更愿意参加保障水平相对较高的养老保险。Kim(2013)等明确在待遇确定型模式下养老保险缴费与公司盈余质量的关系,建议管理层鼓励员工自愿缴纳养老金。张迎斌(2013)等运用跨期叠代模型,构建了基本养老保险均衡指标体系,并对养老金替代率、个人储蓄率、消费水平及人口增长率等指标之间的影响进行分析,认为参保人员的退休期限、养老金替代率和人口增长率直接影响了均衡指标体系的构建。国家和地方养老金设定折现率时是基于养老基金资产的特点而非养老基金负债,通常会采用资产预期回报率来计算负债的折现率。这种做法可能存在鼓励管理者投资高风险的资产情境等问题。因此,Brown 和 David(2009)针对国家和地方养老金计划中贴现率对负债的影响,通过对国家和地方养老金负债的实际风险特征进行描述,并强调各种法律保护对这种福利的作用。作者概述了养老金应如何贴现的规范理论。最后分析各种现实代理理论中对低风险现金流折现的利弊。Behaghel 和 Blau(2010)针对美国社会保障改革进行研究,找到影响退休行为的因素。将 1938—1943 年出生者的完全退休年龄以每年提高 2 个月的速度,从 65 岁提高至 66 岁。发现 65 岁的养老金福利危险峰值与完全退休年龄高度一致。较高认知技能的人群对于新的完全退休年龄的响应较高。曾益(2013)等针对延迟退休年龄对基本养老保险偿付能力的影响进行研究。分别设定 3 种政策:政策一设定女性退休年龄为 60 岁;政策二设定男性退休年龄为 65 岁,女性为 60 岁;政策三设定男女退休年龄均为 65 岁。对这 3 种政策下基本养老保险未来收支和结余与现行政策进行比较。

1.2.3 养老保险制度参数、关键指标的测算研究

1)关于养老保险基金负债、财政负担的精算分析

基本养老保险基金的负债主要是参保人员积累的养老金领取权益。对于现期在职人员,其缴纳的养老保险费属于养老保险基金的应计负债;对于已退休人员,承诺发放的养老金属于养老保险基金的负债。Boado-Penas(2008)等对现收现付制下养老保险基金资产负债组成进行细分并进行建模测算,分析了西班牙缴费型养老金的精算平衡。Kocken(2012)以美国、荷兰养老金计划采用的评估技术为例,对风险共担养老金计划的养老金负债估值技术如何影响代际财富分配进行研究。认为一些目前使用的养老金负债评估技术低估了养老金负债,以牺牲其他相关者利益为代价惠及现期退休人员,这些评估技术将隐藏的赤字转移给后代,损害了养老金计划的可持续性。在我国由于养老保险制度改革过渡时期的影响,存在隐性债务和转轨成本。以往虽有学者用精算方法对基本养老保险进行研究,但测算模型多是从存量角度进行建模或者模型未充分体现参保人员各年缴费、退休后养老金领取情况。杨再贵和石晨曦(2016)以企业职工基本养老保险为研究对象,对企业职工基本养老保险财政负担进行测算,但其模型是基于存量角度建模,且测算的是封闭人口下的财政负担。许鼎(2017)、曹园(2016)的博士论文均是以机关事业单位为研究对象,对机关事业单位基本养老保险财政负担进行测算,其模型虽然充分考虑了新制度的影响和参保人群的差异,但仍是从存量角度建立的精算模型,最终仅为某个时点的测算结果,并不能展现未来较长时期内基

本养老保险各年具体的资金流情况、财政可能需支付的养老金情况。魏吉漳(2014)分别基于预计单位成本法、加入年龄成本法,对企业职工基本养老保险应计负债进行测算。蒋云赟(2013)对农民工养老保险产生的财政负担进行测算分析。齐艺莹和陶萌(2011)区分参保人员类型、分年龄测算了社会养老保险隐性债务的规模。刘学良(2014)基于对2010—2050年人口结构测算以及经济参数等指标的假设,对这期间养老保险的收支缺口及隐性债务进行了测算,并设置不同参数值的情境,对收支进行重新测算,对比基准测算结果寻找主要影响因素。随着人口老龄化,未来我国养老保险的缺口将很大。陈丰元(2013)等梳理了转轨成本的由来、定义及以往计算存在的问题,进而建模测算城镇基本养老保险的转轨成本,认为改革的重点问题是完善偿付机制。龙卓舟(2008)针对目前对转轨成本处理方式的合理性进行分析。认为现行处理方式存在不具有公平性、部分概念过于模糊、激励效应不足等问题。作者认为,政府应公开承担转轨成本。薛惠元和王翠琴(2009)考虑现收现付制、基金积累制下养老基金收入、支出方式的差异,分别进行列式测算转轨成本。发现只有在基金投资收益率高于工资增长率时,基金积累制相对现收现付制更优。龙卓舟(2008)认为造成我国养老保险制度运行过程中面临的财务可持续性风险的关键因素是隐性债务处理的不合理,主要体现在代际的不公平性、处理方式的含糊性、缺乏激励机制与约束机制。

2)有关养老保险支付缺口的研究

明确现阶段存在的养老保险支付缺口规模和未来时期将产生的养老保险支付缺口规模,有利于深入分析养老保险制度运行现状、检验制度后期运行效率。学者关于养老保险支付缺口的研究以实证分析为主,少数学者通过理论分析阐述养老保险支付缺口与财政、市场等其他因素的相互关系。

Sunley(2000)针对英国养老金体制改革对不同收入群体带来的养老金水平差异以及产生的养老金缺口进行分析。Drahokoupil 和 Domonkos(2012)分析了 2008 年金融危机后中欧和东欧国家的养老金改革情况,并为避免养老金缺口提出相关建议。骆正清和陆安(2010)针对企业职工个人账户建立精算模型,分析了不同水平的收益率、计发月数、记账利率与个人账户缺口的变动关系。作者认为,个人账户的可继承性和延续性是造成个人账户缺口的主要原因。王晓军和米海杰(2013a)对养老金支付缺口进行定义,基于精算原理建立养老金支付缺口的精算模型,测算并分析了人口、经济等因素对支付缺口的影响。研究表明,精算假设的差异虽会直接影响测算的结果,但人口老龄化趋势下,现行养老保险制度不具有可持续性。胡玉琴和郑学东(2010)通过建模分析统筹账户的支付能力,并分别针对收入水平、参保年龄、退休年龄及社会平均工资指标对改革前后统筹账户支付能力的影响进行情境分析。余立人(2012)通过设置高、中、低 3 种收入水平,对退休年龄对统筹账户支付能力的影响进行研究及敏感性分析。研究认为,由于统筹账户养老金的支付受多种因素的影响,延迟退休不一定能提高统筹账户支付能力。退休年龄对缓解统筹账户支付压力并不具有直接的作用。祁恒裙(2006)分析了我国养老模式,并从财政角度针对养老金缺口进行分析。认为解决养老金缺口问题应从完善基金制度、提高统筹层次和完善资本市场等方面入手。李杨(2009)用多元回归的方法对 H 省企业职工基本养老金缺口进行测算分析。结果显示,基金结余呈不断缩小的趋势,且养老保险基金收不抵支的现象愈加严重。扩大养老金覆盖率同时拓宽投资渠道有利于缓解缺口压力。

3)关于政策参数、单个指标合理性的研究

全球范围内,养老金制度的改革成为趋势,学者们通过对前期改革效果的回顾,分析所面临的趋势和挑战,定位当前改革目标,并进行定量或定性的分析。主要集中于对退休年龄、缴费率、基金收益率及覆盖率等参数对养老保险基金运行的影响、参数间关系、参数值合理性的分析。Holzmann(2012)对全球养老金体系的发展历程进行梳理,分析新环境下所面临的挑战,概述了养老金体系改革的主要趋势以及重点需改革的区域。退休年龄作为基本养老保险制度重要政策参数,Gruber 和 Wise(2003)、Verbic(2006)等、Kalwij(2010)等、Tolos(2014)等、Jamaludin 和 Gerrans(2015)通过实证建模或搜集某些国家的经验数据,对退休年龄对劳动力市场、国内生产总值、人民福利水平的影响进行分析并提出改革的建议。可见,退休年龄的变动对居民储蓄、消费以及市场经济、政府财政均将产生影响。王晓军和赵明(2015)借鉴国际经验分析我国实行延迟退休的必要性,并用精算方法模拟延迟退休对基本养老保险基金的影响。虽然延迟退休是必然趋势,但目前相关机制并不完善。王佳林(2015)通过对统计数据分析,认为当期不应推行延迟退休政策。艾慧(2012)等分析了基本养老保险存在的筹资困境,并针对缴费方面,对制度设计中存在的问题进行分析、提出相关建议。随着隐性债务的逐年减少,适度降低统筹账户缴费率是可行的。由于个人账户属于积累制,应采取收益率较高的保值增值方式。王晓洁和王丽(2015)对财政分权与城镇居民养老保险覆盖率的影响关系进行研究,研究发现两者之间呈反向抑制关系,而城镇化水平则对提高养老保险覆盖率具有促进作用。曾益(2016)等在“单独二孩”和“全面二孩”的背景下,针对出生率指标对养老保险收支进行测算,分析对养老金支付危机的影响。“二孩”政策一定程度推迟了养老基金消耗殆尽时点的到来,如果 54% 合规夫妇生育二孩,则在 2090 年前,养老基金均具有偿付能力,不会出现基金赤字。王亚柯和李羽翔(2016)对改革前、改革后机关事业养老保险保障水平进行测算,并对制度内参数对其影响程度进行分析。测算发现,加入职业年金可明显提高养老金保障水平。黄利霞和冯斌(2015)基于代际交叠模型,对现收现付制、累计制两种制度下收益率增长路径进行分析。收益率实现黄金增长路径的最重要的影响因素是技术。邹丽丽(2014)设计 4 种计发方案,从影响收入再分配的主要因素(抚养比、缴费率、工资收入差距及结余差异)进行分析,并针对这 4 个方面提出提高统筹层次的建议。杨再贵(2008)通过世代交叠模型测算了最优替代率,同时分析了其与养老保险缴费率、替代率、人口增长率之间的关系。之后也有学者利用世代交叠模型对缴费率、储蓄率等指标进行分析(杨妮等,2014;龚锋等,2015;庞杰等,2016;龚敏等,2016;洪丽等,2017)。

1.2.4　不同养老保险制度模式对比的研究

养老保险制度模式主要有 4 种,即缴费确定型、待遇确定型、积累制及现收现付制。对这 4 种养老保险制度模式的比较主要集中在对制度本身有效性及内部参数合理性的研究。Farrell 和 Shoag(2015)关于待遇确定型与待遇非确定型计划对养老基金的影响进行研究。作者基于全国性关于待遇确定型与待遇非确定型的调查数据和来自佛罗里达州地区个人投资者的调查数据,对公共部门参与者如何影响资产分配、管理费用、投资效果以及个人与总体水平的均衡进行分析。最后发现,除了待遇确定型计划对替代投资具有更大的选择空间,待遇确定型和待遇非确定型计划对资产情境、资产收益、资产费用的差异很小。Clark(2016)等则对犹他州从传统待遇确定型计划脱离出来后,员工缴费积极性、员工离职行为进行分析,认为养老体系的改革不应仅考虑成本问题,对员工反映也应考虑。蒋云赟(2013)通过代际模型,对完善农民工养老保险制度建设提出相关建议。当前,我国政府对农民工参加养老保险的支持力度较弱,相关责任界定不够完善,这些因素都阻碍了农民工养老保险制度的进一步健全。随着人口结构、经济环境的变化,我国传统的养老保险制度受到了新的挑战。由于家庭规模的变小、生活方式的变化改变了对传统养老观念的影响,同时老龄化加重了家庭养老的负担。目前,社会养老的需求远大于供给,养老体系的发展相对滞后。刘晓梅(2012)借鉴美国、英国和日本养老模式的经验,分析我国养老模式存在的问题以及现行环境下的主要挑战,认为我国养老模式应突出政府的责任,加快养老保险体系的建设。薛惠元和王翠琴(2009)将缴费水平界定为制度成本,针对基金积累制与现收现付制两种模式下产生的制度成本进行比较。认为若赡养率高于自我负担率且投资收益率高于工资增长率时,基金制下养老保险制度成本低于现收现付制下养老保险制度成本。对于我国积累制的个人账户空账,只有保证基金的投资收益率高于工资增长率,才能确保账户是有效的。Anantharaman 和 Lee(2014)对高层管理者的薪酬激励是否影响养老金计划中风险转移与风险管理行为研究后发现,养老金不足造成的风险转移对高财富风险敏感性的薪酬结构更为强烈。高层管理人员的薪酬结构是企业养老金政策的重要驱动力。他们还强调了由养老金福利保障公司保险激励的道德风险担忧最相关的公司。养老保险制度的改革对公共安全、福利的影响巨大,俄罗斯面临的关键挑战是如何确保参保人员充分的退休后收入和保持养老金制度的可持续性。Eich(2012)等在改革并未实施的情况下,对养老金支出的变化及对一些人的影响进行量化,据此提出相关建议,提出确保公共养老金相对工资水平的福利性。Robert 和 Rauh(2009)研究认为无论是缴费确定型还是待遇确定型养老金计划,相关部门在进行该养老金体系负债估计时低估了负债,这将影响后期对基金投资组合的选择。Jeffrey 和 Wilcox(2009)认为待遇确定型养老金计划下折现率的选择会影响基金后期的投资组合以及外界主体对养老基金捐款行为。

1.2.5 养老保险制度可持续性的测算分析

关于养老保险制度可持续性的研究主要集中于对养老保险制度运行模式、基金投资模式的财务有效性、可持续性分析。Jimeno(2008)等将分析人口老龄化对社会保障制度可持续发展的定量模型总结为综合测算法、一般均衡模型和个人生命周期模型 3 种,将 3 种方法运用于对西班牙社会保障问题的研究,比较了 3 种方法在应用中的优劣。Christian(2008)认为提高养老基金的抗风险能力,可通过对基金投资组合优化提高养老储蓄基金的回报率,不仅能提高对退休人员的养老金支付水平、增加工人贡献的预期回报,而且能降低每代人的风险,实现代际风险分担。Marchiori(2012)等通过建立世代交替模型,对卢森堡人口、经济和财政平衡性进行研究。认为,外来人口迁入有利于养老保险体系,但只能短期内缓解老龄化对财政的影响,长期内只有通过财政改革才能解决赤字问题。该研究还发现如果没有外贸、外来人口流入,本国人口失业率将增加。Inderst(2014)对澳大利亚和加拿大两个地区的养老金制度、投资策略、养老基金治理以及基础设施投资政策进行分析,认为两国基础设施投资的相应组织模式对传统的私募股权模式带来了挑战。Archer(2011)认为,在过去的20年里,由于资本市场的"嵌入"加拿大养老基金收入来源构成发生了变化。文章针对这些金融中介机构在进行基金投资管理过程中对资本市场、证券市场、受益人等相关主体的影响及存在的问题进行分析。中国社会科学院经济研究所社会保障课题组(2013)认为,以往的研究忽视了由于制度不公带来的保障水平差异,因此,针对我国现行养老保险制度改革的路径选择,提出若干建议。该研究首先将目标人群大体分为就业人员和非就业人员两类。就业人员细分为正规、非正规就业人员,进而进行制度分析。作者认为,对于城乡居民养老保险,将财政支持的基础养老金转化为普惠制的公共养老金,有利于人口的流动和缩小城乡养老保险的差距。对城镇基本养老保险,应将个人账户转为记账式缴费确定型账户并交由专门的机构管理。刘学良(2014)通过测算城镇基本养老保险隐性债务、收支缺口及结余情况,对我国基本养老保险的财务可持续性进行分析。其测算是基于开放的人口,但收支测算的模型较为笼统。殷俊和黄蓉(2012)将退休年龄分别设定为55岁、60岁、65岁,测算了在这3种退休年龄方案下,养老保险基金结余情况。结果认为,将男性、女性退休年龄统一设为60岁,更有利于基金的财务平衡。但是,该文测算方法较为粗糙,人口数据是采用联合国人口司(United Nations Population Division)2010年的测算数据,并未考虑城镇人口未来结构的具体情况。王晓军和任文东(2013)实证研究结果显示,现行制度下,我国基本养老保险将在2035年出现严重的赤字问题。只有实行改革,才能保证基本养老保险体系的偿付能力。

1.2.6 简要评述

现阶段,我国基本养老保险基金制度的可持续性受到制度内部、制度外部等多种因素的挑战。毋庸置疑,在目前的人口、经济环境下,对我国基本养老保险制度的改革成为历史的必然。通过对以往相关文献的学习与梳理,得到与本书相关的几点启示:

养老保险制度可持续性的分析主要是针对养老保险制度自平衡性、财务可持续性的分析。主要的评估方法可分为3类:一是基于精算原理,通过对养老保险制度建立精算评估模型,分析其可持续性;二是基于世代交叠模型,从养老保险制度运行对个人、企业、政府及市场4个维度的影响建模,分析养老保险制度的可持续性及参数指标的最优解;三是基于统计学原理,利用养老保险制度运行的财务数据、经济指标建立回归分析模型,对回归结果进行分析,判断未来养老保险制度的可持续性。基于精算原理对养老保险制度的研究,便于从长期或短期的视角,对养老保险制度可持续性进行定量分析。国际上主要的养老金精算评估模型主要分为两种:一是长期精算平衡模型,二是资产负债模型。前者由于对于人口数据的假设、测算方法的差异,可分为静态人口(即封闭人口)下的养老金的精算评估模型和动态人口(即开放人口)下养老金的精算评估模型。后者是通过建立关于养老保险基金资产、负债的精算模型,通过测算资产负债比率,分析制度的偿付能力。长期的精算分析,人口的测算是精算研究的基础。因此,采用先进、科学、合理的方法对我国未来城镇人口结构的测算是影响最终结果准确性的关键。已有文献关于养老金精算评估模型的研究与运用，对我国企业职工基本养老保险制度的研究，在研究方法的选择、模型的构建、指标的选取等方面具有很强的借鉴意义。

基本养老保险作为养老保险体系的"第一支柱"，实行政府、企业、个人三方负担的模式，政府除了通过税收减免等方式支持基本养老保险体系的运转，基金运行过程中如果出现收不抵支的状况，将由政府进行"兜底"。养老保险制度的运行受人口、经济、政治等多方面因素的影响，对养老保险基金可持续性的精算研究，精算模型的建立应尽可能体现基本养老保险制度关于缴费及计发办法的规定。已有文献关于基本养老保险制度对财政带来的养老金支付压力的精算研究较少。采用精算方法，从流量角度对企业职工基本养老保险财政支付压力的测算以及延迟退休政策是否有利于企业职工基本养老保险基金长期精算平衡、缓解财政支付压力的研究还未看到。需要说明的是，虽然前几年有博士生写过养老金测算的博士论文，如中央财经大学的曹园、许鼎，中国社会科学院研究生魏吉漳，但他们是从存量角度建立的精算模型，最终得到的是封闭人口下某个时点的测算结果。曹园、许鼎的博士论文均是以机关事业单位为研究对象，虽然模型考虑了各类参保人员养老金计发方式的差异，并充分体现了参保人员工作期缴费与退休期领取养老金的情况，但由于从存量角度建模，只得到了 2015 年的测算结果，不能展现未来较长时期内基本养老保险各年具体的资金流情况、财政可能需支付的养老金情况。魏吉章的博士论文，虽是以企业职工为研究对象，但重点在于对不同方法下 2012 年年底精算应计负债的测算，且其模型中并未体现参保人员工作期缴费与退休期领取养老金的情况。虽然本书也是采用精算方法对基本养老保险进行测算研究，但本书建模思路、方法，以及未来人口结构、经济变量、基本养老保险制度参数基础值的测算方法与以前的博士论文存在显著的差异。

1.3 研究思路与方法

1.3.1 研究思路

本书基于我国养老保险制度，在充分考虑城镇企业职工各年龄参保人群适用的计发方式，针对不同参保人群、不同账户（统筹账户和个人账户）分别建立养老保险财政支付压力的精算模型。因养老保险基金的收支主要受人口结构及经济因素的影响，故为保证最终结果的准确性和实际性，本书运用 PADIS-INT 人口测算软件，基于 2015 年城镇人口结构结合联合国公布的生育水平、死亡水平对 2095 年前高、中、低生育率水平下的城镇人口结构进行测算。同时，通过建模对主要经济变量进行测算。借鉴国外经验，设计不同调整幅度的延迟退休方案，对不同方案下，养老保险基金在未来年度的收支、财政支付压力进行测算，并变动部分经济、政策参数值，模拟各因素对基本养老保险财政支付压力的影响。检验现行制度下、各延迟退休方案下未来基本养老保险长期的自平衡性，并测算将产生的财政支付压力。根据测算结果,分析主要经济、政策参数与基本养老保险自平衡性、财政支付压力的关系,为减轻基本养老保险财政支付压力、完善基本养老保险改革提出建议。本书的主要研究思路如图 1.1 所示。

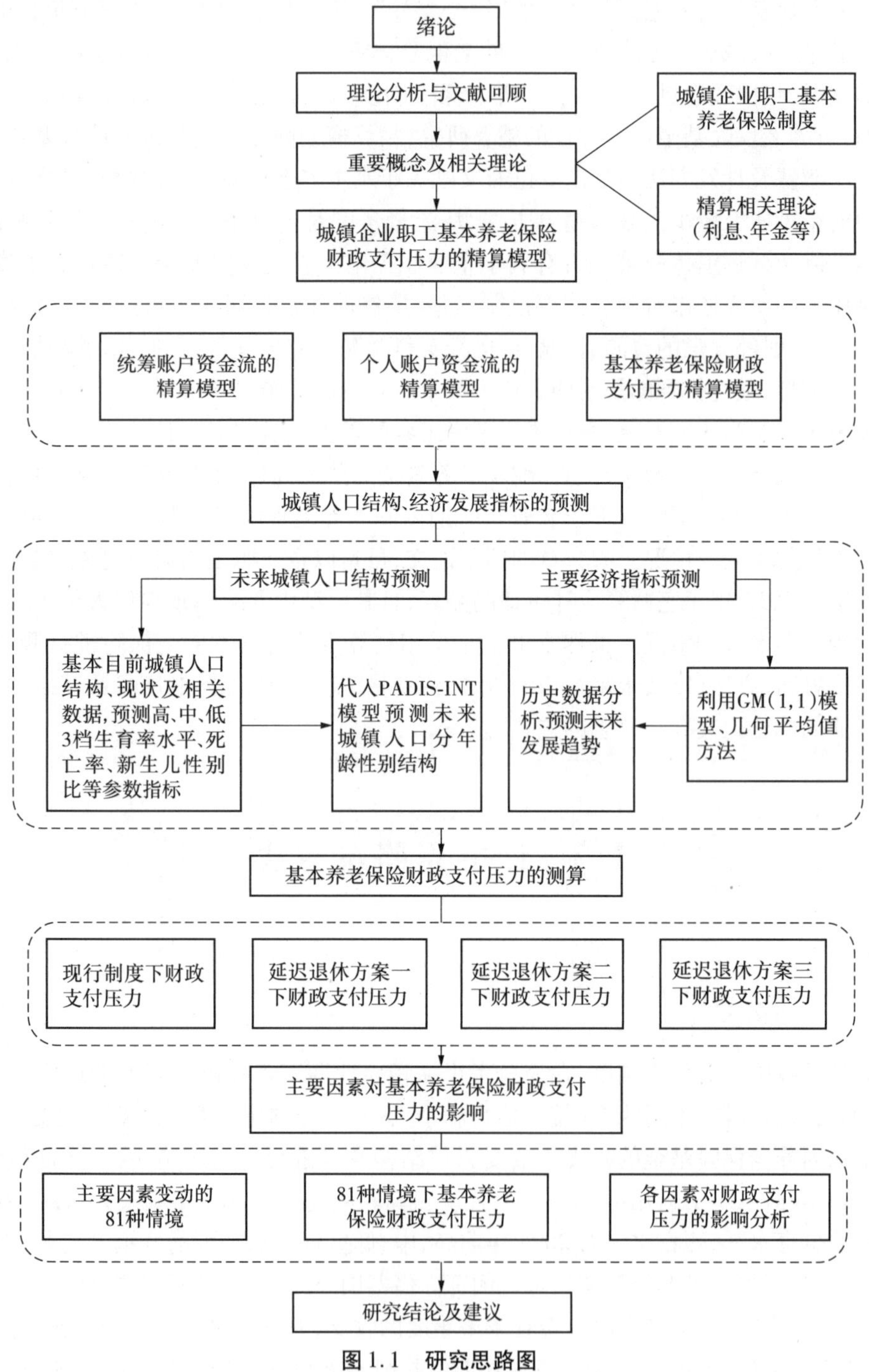

图 1.1　研究思路图

1.3.2　研究方法

1)文献研读法

文献研读法是本书前期研究所采用的主要方法。通过文献研读法,对我国企业职工基本养老保险建立发展历程、运行过程中存在的问题与取得的成绩进行深入分析。

2)归纳整理法

将通过文献研读获得的信息进行归纳整理,提炼出分别对本选题理论分析、模型构建、实验设计等各部分具有借鉴意义的信息,以便后期展开模块、系统的分析。

3)比较分析法

通过国家统计局、人力资源和社会保障部、全国社会保障基金理事会等网站获得与企业职工基本养老保险相关的数据信息,对这些数据进行纵向与横向的比较,发现有价值的信息。构建科学、合理的人口和经济等相关指标的测算模型,需要对涉及的参数和指标进行分析,选择最合适的数据、最合适的变量是构建科学、合理模型的基础。

4)精算分析法

根据现行企业职工养老保险制度,将影响养老保险财政支付压力的制度用数学语言表述。构建企业职工养老保险财政支付压力的精算模型,并测算企业职工养老保险财政支付压力。

5)实证分析法、规范分析法

对企业职工基本养老保险财政支付压力的测算、可持续性的分析需要结合实证分析法和规范分析法,以保证研究结果和结论的科学性、公允性。

1.4　创新与不足

1.4.1　创　新

本书的创新点一:本书建立了动态的企业职工基本养老保险财政支付压力的精算模型,形成了企业职工基本养老保险财政支付压力测算的方法体系,丰富了企业职工基本养老保险的财政支付压力测算研究。企业职工基本养老金包括基础养老金、过渡性养老金和个人账户养老金,基本养老保险制度的转轨使得基本养老金的计发方式相对复杂。以往通过精算方法对企业职工基本养老保险的测算研究较少,且已有研究的模型多是从存量角度建模,本书根据现行企业职工基本养老保险政策制度,充分考虑企业职工各年龄参保人群适用的计发方式、性别及职别的差异,从流量角度,分别针对不同参保人群建立统筹账户和个人账户建立收支精算模型,充分将制度模型化。此模型及测算方法体系可用于未来各时点企业职工基本养老保险财政支付压力的测算。

本书的创新点二:测算中采用了一些新技术、新方法,丰富了精算基础值测算的理论和方法体系。具体包括用 PADIS-INT 测算人口结构、用对数正态分布函数拟合育龄妇女生育率,用灰色空间模型测算实际缴费工资占社会平均工资比例,构建养老金随年龄增长率、工龄工资增长率等指标的测算模型,等等。不同于以往研究的赋值假设,本书将部分政策参数、经济指标模型化,不仅为基础参数值的测算提供了新的方法,同时提高了基础值的精度。未来城镇人口结构的测算是基于我国城镇人口结构历史数据,全面考虑分年龄性别出生率、死亡率、迁移率的影响,并从高生育率水平、中生育率水平和低生育率水平分别测算,符合当前我国生育政策调整下人口变动情况,为完善人口、经济和养老保险政策提供参考。

本书的创新点三:设计了 3 种延迟退休的方案;对养老保险财政支付压力具有重要影响的因素进行了 81 种情境模拟,得到不同人口、经济环境下最优的延迟退休"步调",为精算研究在养老保险相关政策制定过程中的应用提供了范例和理论基础。本书设计了不同"步调"的延迟退休方案及 81 种主要因素的变动情境,分别对 3 种生育率水平下、各情境下基本养老保险的财政支付压力进行测算。考虑目前我国人口结构现状、经济背景,选择最优的延迟退休"步调"。通过横向、纵向两个维度分析,明确基本养老保险制度内各参数、经济指标之间的制衡关系,有利于构建基本养老保险的自动调节机制。

1.4.2 不　足

本书写作过程中遇到了许多困难,虽然努力攻克各种难关,但仍存在一些不足,主要有以下 3 点:

①本书对企业职工基本养老保险财政支付压力的研究是从全国的角度进行分析,由于目前我国基本养老保险并非全国统筹,有些数据无权威公开的来源,也无从获取,因此,只能基于前人研究、主流思想进行相关分析。随着计算机技术的发展、社保一卡通的普及,未来相关数据可以准确获得,则代入本书建立的企业职工基本养老保险精算模型仍能测算出准确的结果。

②本书是以全国企业职工基本养老保险基金为研究对象,而实际由于我国各省份地区经济发展水平、人口规模等因素的差异,因此,各省份基本养老保险基金的运营现状存在较大的差距。本书并未细分考虑各省份企业职工基本养老保险基金间的差异。

③本书测算分析的是因基本养老保险基金无法达到自平衡而产生的财政支付压力,未考虑基金外部收入来源的影响,属于保守的测算。随着国有资产划拨充实社保基金等改革的落实,实际的基本养老保险财政支付压力将有所减轻,未来有待进一步测算研究。

第 2 章　企业职工基本养老保险制度及相关精算理论

2.1　理论起源与现状分析

2.1.1　理论起源

我国基本养老保险实行"统账结合"的部分积累模式。"统账结合"是指将现收现付制的统筹账户与完全积累制的个人账户相结合。养老保险主要的运行模式有 3 种:现收现付制、部分积累制和完全积累制。这些模式的理论来源可追溯到生命周期假说、制度变迁理论和福利经济学等。

1)生命周期假说

生命周期假说将人的一生分为 3 个阶段,即求学时期、成年时期和老年时期。将这 3 个阶段的消费和储蓄联系起来,认为人一生中的消费与收入是相等的。不考虑幼年时期,人生其余的时间可分为两个时期,即工作期和退休期。该假说假设人们是理性的,人们的消费水平并不是由其当期的收入决定,而是由其一生的全部收入水平决定的。因此,在工作期,人们只会消费一部分的收入,不会花光其所有的收入,将未消费的收入作为储蓄留到退休时消费。在退休期,人们不再劳动,收入来源大多依靠工作期的储蓄积累,每消费一部分资金就会导致储蓄的减少。长期来看,人们的边际消费倾向等于平均消费倾向,长期消费倾向较为稳定。生命周期假说对养老保险理论的影响体现在养老保险期间的划分和对参保人员行为的影响。对于参加养老保险的职工,其一生可分为 3 个时期:参加工作前期、工作期和退休期。参保人员在工作期间缴纳养老保险费,在退休后直至死亡的期间领取养老金。相当于参保人员在工作期间进行"养老金的储蓄",在退休期间"消费"之前的储蓄。基本养老保险制度的存在就是为了起到稳定参保人员一生消费水平,避免其年轻时过度消费,存有储蓄以供退休时维持生活。可见,基本养老保险的运行模式体现了生命周期假说的基本原理。

2)制度变迁理论

制度变迁理论是由格拉斯·诺斯提出的,制度变迁理论主要包括三大部分:产权理论、国家理论和意识形态理论。节省费用是制度变迁的主要动力,如果将制度看成一种公共品,当制度的供给与人们对制度的需求相平衡或者供给大于需求时,制度就会稳定存在。而一旦原有制度不能满足人们的需求,人们意识到可通过改变制度结构改变相对价格时,人们对新制度产生渴望,原有制度也将会被更高效的新制度所取代。我国基本养老保险制度自1991年初步建立至今,一直在不断完善。基本养老保险制度的结构和内部设计一直在向更高效、更合理的方向调整。目前,在历史遗留问题和现阶段经济、人口结构变动冲击下,基本养老保险制度的持续发展受到了多方面因素的挑战。基本养老保险保障水平不能完全保证。正是由于现有保险制度无法满足人们的"需求",因此,政府相关部门一直在不断对养老保险制度进行改革。制度变迁理论解释了为什么养老保险制度需要改革。

3)福利经济学

福利经济学包括第一定理、第二定理和第三定理,后人对福利经济学进行扩展和延伸。其中以庇古为代表,所建立的资产阶级福利经济学体系认为,福利分为社会福利和经济福利,而经济福利是能用货币衡量的,受国民收入均等程度的影响。国民收入均等化程度越高,社会经济福利越大。因此,提高国民收入总量和国民收入分配的公平性,有利于提高社会经济福利。社会养老保险基金的建立是为了维持社会稳定、促进社会经济发展,具有初次分配和再分配的功能。社会养老保险的初次分配功能体现在参保人员退休后养老金待遇水平由其工作期缴费工资基数、缴费年限决定,社会养老保险的再分配功能体现在政府通过制定政策提高养老金标准、不完全按照工作期缴费情况确定养老金水平,而根据退休人员实际生活状况调整养老金。因此,从福利经济学的角度看,社会养老保险是提高社会经济福利的一种制度。

4)其他理论

除了生命周期假说、制度变迁理论、福利经济学这些理论外,影响养老保险基金运行模式、改革发展的理论还有很多,如德国新历史学派、瑞典学派、凯恩斯主义经济学等。德国于19世纪末建立起世界上第一个系统性的社会保险制度,而德国新历史学派对于政府干预社会经济、社会保障建设提出了一系列具体的建议和观点,肯定了社会保障制度建立对于社会发展的必然性,奠定了以后社会保障制度的发展。凯恩斯主义经济学主张政府干预,政府可通过调整财政支出、收入影响消费,以及通过累进税增加社会福利等措施调节经济发展。第二次世界大战后凯恩斯主义经济学进一步发展,出现了一些具有代表性的思想,如新剑桥学派,认为资本主义的问题主要来自社会财富、收入分配的不均等。这些理论为社会保障经济理论的发展奠定了基础。

社会养老保险制度的理论起源可追溯到各个国家、不同时期应运而生的各种经济理论,这些经济理论对社会养老保险制度基础理论的发展起到奠基的作用。然而,每个经济理论由于其产生的时期、地区存在差异,因此,具有各自的倾向点和独特之处。建立完善的社会养老保险制度应基于这些经济理论,结合我国养老保险制度的发展历程和面临的实际问题,明确我国养老保险制度发展过程中所受到约束条件而进行合理、科学的制度改革。

2.1.2 养老保险制度发展现状

基本养老保险作为社会保险的重要分支,是保障老年人基本生活的"安全网"。由于基本养老保险的基础性,养老保险制度内参数的改革关系所有参保人员、企业以及社会的经济发展以及稳定性。至2016年,基本养老保险覆盖率已达到85%,在单项养老计划领域,这是世界最大的。基本养老保险体系得到初步建立,养老金待遇水平自2005年以来一直在稳步提高。基本养老保险自建立至今取得了巨大的成绩,但是基本养老保险仍处于不断完善的阶段。在肯定养老保险发展所取得的成绩的同时,也不能忽视存在的问题。我国基本养老保险运行现状及问题主要有以下7点:

1)企业职工参保人数上升但缴费比例下降

近年来,政府一直在提倡扩大养老保险覆盖面。但实际数据显示,养老保险覆盖面虽扩大了,但养老保险参保率、实际缴费人数占比却没有得到提高。养老保险覆盖面的变动与养老保险参保率、实际缴费人数占比两项指标的变动并不成正比。企业参保职工人数不断增加,2009—2014年,企业参保职工人数年均增长率为7.7%。但是,企业实际缴费参保人数占参保职工人数的比例却不断下降。2009年企业实际缴费参保人数占参保职工人数的比例为87.7%,2014年企业实际缴费参保人数占参保职工人数的比例为81.2%,下降了6.5个百分点。企业职工参保人数的增加说明养老保险覆盖率在不断提升,而实际缴费参保人数的不断增多才是真正意义上的扩大养老保险覆盖面。扩大养老保险覆盖率实际是为了提高养老保险参保缴费人数,若实际参保人数、缴费人数没有得到提高,那么,养老保险覆盖面的扩大对完善养老保险体系并无实质性的促进作用。实际缴费人数比例的降低主要可归结为两方面的原因:一是经济形势对企业、个人的冲击;二是个人对养老保险认识的影响。目前,我国经济进入“稳态”,经济增速放缓,企业运营面临的经济压力增大、经营前景不容乐观。按现行规定,企业需为在职职工缴纳一定比例的基本养老保险费,这部分支出属于企业的成本。而用于缴纳养老保险费的成本作为员工福利,在未来并无对应的收入。企业以营利为目标,经营管理者或股东无论主观或是客观都会尽可能地降低养老保险缴费,降低不具有营利性的支出。加之养老保险缴费关于缴费基数区间的限定具有活动性,也给予了企业少缴纳养老保险费的空间。个人对养老保险认识的局限性影响养老保险实际缴费人数的提高,主要体现在参保人员对于现行基本养老保险计发办法认识不完全和对未来基本养老保险持续运营缺乏信心。对基本养老保险计发方式,参保人员只意识到当期缴纳养老保险费会减少其当期可支配收入,未意识到其基于缴费工资缴纳的8%和企业基于缴费工资为其缴纳20%的养老保险费在其退休后将全部返还给参保人员。加之目前养老保险基金管理过程中出现的“空账”现象、监督管理不当造成的负面新闻,这些因素都会降低参保人员缴费的积极性。

2)名义高缴费率与实际低费基并存

根据国务院《关于完善企业职工基本养老保险制度的决定》(国发〔2005〕38)号文件规定,我国企业职工养老保险缴费为28%,其中企业为职工缴纳20%,职工自己缴纳8%。而世界其他国家的养老保险缴费率相对较低,如经济合作与发展组织(OECD)国家平均养老保险缴费率为19.6%,比我国养老保险缴费率低了8.4个百分点。发展中国家平均养老保险缴费率为22.8%,比我国养老保险缴费率低了5.2个百分点。可见,我国现行养老保险缴费率相对较高。与之并存的矛盾是较高的养老保险缴费率仍没有保证养老保险基金的财务可持续性。造成这一矛盾现状的原因是养老保险改革过程中产生的隐性债务和转轨成本,以及实际养老保险缴费基数不实造成养老保险实际收入低于理论应收额。例如,2002—2015年企业实际养老保险缴费基数占在职人员平均工资的比例年均值仅为58.45%。造成基本养老保险实际低缴费基数的主要原因有两方面:一方面是因目前养老保险的统筹层级大多只是省级统筹,未能实现全国统筹。各省之间的经济、人口、环境的差异使各省的养老保险体系运行状况也存在较大的差异。对养老保险结余较多的省份,其养老保险费足额征收的动力不足,以致缺乏有效的监管机制来保证养老保险费的足额缴费。另一方面是因相关文件对有关养老保险缴费基数的定义相对模糊以及对缴费工资上下线区间的限制,致使存在人为因素降低缴费基数。

3)养老保险待遇水平不断提高,基金支付压力不断增大

自2005年以来,我国企业职工养老金待遇已连续12年上调。2005—2015年,企业职工养老金待遇每年被上调10%,2016年企业职工养老金待遇被上调6.5%。企业职工养老金待遇的上调并不是因基本养老保险基金收益提高、结余丰厚。相反,养老金待遇上调是在养老基金缴费收入低于支出,基金总收入增长率、累计结余增长速率不断下降,支出增长率不断上升的背景下实施的。例如,2015年企业职工养老金支出高出缴费收入约为2 797亿元。基本养老保险基金自身运营财务效率较低,无力提高养老金待遇水平。养老金待遇的上调无疑是由财政进行负担。基本养老保险基金的收入主要来源于缴费收入、财政补贴、利息收入。近年来,基本养老保险基金总收入中来自财政转移支付的比例不断增大,而养老基金总收入中缴费收入所占比例却不断降低。养老保险基金缴费收入的增长率低于养老金支出的增长率,养老基金自身收支不平衡。养老保险个人账户"空账"等问题,使未来养老金支付存在风险。在基本养老保险体系未得到完善、基本养老保险运行过程中问题重重的背景下,养老金待遇水平却仍不断提高,这与养老基金运行现状是相矛盾的。

4)养老保险省级统筹,省间差距大

基本养老保险基金的实际管理权在地方,我国基本养老保险的统筹层次以省为主,其管理方式主要有两种:一种是以省为整体统一管理基本养老保险基金收入和支出的模式;另一种是省内各市县级单位进行调剂管理。基本养老保险的运营受经济、人口、政治等多方因素的影响,大至全国基本养老保险制度的建立,小至地方基本养老保险的运营管理。由于我国各省份地区经济发展水平、人口规模等因素的差异,使各省份基本养老保险基金的运营现状存在较大的差距。因此,经济发展水平高的地区,其养老保险基金存在盈余;经济发展水平较低的地区,其养老保险基金面临收不抵支的风险。劳动力人口密集的地区,如东部沿海地区,参加养老保险的在职人员较多,养老保险缴费收入得以保证;高龄人口密集的地区,则增加了当地养老金支出负担。因此,虽然从全国整体数据来看,目前城镇企业职工基本养老保险略有结余,但已有省份出现收不抵支的问题。据统计,2015年全国已出现6个省份的基本养老保险基金收不抵支。

5)个人账户记账总额增加与基金结余不断减少并存

企业职工基本养老保险个人账户施行基金积累模式,即参保人员在职期间所缴纳的养老保险费计入个人账户,在其退休后按个人账户累计额除以对应的计发月数,每月定额发放给参保人员。从参保者角度看,其缴纳个人账户养老保险费、领取个人账户养老金是积累权益和领取权益的过程。参保人员在职期间缴纳的养老保险费属于为自己积累的权益,将在其退休期间得到返还。从个人账户角度看,个人账户的缴费收入属于应计负债,需在未来某时点后偿还给缴费者。2015 年年底,基本养老保险个人账户累计记账总额为 47 144 亿元,而当年基本养老保险累计结余额为 35 345 亿元。基本养老保险基金的累计结余远低于个人账户的累计记账额,可见,个人账户收缴的资金被"挪用",个人账户存在"空账"现象。这不得不使参保人员、企业、相关部门担心未来养老保险基金的偿付能力。自 2008 年以来,基本养老保险基金的累计结余增长速率不断降低,而个人账户累计记账额不断增加。个人账户记账额的增加意味着基本养老保险基金负债的增加。基本养老保险基金负债不断增加,而基本养老保险基金总资产不断减少,当负债偿还期来临,基本养老保险基金势必将出现支付危机。

6)补充养老保险发展滞后

2005 年世界银行在"三支柱"体系中加入"零支柱"和"第四支柱",将原有的养老保险体系扩展为"五支柱"体系。新加入的"零支柱"主要是指针对低收入人群的保障,我国对城市居民施行的最低生活保障属于"零支柱"的范畴。"第四支柱"主要是指除了前四支柱外非正规保障形式,如慈善、捐赠等。从我国养老保险运行现状看,我国的五支柱养老保险体系发展不均衡。其中,"第一支柱"——基本养老保险体系相对其他养老保险体系占据最大的份额,民众养老主要是以基本养老保险为主,"第二支柱"——企业年金和"第三支柱"——商业养老保险的发展相对滞后。"第二支柱"自 2004 年颁文明确规定企业年金投资管理、运营规定至今仍处于起步阶段,各企业年金的覆盖率仍较低。"第三支柱"——商业养老保险,由于我国保险行业体系建设仍处于初步完善阶段,商业养老保险发展相对滞后。目前,我国职工基本养老保险替代率较低,仅依靠"第一支柱"养老,不能保证退休人员的生活质量。"第一支柱"在运行过程中存在的问题"碎片化""复杂化"。完善基本养老保险制度并非易事,对基本养老保险制度的改革是否有效也需要时间考证。发展养老产业、"第二支柱"和"第三支柱",多元化、多角度地解决养老问题。一方面可为基本养老保险制度改革过程中退休人员生活待遇水平提供保障;另一方面可促进"多支柱"体系的发展,完善养老体系。自 2014 年以来,政府部门对于商业养老保险的发展给予了高度的重视。连续颁布的《关于加快发展现代保险服务业的若干意见》《中共中央关于制定国民经济和社会发展第十三个五年规划的建议》《关于加快发展商业养老保险的若干意见》针对商业养老保险的发展提出了战略性的指导和政策建议,为商业养老保险发展创造了良好的环境。

7)没有建立养老保险制度的自动平衡机制

目前,我国养老保险制度不能实现自动平衡。在人口老龄化冲击和现阶段各种矛盾共存的背景下,建立养老保险制度的自动平衡机制尤为重要。养老保险制度的自动平衡主要体现在两个方面:一是政策参数的自动调节机制;二是养老保险的精算报告制度。养老保险缴费率、退休年龄、养老金替代率作为养老保险制度内影响体系收入、支出最重要的指标,其本身是刚性独立的,没有与老年抚养比等人口因素相联系,不能实现随人口、社会经济环境的变化而自动调节。这无疑构成了保证养老保险可持续性的最大隐患。美国、韩国、哥斯达黎加均设有养老保险的精算机构,并定期发布精算报告。其中,仅 470 万人的哥斯达黎加,其社会保险局精算处的成员设有 25 人,是我国人力资源和社会保障部精算处的人数的 8 倍多。可见,我国应加强社会保险精算制度的建设。

2.2 企业职工基本养老保险制度

2.2.1 城镇企业职工基本养老保险制度的发展历程及运行模式

1)发展历程

我国城镇企业职工基本养老保险制度自建立至今主要经历了 3 个阶段:1984—1991 年属于建立城镇企业职工养老保险制度的探索阶段;1991—1997 年属于企业职工基本养老保险制度走向全国统一的阶段;1997 年至今属于企业职工基本养老保险制度进一步完善的阶段。

1984 年,我国在市、县级的国有企业进行退休费社会统筹的改革试点,主要是依据"以收定支、略有结余"的原则,对退休金进行统一的收缴、支付管理。1991 年 6 月《国务院关于企业职工养老保险制度改革的决定》正式发布,此决定指出固定基本养老保险应有国家、企业和个人三方共同负担。在此时期之前,对于国有企业的退休人员,其退休费是由国有企业负担的;对于其他性质企业的退休人员,几乎没有退休费。1995 年国务院下发《关于深化企业职工养老保险制度改革的通知》,该通知提出了社会统筹和个人账户相结合的基本养老保险制度。社会统筹与个人账户相结合的养老保险制度,具体的养老保险费收缴方式、养老金计发办法,在 1997 年国务院发布的《关于建立统一的企业职工基本养老保险制度的决定》(以下简称"国发〔1997〕26 号文件")中进行了明确的规定。因此,一般将《关于建立统一的企业职工基本养老保险制度的决定》的实施视为社会统筹与个人账户相结合的养老保险制度的正式建立。之后,国务院关于基本养老保险基金运行过程中征缴、监督管理以及问责办法在 1999 年的《社会保险费征缴暂行条例》中进行了明确的规定。2000 年国务院发布《关于完善城镇社会保障体系的试点方案》,关于试点过程中的主要目标、企业职工基本养老保险、机关事业养老保险的具体细则进行规定。2005 年《关于完善企业职工基本养老保险制度的决定》进一步完善了城镇企业职工基本养老保险的筹资方式、养老金计发办法。1997 年 26 号文件《关于建立统一的企业职工基本养老保险制度的决定》和 2005 年 38 号文件《关于完善企业职工基本养老保险制度的决定》（以下简称“国发〔2005〕38 号文件”）是影响现阶段退休人员领取养老金和在职人员养老保险缴费方式的两个养老保险制度。

2）运行模式

自国务院发布《关于深化企业职工养老保险制度的通知》，我国社会保险制度开始实行社会统筹与个人账户相结合的运行模式。社会统筹账户与个人账户的具体运行机制也得到了逐步完善。目前，企业职工基本养老保险施行统筹账户与个人账户相结合的运行模式，其中，统筹账户的收入主要来自单位为职工缴纳的基本养老保险费，支出包括支付退休人员的统筹账户养老金。统筹账户施行现收现付制。个人账户的收入来自职工缴纳的基本养老费和利息收入，支出为支付退休人员的个人账户养老金。个人账户施行基金积累制。

（1）现收现付制与社会统筹账户

现收现付制是指养老保险基金当期支付养老金的资金来源于当期养老保险缴费收入，即当代已退休人员的养老金由下代正处于工作期的参保人员负担。现收现付制是某一时点上基金收支的横向平衡。我国基本养老保险建立初期，社会统筹账户的管理模式遵循“以收定支、略有结余”的原则。社会统筹账户是指企业为参保员工基于缴费工资缴纳的养老保险费经由经办机构统一征收，用于发放当期退休人员的统筹账户养老金，并可在一定地区范围内统一调剂使用的账户。社会统筹的目的是通过社会内部互济保障退休人员的基本生活。

施行现收现付制的统筹账户的优点主要包括 4 个方面：一是有利于缓解通货膨胀的影响。现收现付制下，统筹账户当期的支出来自当期的收入，因此，统筹账户基金受通货膨胀的影响较小，基金贬值风险较低。二是有利于社会公平。现收现付的筹资模式有利于调节在职人员收入，且将收入在全社会进行再分配，体现了社会保险的共济性。三是管理成本低。现收现付下的统筹账户的管理模式相对简单，相比于基金积累制的管理成本要低。四是有利于保证养老金的发放。现收现付制下，统筹账户的收入来自单位为当期在职人员缴纳的基本养老保险费，因此保证了收入来源的稳定性。但是，统筹账户施行现收现付制也存在几点缺陷：一是容易引起代际的矛盾。由于现收现付制下，当期发放的统筹账户养老金是依靠当期在职人员缴纳的基本养老保险费。也就是所谓的“下代人养上代人”。此时，在职人员缴纳的养老保险费与其退休后领取的养老金并不是对等的，容易引起在职人员与退休人员之间的矛盾。二是受长寿风险的影响较大。随着人们生活质量的提高，人口平均寿命不断延长，人口呈现老龄化趋势，使退休人数占人口总数的比重越来越大。现收现付制下，人口结构的老龄化将加重在职人员的缴费负担。三是不利于参保积极性。现收现付制下，参保人员缴纳保险费的义务与领取养老金的权利并不是对等的。因此，不利于提高人们的参保积极性。

（2）基金积累制与个人账户

基金积累制是指参保人员在工作期缴纳养老保险费，这些缴费收入由养老保险机构进行统一管理，积累至参保人员达到退休年龄，按一定计发方式再发放给参保人员。我国职工基本养老保险自 1997 年正式开始实行部分积累制，即加入个人账户。个人账户的建立是我国基本养老保险改革的一个里程碑，自此，基本养老保险由现收现付制转为部分积累制。参保人员工作期缴纳的养老保险费计入个人账户，当参保人员达到退休年龄或失去劳动能力后，根据参保人员缴费年限，将其个人账户累积额以个人账户养老金的形式发放给参保人员。个人账户不具有互助共济的功能，无法分散风险。

职工在职期间缴纳的基本养老保险费全部计入个人账户，并按一定收益率不断积累，其退休后领取的养老金取决于其个人账户累积额。施行基金积累制度个人账户将参保人员的退休金与在职期间缴费直接挂钩，有利于提高人们的保障意识。将在职期间的收入的一部分用于养老"储蓄"。这部分"储蓄"保证了未来养老金支付的资金来源。由于个人领取的退休金来自个人的缴费，因此，不会产生代与代之间的矛盾。但同样由于个人账户"自己养活自己"的模式，使得个人账户存在特有的缺点。首先，由于个人账户完全的基金积累模式，退休人员领取的个人账户养老金完全来源于其工作期的缴费，因此，个人账户不具有再分配的功能。无法在社会范围内起到互济的作用。由于个人账户基金的周期较长，参保人员缴纳的养老保险费存入个人账户后，个人账户的缴费收入属于应计负债，需在未来某时点后偿还给缴费者，使个人账户基金受通货膨胀等经济风险的影响较大。加之，个人账户基金管理过程中存在的漏洞，使个人账户面临贬值的问题。2015 年年底，基本养老保险个人账户累计记账总额为 47 144 亿元，而当年基本养老保险累计结余额为 35 345 亿元。基本养老保险基金的累计结余远低于个人账户的累计记账额，可见，个人账户收缴的资金被"挪用"，个人账户存在"空账"现象。这不得不使参保人员、企业、相关部门担心未来养老保险基金的偿付能力。自 2008 年以来，基本养老保险基金的累计结余增长速率在不断降低，而个人账户累计记账额不断增加。个人账户记账额的增加意味着基本养老保险基金负债的增加。基本养老保险基金负债不断增加，而基本养老保险基金总资产不断减少，当负债偿还期来临，基本养老保险基金势必将出现支付危机。

2.2.2 中国现行企业职工基本养老保险制度的主要内容

1）覆盖范围

1991 年之前，对于国有企业的退休人员，企业负担其退休金，而对于其他性质企业的退休人员，几乎没有基本养老金。1991 年之后，我国对基本养老保险进行改革，实行国家、企业、个人三方负担的模式。1997 年时企业职工基本养老保险覆盖了城镇各类企业及其职工。2005 年进一步扩大养老保险覆盖范围，企业职工基本养老保险的覆盖范围包括了个体工商户、灵活就业人员。目前，城镇企业职工基本养老保险制度的覆盖范围主要包括城镇企业、实行企业化管理的事业单位、城镇个体工商户、依法登记的民办非企业单位以及签订劳动合同的工作人员，都应参加基本养老保险。中国共产党第十九次全国代表大会提出将全面建成覆盖全民的社会保障体系。因此，在下一阶段，我国企业职工基本养老保险将实现所有法定人员均将参保的局面。

2）资金来源

企业职工基本养老保险基金的收入来源主要包括养老保险缴费收入、财政转移支付、养老保险基金利息收入及其他收入。其中，养老保险缴费收入和养老保险基金利息收入属于企业职工基本养老保险基金内部来源渠道；财政转移支付、其他收入属于外部来源渠道。

企业职工基本养老保险基金内部收入来源主要依靠养老保险缴费收入，且养老保险缴费收入占养老保险基金总收入的比例也是最大的。根据国发〔1997〕26 号文件、国发〔2005〕38 号文件规定，企业职工基本养老保险费由企业和职工共同缴纳。企业根据上年平均工资按一定比例为职工缴纳养老保险费，这部分缴费计入统筹账户；职工个人以上年度平均工资为缴费基数，按一定比例缴纳养老保险费，这部分缴费计入个人账户。企业缴费比例在国发〔1997〕26 号文件中规定为不超过企业总收入的 20%，而在国发〔2005〕38 号文件中企业缴费的比例固定为 20%。个人缴费比例在国发〔1997〕26 号文件中规定为 11%，而在国发〔2005〕38 号文件中该比例下调至 8%。

3）基本养老金领取条件

对于参加基本养老保险的参保人员，当其达到退休年龄并且在工作期履行了养老保险缴费义务，其在退休以后可按月领取基本养老金。基本养老金的支付时点为参保人员达到退休年龄或劳动关系终止时。基本养老金的计发方式由参保人员入职年份、退休年份、缴费年限等因素决定。对于缴费满 15 年（含视同缴费年限）的职工，退休后可领取个人账户养老金和统筹账户养老金；对于缴费不满 15 年的职工，个人账户累计额在其退休当年一次性返还给职工。对于国发〔1997〕26 号文件实施前参加工作且之后退休的职工，在发放基础养老金的同时发放过渡性养老金。

4）基本养老金

企业职工的基本养老金包括统筹账户养老金和个人账户养老金。其中，统筹账户养老金可细分为基础养老金和过渡性养老金。过渡性养老金是对在养老保险实行“统账结合”之前参加工作，之后退休的参保人员发放的养老金。

（1）基础养老金

以职工退休上年在岗职工平均工资与本人指数化月平均缴费工资之和的平均数为基数，缴费每满 1 年（含视同缴费年限）发 1%。

（2）过渡性养老金

1997 年养老保险正式实行部分积累制，即现收现付的统筹账户和基金积累制的个人账户相结合的模式。对于“统账结合”前已参加工作，在此时间点以后退休的职工，为了提高其退休后待遇水平，各省制定过渡办法，发放过渡性养老金。过渡性养老金一般等于指数化平均缴费工资、计发系数、视同缴费年限的乘积。

（3）个人账户养老金

职工在职期间缴纳养老保险费的计入个人账户，退休当年个人账户累计额除以计发月数为每月领取的个人账户养老金。

5）基本养老基金的管理

经办机构或税务机关征收企业职工基本养老保险费，实行省级统筹和属地管理等。

2.3 保险精算相关理论

2.3.1 利息理论

1)基础概念

(1)实际利率与名义利率

实际利率是指从名义利率中除去通货膨胀影响后得到的利率水平。名义利率是包含通货膨胀等因素的利率。实际利率、通货膨胀率、名义利率三者存在关系

$$(1+\text{实际利率})\times(1+\text{通货膨胀率})=1+\text{名义利率}$$

可化简为

$$\text{实际利率}=\text{名义利率}-\text{通胀率}$$

一般可用居民消费价格指数(CPI)替代通货膨胀率。

(2)实际贴现率

实际贴现率是指在投资期内取得的利息收入与期末累积额的比值,即等于(期末累积额-期初投资额)÷期末累积额。它与实际利率存在关系

$$\text{实际贴现率}=\text{实际利率}\div(1+\text{实际利率})$$

(3)单利和复利

计算利息时选取基数的差别,可分为单利计息和复利计息两种方式。单利是在本金的基础上计算利息;复利是在本金和利息的基础上计算利息,也就是常说的“利滚利”。

2)利息基础函数

(1)累积函数

投资或存款的初始资金,称为本金;本金投资过程中的增值额,称为利息;经过一段投资期后形成的累积额,称为本利和,它等于本金加利息。用 t 表示投资期内各个时点,$A(t)$ 表示 t 时点的资金累积额,则当 $t=0$ 时,即为本金 $A(0)$。从 0 时刻至 t 时刻,这期间产生的利息用 $I(t)$ 表示,则

$$I(t)=A(t)-A(0)$$

累积函数是反映本金经过一定投资期间后的增值情况,用 $a(t)$ 表示单位本金的增值函数,则

$$a(t)=\frac{A(t)}{A(0)}$$

(2)单利和复利

利息的计算方法包含两种:一是基于本金计算利息,称为单利;二是基于期初本金和已产生的利息之和计算当期利息,称为复利,通俗地讲就是“利滚利”。

用 i_t 表示第 t 年的实际利率,则在单利计算方法下,第 n 年年末的本金和 $A(n)$ 可表示为

$$A(n)=A(0)+A(0)\cdot(i_1+i_2+\cdots+i_n)$$
$$=A(0)\cdot(1+i_1+i_2+\cdots+i_n)$$

若各年利率相等,即 $i_1=i_2=\cdots=i_n=i$,则

$$A(n)=A(0)\cdot(1+it)$$

在复利计算方法下,第 n 年年末的本金和 $A(n)$ 可表示为

$$A(n)=A(0)\cdot(1+i_1)\cdot(1+i_2)\cdot\cdots\cdot(1+i_n)$$

若各年利率相等,即 $i_1=i_2=\cdots=i_n=i$,则

$$A(n)=A(0)\cdot(1+i)^n$$

2.3.2　生命表理论

1)基本参数

(1)生存人数

生存人数是指某一时刻存活的人口数。$L_{x,t}$ 表示 t 年 x 岁的人口数。

(2)死亡人数

死亡人数是指某一时刻死亡的人口数。${}_nd_{x,t}$ 表示 t 年 x 岁至 $x+n$ 岁之间死亡的人数。死亡人数、生存人数两者之间存在如下关系,如对于新生儿减去新生儿死亡人口[①],即为下一年1岁的人口数,即

$$L_{0,t}-d_{0,t}=L_{1,t+1}$$

同理,$t+1$ 年2岁的人口数可表示为 t 年1岁人口数减去当年1~2岁的死亡人口数,即

$$L_{1,t}-d_{1,t}=L_{2,t+1}$$

以此类推,可将 t 年 x 岁的人口数用上年岁人口数和当年该年龄的死亡人口数表示,即

$$L_{x,t}=L_{x-1,t-1}-d_{x-1,t-1}$$

(3)存活率和死亡率

${}_np_x$ 表示 x 岁人生存至 $x+n$ 岁的概率,$1-{}_np_x$ 表示 x 岁人在 $x+n$ 岁前死亡的概率,即 ${}_nq_x$。存活率、死亡率均可用死亡人口和人口数表示为

$${}_nq_x=\frac{{}_nd_x}{L_x},\ {}_np_x=\frac{L_{x+n}}{L_x}$$

2)基本函数

(1)生存函数与死亡函数

生存函数用来描述人在特定时段或基于某个时点存活概率的分布情况。用 $S(x)$ 表示存活至 x 岁的生存函数,则

$$S(x)=1-F(x)=\Pr(X>x)\qquad(x\geqslant 0)$$

① 此处新生儿死亡人口只考虑离开母体后的死亡人口数。

其中,X 表示死亡年龄。

这个函数可理解为:对于新生儿其生存之 x 岁的概率分布。死亡函数是用来描述人在某个时点死亡的概率分布情况,用 $F(x)$ 表示在 x 岁前死亡的概率,则

$$F(x) = \Pr(X \leqslant x) \qquad (x \geqslant 0)$$

对于死亡年龄在 a 和 b 岁之间的概率,可表示为

$$\Pr(a < X \leqslant b) = F(b) - F(a) = S(a) - S(b)$$

(2)余命的生存函数及概率函数

用 $T(x)$ 表示 x 岁人的余命,其概率分布函数可表示为

$$G(x) = \Pr[T(x) \leqslant t] \qquad (t \geqslant 0)$$

可发现

$$G(x) = {}_tq_x$$

若 x 人存活的整数年为 k 岁,即 $[T(x)] = k, k \leqslant T(x) < k+1$,则存活至 k 岁的概率为

$$\Pr\{[T(x)] = k\} = \Pr(k \leqslant T < k+1) = {}_kp_x \cdot q_{x+k}$$

整值平均余命

$$e_x = E\{[T(x)]\} = \sum_{k=0}^{\omega} k \cdot {}_kp_x \cdot q_{x+k} = \sum_{k=0}^{\omega} k \cdot {}_{k|}q_x = \sum_{k=0}^{\omega} {}_{k+1}p_x$$

2.3.3　年金理论

年金是指在一定期限每隔相等的时间间隔,定期支付或领取相同数额的资金的方式。根据支付或领取资金的时间点可分为期初年金和期末年金。

1)期初年金的现值和终值

期初年金是指在一定期限内每次领取数额资金在每个时间间隔的期初,如图 2.1 所示。

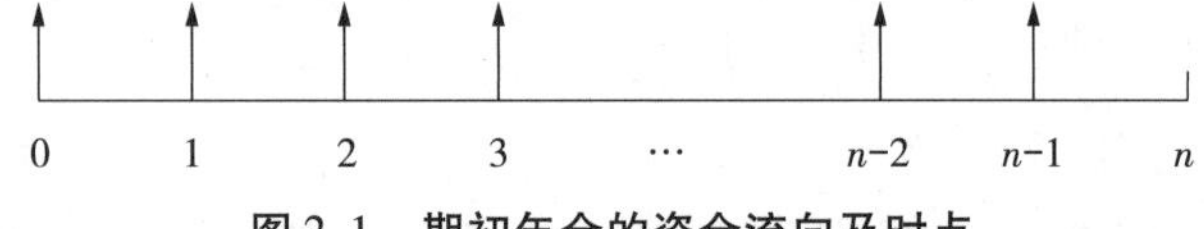

图 2.1　期初年金的资金流向及时点

假设每个时间间隔是 1 年。用 $\ddot{a}_{\overline{n}|}$ 表示 n 年内每年年初领取或支付一单位资金的年金现值,则

$$\ddot{a}_{\overline{n}|} = 1 + v + v^2 + v^3 + \cdots + v^{n-1}$$

用 $\ddot{s}_{\overline{n}|}$ 表示 n 年内每年年初领取或支付一单位资金的年金终值,则

$$\ddot{s}_{\overline{n}|} = (1+i)^n + (1+i)^{n-1} + (1+i)^{n-2} + \cdots + (1+i)$$

2)期末年金的现值和终值

期末年金是指在一定期限内每次领取数额资金在每个时间间隔的期末,如图 2.2 所示。

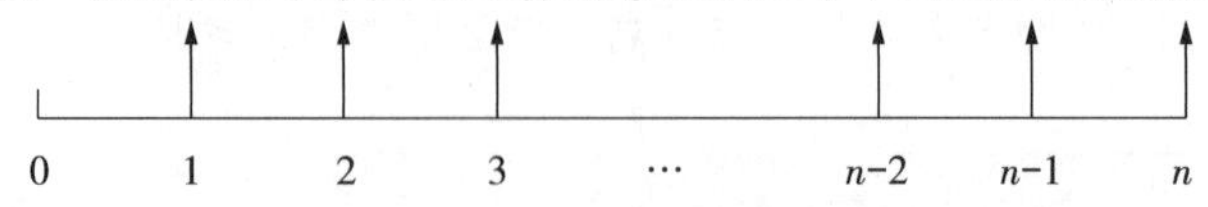

图 2.2　期末年金的资金流向及时点

假设每个时间间隔是1年。用 $\ddot{a}_{\overline{n}|}$ 表示 n 年内每年年末领取或支付一单位资金的年金现值,则

$$a_{\overline{n}|} = v + v^2 + v^3 + \cdots + v^{n-1} + v^n$$

用 $s_{\overline{n}|}$ 表示 n 年内每年年末领取或支付一单位资金的年金终值,则

$$s_{\overline{n}|} = (1 + i)^{n-1} + (1 + i)^{n-2} + \cdots + (1 + i) + 1$$

第3章 企业职工基本养老保险财政支付压力的精算模型

不同于以往养老金测算的博士论文,从存量角度,对封闭人口下养老保险基金运行情况建立精算模型,最终得到某个时点的测算结果①。本章针对企业职工基本养老保险财政支付压力的建模是基于流量角度,其模型适用于未来各个时点,且最终测算结果不仅能纵向展现企业职工基本养老保险资金流、财政支付压力随时间的变动趋势,同时能横向展示年度内企业职工基本养老保险资金流、财政支付压力的组成情况。

我国企业职工基本养老保险制度实行"统账结合"模式,即现收现付制的统筹账户与基金积累制的个人账户相结合的运行模式。基本养老保险机制运行过程中的资金流包括基本养老保险基金的收入和基本养老保险基金的支出。基本养老保险基金的收入主要来自用人单位、个人缴纳的基本养老保险费;基本养老保险基金的支出来自支付退休人员的统筹账户养老金和个人账户养老金。当基本养老保险基金筹集的资金不能满足基本养老保险基金的支出时,财政将负担其未能支付的基本养老金。从流量角度,对基本养老保险基金资金流的测算是指对每个测算时点基本养老保险基金收入、支出情况进行测算。由于实际运行过程中,统筹账户和个人账户并未实质性的区分管理,个人账户存在"空账"现象。因此,无论是属于基金积累制度的个人账户,还是现收现付制的统筹账户,其偿付能力均受当期基本养老保险基金净资金流的影响。因此,对基本养老保险基金在各时点的资金流情况的测算,有利于分析当期统筹账户基金运行情况。本书以2016年为测算的起始年份,2095年为测算的终止年份,对2016—2095年企业职工基本养老保险基金资金流情况、可能产生的财政支付养老金压力进行测算。

国发〔1997〕26号文件明确规定了统筹账户与个人账户具体的筹资方式和养老金计发办法。因此,本书将1997年为"统账结合"模式运行起始年份(用z表示)。根据参保人员的入职年份、退休年份的差异,可将参保人员分为3类:"老人""中人"和"新人"。"老人"是指在1997年以前参加工作且退休的职工;"中人"是指在1997年以前参加工作,并在1997年以后退休的职工;"新人"是指在1997年以后参加工作的职工。

① 例如中央财经大学曹园、许鼎的博士论文,以及中国社会科学院研究生院魏吉漳的博士论文,具体差异在第1.2节列出。

3.1　统筹账户资金流的精算模型

3.1.1　统筹账户基金支出模型

1)支付“老人”的统筹账户养老金

(1)“老人”年龄区间的划分

随着时间的推移,“老人”逐步达到终极年龄,人口数将不断缩减。以男性为例,假设男性入职年龄为20岁,退休年龄为60岁,终极年龄为100岁,则最年轻的男性“老人”为1997年60岁的职工,其将在1997+(100-60)年时达到终极年龄并在该年内去世。即在2038年及以后,退休人员中不存在男性“老人”。对最年轻的男性“老人”,其在2016年时年龄为60+(2016-1997)岁。因此,2016年男性“老人”的年龄区间为[79,100],2017年男性“老人”的年龄区间为[80,100],2018年男性“老人”的年龄区间为[81,100]。以此类推,2037年男性“老人”的年龄区间为[100,100],2038年及以后年份不存在男性“老人”。

以女干部“老人”为例,假设其退休年龄为55岁,终极年龄为100岁,则最年轻的女干部“老人”是1997年55岁的女干部,其将在1997+(100-55)年时达到终极年龄并在该年内去世。即在2043年及以后,退休人员中不存在女干部“老人”。对最年轻的女干部“老人”,其在2016年时的年龄为55+(2016-1997)岁。因此,2016年女干部“老人”的年龄区间为[74,100],2017年女干部“老人”的年龄区间为[75,100],2018年女干部“老人”的年龄区间为[76,100]。以此类推,2042年女干部“老人”的年龄区间为[100,100],2043年及以后年份不存在女干部“老人”。

以女工人“老人”为例,假设其退休年龄为50岁,终极年龄为100岁,则最年轻的女工人“老人”是1997年50岁的女工人,其将在1997+(100-50)年时达到终极年龄并在该年内去世。即在2048年及以后,退休人员中不存在女工人“老人”。对最年轻的女工人“老人”,其在2016年时的年龄为50+(2016-1997)岁。因此,2016年女工人“老人”的年龄区间为[69,100],2017年女工人“老人”的年龄区间为[70,100],2018年女工人“老人”的年龄区间为[71,100]。以此类推,2047年女工人“老人”的年龄区间为[100,100],2048年及以后年份不存在女工人“老人”。

用e, r,ω分别表示参保人员的入职年龄、退休年龄和终极寿命。用t表示测算时点。最年轻的“老人”为z年r岁的职工,其将在$z+(\omega-r)$年达到终极年龄并在该年内去世。即在$z+(\omega-r)$年以后,退休人员中不存在“老人”。测算期内各时点“老人”年龄区间可表示为:当$2016 \leqslant t \leqslant z+(\omega-r)$时,“老人”的年龄区间为$[r+t-z,\omega]$;当$z+(\omega-r)<t \leqslant 2095$,不存在“老人”。

(2)“老人”的统筹账户养老金

“老人”的统筹账户养老金水平是由其退休前一年社会平均工资水平、养老金替代率水平和养老金随年龄增长率决定的。用 $\overline{W}_t$ 表示 t 年社会平均工资,R_t 表示 t 年的养老金替代率,ρ_t 表示第 t 年的养老金增长率,$B^O_{t,x}$ 表示 t 年 x 岁“老人”领取的统筹账户养老金。

①“老人”在2016年领取的统筹账户养老金。以男性为例,2016年男性“老人”的年龄区间为[79,100]。对2016年79岁的男性“老人”,其在1997年达到退休年龄,退休当年领取的统筹账户养老金为 $R_{1997}\overline{W}_{1996}$。2016年时已退休19年,则

$$B^O_{2016,79}=R_{1997}\overline{W}_{1996}\prod_{m=1997}^{2016-1}(1+\rho_m)$$

相同年度不同年龄之间的养老金差异,可用养老金随年龄增长率表示。用 b 表示养老金随年龄增长率,则对2016年80岁的男性“老人”,其当年领取的统筹账户养老金可表示为

$$B^O_{2016,80}=(1+b)B^O_{2016,79}$$

对2016年81岁的男性“老人”,其当年领取的统筹账户养老金为

$$B^O_{2016,81}=(1+b)^2B^O_{2016,79}$$

以此类推,对2016年100岁的男性“老人”,其在2016年领取的统筹账户养老金为 $B^O_{2016,100}=(1+b)^{21}B^O_{2016,79}$。因此,2016年 x 岁的男性“老人”,其当年领取的统筹账户养老金可表示为

$$B^O_{2016,x}=(1+b)^{x-79}B^O_{2016,79}=(1+b)^{x-79}R_{1997}\overline{W}_{1996}\prod_{m=1997}^{2016-1}(1+\rho_m)$$

同理,对2016年 x 岁($x\in[74,100]$)的女干部“老人”,其当年领取的统筹账户养老金可表示为

$$B^O_{2016,x}=(1+b)^{x-74}B^O_{2016,74}=(1+b)^{x-74}R_{1997}\overline{W}_{1996}\prod_{m=1997}^{2016-1}(1+\rho_m)$$

对2016年 x 岁($x\in[69,100]$)的女工人“老人”,其当年领取的统筹账户养老金可表示为

$$B^O_{2016,x}=(1+b)^{x-69}B^O_{2016,74}=(1+b)^{x-69}R_{1997}\overline{W}_{1996}\prod_{m=1997}^{2016-1}(1+\rho_m)$$

②“老人”在测算期内各时点领取的统筹账户养老金。当 $2016\leqslant t\leqslant z+(\omega-r)$ 时,“老人”的年龄区间为 $[r+t-z,\omega]$。对 t 年 $r+t-z$ 岁的“老人”,其在 z 年达到退休年龄,退休当年领取的统筹账户养老金为 $R_z\overline{W}_{z-1}$。t 年时已退休 $t-z$ 年,则其在 t 年领取的统筹账户养老金为

$$B^O_{t,r+t-z}=R_z\overline{W}_{z-1}\prod_{m=z}^{t-1}(1+\rho_m)$$

基于 t 年 $r+t-z$ 岁的“老人”领取的统筹账户养老金、养老金随年龄增长率,可得到 t 年 $r+t-z+1$ 岁至 ω 岁“老人”当年领取的统筹账户养老金,分别为 $B^O_{t,r+t-z+1}=(1+b)B^O_{t,r+t-z}$,$B^O_{t,r+t-z+2}=(1+b)^2B^O_{t,r+t-z}$,…,$B^O_{t,\omega}=(1+b)^{\omega-(r+t-z)}B^O_{t,r+t-z}$。

因此,t 年 x 岁“老人”,其在 t 年领取的统筹账户养老金可表示为

$$B_{t,x}^{O} = (1+b)^{x-(r+t-z)} B_{t,r+t-z}^{O} = (1+b)^{x-(r+t-z)} R_z \overline{W}_{z-1} \prod_{m=z}^{t-1} (1+\rho_m)$$

$L_{t,x}$ 表示 t 年 x 岁的城镇人数，θ_t 表示 t 年城镇职工基本养老保险覆盖率，城镇职工基本养老保险包括企业职工基本养老保险和机关事业单位基本养老保险两部分。假设养老保险制度覆盖范围内的退休人口，均参加基本养老保险，则对已退休人员，$L_{t,x}\theta_t$ 表示 t 年 x 岁参加城镇职工基本养老保险的城镇退休人数。σ_t 表示 t 年参加企业职工基本养老保险的退休人数占参加城镇职工基本养老保险的城镇退休人数的比例①。$L_{t,x}\theta_t\sigma_t$ 表示 t 年 x 岁的参加企业职工基本养老保险的退休人数。用 EP_t^O 表示 t 年支付“老人”的统筹账户养老金，则

$$EP_t^O = \sum_{x=r+t-z}^{\omega} L_{t,x}\theta_t\sigma_t B_{t,x}^O \tag{3.1}$$

2)支付“中人”的统筹账户养老金

(1)“中人”年龄区间的划分

根据测算时点“中人”是否已经退休，可将“中人”细分为两部分：一部分是已退休的“中人”，另一部分是在职的“中人”。随着测算时点的推移，在职的“中人”将逐渐达到退休年龄，已退休的“中人”将逐渐达到终极年龄。以男性为例，假设男性入职年龄为 20 岁，则最年轻的男性“中人”应为 1997 年 21 岁的在职人员，最年长的男性“中人”应为 1997 年 59 岁的在职人员。最年轻的男性“中人”将在 1997+60−21 年达到退休年龄，在 1997+100−21 年达到终极年龄。最年长的男性“中人”将在 1997+100−59 年达到终极年龄。因此，在 2036 年，所有男性“中人”达到退休年龄，在 2038—2076 年，最年长的男性“中人”为 100 岁，2077 年及以后不存在男性“中人”。对最年轻的男性“中人”，在 2016 年年龄为 21+(2016−1997)岁。对最年长的男性“中人”，在 2016 年年龄为 59+(2016−1997)岁。因此，2016 年男性“中人”的年龄区间为[40,78]，2017 年男性“中人”的年龄区间为[41,79]。以此类推，2035 年男性“中人”的年龄为[59,97]。2016—2035 年，男性“中人”的年龄区间为[40+t−2016，78+t−2016]，在此年度区间内，男性退休“中人”的年龄区间为[60,78+t−2016]。2036 年男性“中人”均达到退休年龄，年龄区间为[60,98]，2037 年男性“中人”的年龄区间为[61,99]，2038 年男性“中人”的年龄区间为[62,100]，2036—2076 年，所有男性“中人”均已退休，年龄区间为[60+t−2036，min(98+t−2036,100)]，2077 年及以后不存在男性“中人”。

可归纳出，最年轻的“中人”在 t 年年初的年龄为 $e+1+t-z$ 岁，最年长的“中人”在 t 年年初的年龄为 $r-1+t-z$ 岁。在 $t+[r-(e+1+t-z)]$ 年及以后，所有“中人”均已退休。在 $t+\omega-[t+e-(z-1)]$ 年以后不存在“中人”。因此，当 $2016 \leqslant t < r-e+z-1$ 时，“中人”的年龄区间为 $[e+1+t-z,\ r-1+t-z]$，此时退休“中人”的年龄区间为 $[r,\ r-1+t-z]$；当 $r-e+z-1 \leqslant t \leqslant \omega-e+(z-1)$ 年，所有“中人”均已退休，年龄区间为 $[e+1+t-z,\ \min(r+t-z-1,\omega)]$。

① 本书假设参加城镇职工基本养老保险退休人数占参加城镇职工基本养老保险退休人数的比例与参加城镇职工基本养老保险总人数占参加城镇职工基本养老保险总人数的比例相同。

(2)"中人"统筹账户养老金

为保证"中人"生活水平,在发放基础养老金的同时,还要按一定规则发放过渡性养老金。"中人"领取的基础养老金同样由退休前一年当地在岗职工平均工资、本人指数化平均缴费工资、缴费年限及养老金增长率4个因素决定。可表示为

$$\text{退休当年基础养老金}=\frac{\text{退休前一年当地在岗职工平均工资}+\text{本人指数化平均缴费工资}}{2}\cdot\text{缴费年限}\cdot 1\%$$

过渡性养老金主要由指数化平均缴费工资、计发系数 ε 和1997年年底前视同缴费年限3个因素决定,计发系数 ε 设为1.2%[①]。用 $\overline{W}_t$ 表示 t 年的平均工资,$S_{t,x}$ 表示 t 年 x 岁参保人员的缴费工资,$J_{t,x}$ 和 $T_{t,x}$ 分别表示 t 年 x 岁退休人员领取的基础养老金和过渡性养老金。

①"中人"在2016年领取的统筹账户养老金。以男性为例,2016年男性"中人"的年龄区间为[40,78]。对40~59岁的男性"中人",由于未达到退休年龄,因此不能领取统筹账户养老金。2016年仅支付年龄60~78岁男性"中人"的统筹账户养老金。对2016年60岁的男性"中人",其退休前一年当地在岗职工平均工资为 $\overline{W}_{2015}$,工作期间的指数化平均缴费工资为 $\frac{\overline{W}_{2015}}{2016-1997}\sum_{k=1}^{2016-1997}\frac{S_{2016-k,60-k}}{\overline{W}_{2016-k}}$,缴费年限为2016—1997年,1997年年底前视同缴费年限为60-20-(2016-1997)。因此,其在2016年应得基础养老金、过渡性养老金分别为

$$J_{2016,60}=\frac{\overline{W}_{2015}}{2}\left(1+\frac{1}{2016-1997}\sum_{k=1}^{2016-1997}\frac{S_{2016-k,60-k}}{\overline{W}_{2016-k}}\right)(2016-1997)\%$$

$$T_{2016,60}=1.2\%\cdot[60-20-(2016-1997)]\cdot\frac{\overline{W}_{2015}}{2016-1997}\sum_{k=1}^{2016-1997}\frac{S_{2016-k,60-k}}{\overline{W}_{2016-k}}$$

对2016年61岁的男性"中人",其退休前一年当地在岗职工平均工资为 $\overline{W}_{2014}$,工作期间的指数化平均缴费工资为 $\frac{\overline{W}_{2014}}{2015-1997}\sum_{k=1}^{2015-1997}\frac{S_{2015-k,60-k}}{\overline{W}_{2015-k}}$,缴费年限为2015—1997年,1997年年底前视同缴费年限为60-20-(2015-1997)。用 ρ_t 表示第 t 年的养老金增长率,则其在2016年应得基础养老金、过渡性养老金分别为

$$J_{2016,61}=\frac{\overline{W}_{2014}}{2}\left(1+\frac{1}{2015-1997}\sum_{k=1}^{2015-1997}\frac{S_{2015-k,60-k}}{\overline{W}_{2015-k}}\right)(2015-1997)\%(1+\rho_{2015})$$

$$T_{2016,61}=1.2\%\cdot[60-20-(2015-1997)]\cdot\frac{\overline{W}_{2014}}{2015-1997}\sum_{k=1}^{2015-1997}\frac{S_{2015-k,60-k}}{\overline{W}_{2015-k}}(1+\rho_{2015})$$

以此类推,对2016年78岁的男性"中人",退休前一年当地在岗职工平均工资为 $\overline{W}_{1997}$,工作期间的指数化平均缴费工资为 $\frac{\overline{W}_{1997}}{1998-1997}\cdot\frac{S_{1997,59}}{\overline{W}_{1997}}$,缴费年限为1998—1997年,1997

① 按现有规定,控制在1%~1.4%。

年年底前视同缴费年限为60-20-(1998-1997)。其在2016年领取的基础养老金、过渡性养老金分别为

$$J_{2016,78}=J_{1998,60}\prod_{m=1998}^{2015}(1+\rho_m)=\frac{\overline{W}_{1997}}{2}\left(1+\frac{1}{1998-1997}\cdot\frac{S_{1997,59}}{\overline{W}_{1997}}\right)(1998-1997)\%\cdot\prod_{m=1998}^{2015}(1+\rho_m)$$

$$T_{2016,78}=T_{1998,60}\prod_{m=1998}^{2015}(1+\rho_m)=1.2\%\cdot[60-20-(1998-1997)]\cdot\frac{\overline{W}_{1997}}{1998-1997}\cdot\frac{S_{1997,59}}{\overline{W}_{1997}}\prod_{m=1998}^{2015}(1+\rho_m)$$

因此，对2016年x岁($x\geqslant r$)的“中人”，其在2016年领取的基础养老金和过渡性养老金分别为

$$\begin{aligned}J_{2016,x}&=J_{2016-(x-r),r}\prod_{m=2016-(x-r)}^{2016-1}(1+\rho_m)\\&=\frac{\overline{W}_{2016-(x-r)-1}}{2}\left\{1+\frac{1}{2016-(x-r)-z}\sum_{k=1}^{2016-(x-r)-z}\frac{S_{2016-(x-r)-k,r-k}}{\overline{W}_{2016-(x-r)-k}}\right\}\cdot\\&\quad[2016-(x-r)-z]\%\prod_{m=2016-(x-r)}^{2016-1}(1+\rho_m)\end{aligned}$$

$$\begin{aligned}T_{2016,x}&=T_{2016-(x-r),r}\prod_{m=2016-(x-r)}^{2016-1}(1+\rho_m)\\&=\varepsilon[r-e-(2016-x+r-z)]\frac{1}{2016-(x-r)-z}\cdot\\&\quad\sum_{k=1}^{2016-(x-r)-z}\frac{S_{2016-(x-r)-k,r-k}}{\overline{W}_{2016-(x-r)-k}}\prod_{m=2016-(x-r)}^{2016-1}(1+\rho_m)\end{aligned}$$

②“中人”在测算期内各时点领取的统筹账户养老金。根据2016年支付退休“中人”的基础养老金和过渡性养老金算式推导，可归纳出，对t年x岁($x\geqslant r$)的“中人”，退休前一年当地在岗职工平均工资为$\overline{W}_{t-(x-r)-1}$，在岗期间指数化平均缴费工资为$\frac{\overline{W}_{t-(x-r)-1}}{t-(x-r)-z}\cdot\sum_{k=1}^{t-(x-r)-z}\frac{S_{t-(x-r)-k,r-k}}{\overline{W}_{t-(x-r)-k}}$，缴费年限为$t-(x-r)-z$年，1997年前视同缴费年限为$r-e-(t-x+r-z)$年，则$t$年$x$岁的退休“中人”，其在$t$年领取的基础养老金、过渡性养老金可分别表示为

$$\begin{aligned}J_{t,x}&=J_{t-(x-r),r}\prod_{m=t-(x-r)}^{t-1}(1+\rho_m)\\&=\frac{\overline{W}_{t-(x-r)-1}}{2}\left\{1+\frac{1}{t-(x-r)-z}\sum_{k=1}^{t-(x-r)-z}\frac{S_{t-(x-r)-k,r-k}}{\overline{W}_{t-(x-r)-k}}\right\}\cdot\\&\quad[t-(x-r)-z]\%\prod_{m=t-(x-r)}^{t-1}(1+\rho_m)\end{aligned}$$

$$T_{t,x} = T_{t-(x-r),r} \prod_{m=t-(x-r)}^{t-1} (1 + \rho_m)$$

$$= \varepsilon[r - e - (t - x + r - z)] \frac{1}{t - (x - r) - z} \sum_{k=1}^{t-(x-r)-z} \frac{S_{t-(x-r)-k,r-k}}{\overline{W}_{t-(x-r)-k}} \prod_{m=t-(x-r)}^{t-1} (1 + \rho_m)$$

用 EP_t^M 表示 t 年支付"中人"统筹账户养老金,当 $2016 \leqslant t < r-e+z-1$ 时,退休"中人"的年龄区间为$[r,\ r+t-z-1]$,则

$$EP_t^M = \sum_{x=r}^{r+t-z-1} L_{t,x}\theta_t\sigma_t(J_{t,x} + T_{t,x}) \tag{3.2a}$$

当 $r-e+z-1 \leqslant t \leqslant 2095$ 时,退休"中人"的年龄区间为$[e+t-(z-1),\ \min(r+t-z-1,\omega)]$,则

$$EP_t^M = \sum_{x=e+t-(z-1)}^{\min(r+t-z-1,\omega)} L_{t,x}\theta_t\sigma_t(J_{t,x} + T_{t,x}) \tag{3.2b}$$

3)支付"新人"的统筹账户养老金

(1)"新人"年龄区间的划分

"新人"是指1997年以后参加工作的人员,因此,最年长的"新人"为1997年20岁的职工。以男性为例,最年长的男性"新人"将在1997+(60-20)年达到退休年龄,1997+(100-20)年达到终极年龄。因此,男性"新人"在2037年开始退休,2077年及以后男性退休人员均为"新人"。男性"新人"在测算期内各时点的年龄区间分别为:2016年男性"新人"的年龄区间为[20,39],2017年男性"新人"的年龄区间为[20,40]。以此类推,2036年男性"新人"的年龄区间为[20,59]。2016—2036年,男性"新人"的年龄区间为[20,39+t-2016],在此年度区间,男性"新人"未达到退休年龄。2037年男性"新人"的年龄区间为[20,60],2038年男性"新人"的年龄区间为[20,61]。以此类推,2076年男性"新人"的年龄区间为[20,99]。2037—2076年,男性"新人"的年龄区间为[20,60+t-2037],这期间,达到退休年龄的男性"新人"的年龄区间为[60,60+t-2037]。2077年及以后男性"新人"的年龄区间为[20,100],退休的男性"新人"的年龄区间为[60,100]。

可归纳出,测算期内"新人"的年龄区间为$[e,\ e+t-z]$。当 $2016 \leqslant t < z+r-e$ 时,"新人"均未达到退休年龄;当 $z+r-e \leqslant t < z+\omega-e$ 时,退休"新人"的年龄区间为$[r,\ e+t-z]$;当 $z+\omega-e \leqslant t \leqslant 2095$ 时,退休"新人"的年龄区间为$[r,\omega]$。在 $z+r-e$ 年至2095年期间,退休"新人"的年龄区间为$[r,\ \min(t-z+e,\omega)]$。

(2)"新人"的统筹账户养老金

"新人"的统筹账户养老金由退休前一年当地在岗职工平均工资、本人指数化平均缴费工资、缴费年限及养老金增长率4个因素决定。用 $B_{t,x}^N$ 表示 t 年 x 岁"新人"领取的统筹账户养老金。

①"新人"在2037年领取的统筹账户养老金。以男性为例,2036年及以前,男性"新人"未达到退休年龄,因此不支付"新人"的统筹账户养老金。2037年及以后,"新人"陆续达到退休年龄,因此2037年为支付男性"新人"统筹账户养老金的起始年份。2037年男性退休"新人"的年龄区间为[60,60],即当年仅支付60岁"新人"的统筹账户养老金。其退休前一

年当地在岗职工平均工资为 $\overline{W}_{2036}$，工作期间指数化平均缴费工资为 $\frac{\overline{W}_{2036}}{60-20}\sum_{k=1}^{60-20}\frac{S_{2037-k,r-k}}{\overline{W}_{2037-k}}$，缴费年限为60-20年。因此,其在2037年领取的统筹账户养老金为

$$B_{2037,60}^{N}=\frac{\overline{W}_{2036}}{2}\left(1+\frac{1}{60-20}\sum_{k=1}^{40}\frac{S_{2037-k,r-k}}{\overline{W}_{2037-k}}\right)(60-20)\%$$

②"新人"在测算期内各时点领取的统筹账户养老金。对2038年60岁的男性"新人",其退休年前一年当地在岗职工平均工资为 $\overline{W}_{2037}$，工作期间指数化平均缴费工资为 $\frac{\overline{W}_{2037}}{60-20}\sum_{k=1}^{60-20}\frac{S_{2038-k,r-k}}{\overline{W}_{2038-k}}$，缴费年限为60-20年。因此,2038年60岁的男性"新人",当年领取的统筹账户养老金为

$$B_{2038,60}^{N}=\frac{\overline{W}_{2037}}{2}\left(1+\frac{1}{60-20}\sum_{k=1}^{40}\frac{S_{2038-k,r-k}}{\overline{W}_{2038-k}}\right)(60-20)\%$$

对2038年61岁的男性"新人",其当年领取的统筹账户养老金为

$$B_{2038,61}^{N}=B_{2037,60}^{N}\cdot(1+\rho_{2037})$$

因此,2038年支付 $x(x\geqslant r)$ 岁"新人"的统筹账户养老金可表示为

$$\begin{aligned}B_{2038,x}^{N}&=B_{2038-x+60,60}^{N}\prod_{m=2038-x+60}^{2038-1}(1+\rho_m)\\&=\frac{\overline{W}_{2038-x+60-1}}{2}\left(1+\frac{1}{60-20}\sum_{k=1}^{60-20}\frac{S_{2038-x+60-k,60-k}}{\overline{W}_{2038-x+60-k}}\right)(60-20)\%\prod_{m=2038-x+60}^{2038-1}(1+\rho_m)\end{aligned}$$

测算期内 $t(t\in[z+r-e,2095])$ 年 x 岁 $(x\geqslant r)$"新人",其在 t 年领取的统筹账户养老金为

$$\begin{aligned}B_{t,x}^{N}&=B_{t-(x-r),r}^{N}\prod_{k=t-(x-r)}^{t-1}(1+\rho_k)\\&=\frac{\overline{W}_{t-(x-r)-1}}{2}\left(1+\frac{1}{r-e}\sum_{k=1}^{r-e}\frac{S_{t-(x-r)-k,r-k}}{\overline{W}_{t-(x-r)-k}}\right)(r-e)\%\prod_{m=t-(x-r)}^{t-1}(1+\rho_m)\end{aligned}$$

用 EP_t^N 表示该年支付"新人"统筹账户养老金,$z+r-e\leqslant t\leqslant 2095$ 时,退休"新人"的年龄区间为 $[r,\min(t-z+e,\omega)]$,则

$$EP_t^N=\sum_{x=r}^{\min(t-z+e,\omega)}L_{t,x}\theta_t\sigma_t B_{t,x}^N \tag{3.3}$$

3.1.2　统筹账户基金收入模型

统筹账户基金的收入来自用人单位缴纳的基本养老保险费。根据企业职工基本养老保险制度的相关规定,用人单位需基于参保职工缴费工资按规定比例为其缴纳基本养老保险费,即用人单位需为每年年龄在 e 岁至 $r-1$ 岁的职工缴纳养老保险费。

$L_{t,x}$ 表示 t 年 x 岁的城镇人数,μ_t 表示 t 年城镇人员的劳动参与率,则 $L_{t,x}\mu_t$ 表示 t 年参加劳动的城镇人数。θ_t 表示 t 年城镇职工基本养老保险覆盖率,城镇职工基本养老保险包

括企业职工基本养老保险和机关事业单位基本养老保险。假设制度覆盖范围内的劳动人口,均参加基本养老保险。对在职人员,$L_{t,x}\mu_t\theta_t$ 表示 t 年参加城镇职工基本养老保险的城镇在职人数。δ_t 表示 t 年参加企业职工基本养老保险的在职人数占参加城镇职工基本养老保险的城镇在职人数的比例①。$L_{t,x}\mu_t\theta_t\delta_t$ 表示 t 年参加企业职工基本养老保险的在职人数。设企业基本养老保险缴费率为 c_1,IP_t 为第 t 年统筹账户养老保险缴费收入,则未来各年统筹账户基金的收入可表示为

$$IP_t = \sum_{x=e}^{r-1} L_{t,x}\mu_t\theta_t\delta_t c_1 S_{t,x} \tag{3.4}$$

3.2 个人账户资金流的精算模型

根据国发〔2005〕38 号文件规定,退休人员个人账户养老金的发放形式有两种:一是对缴费不满 15 年的参保人员,其个人账户养老金在其退休当年一次性发放,额度为其个人账户养老保险缴费累计额;另一种是对缴费满 15 年的参保人员,当期达到退休年龄至死亡前每月领取个人账户养老金,额度为其个人账户养老保险缴费累计额除以计发月数。在第一种计发办法下,支付退休人员的个人账户养老金总量不受人口结构、经济环境等外界因素的影响,个人账户基金的支出等于收入,不会对财政造成养老金支付压力。因此,本书仅对第二种计发办法下个人账户基金支出情况进行测算。缴费年限的计算包括实际缴费年限和视同缴费年限。实际缴费年限是指职工自工作起至退休实际缴纳养老保险的年数;视同缴费年限是指在基本养老保险制度建立之前已经参加工作的职工,因政策规定原因未缴纳养老保险费的年限,但算为连续工龄的时间。由于"老人"在制度建立前已经退休,因此退休后无个人账户养老金,仅"中人"和"新人"退休后可领取个人账户养老金。参保人员退休后领取的个人账户养老金是由其个人账户缴费积累额与退休时对应的计发月数决定的。个人账户养老保险缴费是由职工基于其上年平均工资按规定比例进行缴纳的,假设缴费率为 c_2。用 $I_{t,x}^M$,$I_{t,x}^N$ 分别表示 t 年 x 岁($x \geq r$)"中人""新人"领取的个人账户养老金,j_t 表示 t 年个人账户的记账利率。

3.2.1 个人账户基金支出模型

1)支付"中人"的个人账户养老金

(1)"中人"的个人账户养老金

①"中人"在 2016 年领取的个人账户养老金。以男性为例,对 2016 年 78 岁的男性"中

① 本书假设参加企业职工基本养老保险在职人数占参加城镇职工基本养老保险在职人数的比例与参加企业职工基本养老保险总人数占参加城镇职工基本养老保险总人数的比例相等。

人”，在职期间仅在 1997 年 59 岁时缴纳一次个人账户养老保险费，其退休时个人账户累积额为 $c_2S_{1997,59}(1+j_{1997})$。因此，其在 2016 年领取个人账户养老金为

$$I^M_{2016,78}=I^M_{1998,60}=\frac{12c_2S_{1997,59}(1+j_{1997})}{139}$$

对 2016 年 77 岁的男性“中人”，在职期间共缴纳两次个人账户养老保险费，分别在 1997 年年初和 1998 年年初，其退休时个人账户累积额为

$$c_2S_{1998,59}(1+j_{1998})+c_2S_{1997,58}(1+j_{1997})(1+j_{1998})$$

则其在 2016 年领取的个人账户养老金为

$$I^M_{2016,77}=I^M_{1999,60}=\frac{12c_2[S_{1998,59}(1+j_{1998})+S_{1997,58}(1+j_{1997})(1+j_{1998})]}{139}$$

以此类推，对 2016 年 60 岁的男性“中人”，在 1997—2015 年工作期间，共缴纳 19 次个人账户养老保险费，其退休时个人账户累积额为

$$c_2S_{2015,59}(1+j_{2015})+c_2S_{2014,58}(1+j_{2015})(1+j_{2014})+\cdots+c_2S_{1998,42}\prod_{h=0}^{2015}(1+j_{1998+h})+$$
$$S_{1997,41}\prod_{h=0}^{2015}(1+j_{1997+h})$$

则其在 2016 年领取的个人账户养老金为

$$I^M_{2016,60}=\frac{12c_2\left[S_{2015,59}(1+j_{2015})+S_{2014,58}(1+j_{2015})(1+j_{2014})+\cdots+S_{1997,41}\prod_{h=0}^{2015}(1+j_{1997+h})\right]}{139}$$

归纳可知，对 2016 年 x 岁（$x\geqslant r$）的“中人”，其退休时个人账户累积额为

$$c_2S_{2016-x+r-1,r-1}(1+j_{2016-x+r-1})+c_2S_{2016-x+r-2,r-2}(1+j_{2016-x+r-1})(1+j_{2016-x+r-2})+\cdots+$$
$$c_2S_{1997,x-19}\prod_{h=1997}^{2016-x+r-1}(1+j_h)$$

其在 2016 年领取的个人账户养老金为

$$I^M_{2016,x}=I^M_{2016-x+r,r}=\frac{c_2\sum_{k=1}^{2016-x+r-1997}S_{2016-x-r-k,r-k}\prod_{h=0}^{k-1}(1+j_{2016-x-r-k+h})}{\frac{139}{12}}$$

②“中人”在测算期内各时点领取的个人账户养老金。对 t 年 x 岁（$x\geqslant r$）的“中人”，其退休时个人账户累积额为

$$c_2S_{t-x+r-1,r-1}(1+j_{t-x+r-1})+c_2S_{t-x+r-2,r-2}(1+j_{t-x+r-1})(1+j_{t-x+r-2})+\cdots+$$
$$c_2S_{z,x-t+z}\prod_{h=z}^{t-x+r-1}(1+j_h)$$

令 m_r 表示退休年龄为 r 时对应的个人账户养老金计发月数，其在 t 年领取的个人账户养老金为

$$I_{t,x}^{M}=I_{t+r-x,r}^{M}=\frac{c_2\sum_{k=1}^{t+r-x-z}S_{t+r-x-k,r-k}\prod_{h=0}^{k-1}(1+j_{t+r-x-k+h})}{\frac{m_r}{12}}$$

(2)发放“中人”的个人账户养老金

EI_t^M 表示 t 年支付“中人”的个人账户养老金，当 $2016\leqslant t\leqslant r+z-e-1$ 时，退休“中人”的年龄区间为$[r+t-z-1]$，则

$$EI_t^M=\sum_{x=r}^{r+t-z-1}L_{t,x}\theta_t\sigma_t I_{t,x}^M \tag{3.5a}$$

当 $r-e+z-1\leqslant t\leqslant\omega-e+(z-1)$ 时，退休“中人”的年龄区间为$[e+t-(z-1),\ \min(r+t-z-1,\omega)]$，则

$$EI_t^M=\sum_{x=e+t-(z-1)}^{\min(r+t-z-1,\omega)}L_{t,x}\theta_t\sigma_t I_{t,x}^M \tag{3.5b}$$

2)支付“新人”的个人账户养老金

(1)“新人”的个人账户养老金

①“新人”在2037年领取的个人账户养老金。以男性为例，2036年及以前，男性“新人”未达到退休年龄，故不支付“新人”的个人账户养老金。2037年及以后，“新人”陆续达到退休年龄，故2037年为支付男性“新人”个人账户养老金的起始年份。2037年男性退休“新人”的年龄区间为[60,60]，即当年仅支付60岁“新人”的个人账户养老金。2037年60岁男性“新人”，自参加工作至退休共缴费40年，其退休时个人账户累积额为

$$S_{2036,59}(1+j_{2036})+S_{2035,58}(1+j_{2035})(1+j_{2036})+\cdots+S_{1997,20}\prod_{h=1997}^{2036}(1+j_h)$$

则其在2037年领取的个人账户养老金为

$$I_{2037,60}^{N}=\frac{12c_2\left[S_{2036,59}(1+j_{2036})+S_{2035,58}(1+j_{2035})(1+j_{2036})+\cdots+S_{1997,20}\prod_{h=1997}^{2036}(1+j_h)\right]}{139}$$

②“新人”在测算期内各时点领取的个人账户养老金。对2038年60岁的男性“新人”，自参加工作至退休共缴费40年，其退休时个人账户累积额为

$$S_{2037,59}(1+j_{2037})+S_{2036,58}(1+j_{2036})(1+j_{2037})+\cdots+S_{1998,20}\prod_{h=1998}^{2037}(1+j_h)$$

则其在2038年领取的个人账户养老金为

$$I_{2038,60}^{N}=\frac{12c_2\sum_{k=1}^{60-20}S_{2038-k,60-k}\prod_{h=0}^{k-1}(1+j_{2038-k+h})}{139}$$

对2038年61岁的男性“新人”，自参加工作至退休共缴费40年，其在2038年领取的个人账户养老金等于退休当年领取的个人账户养老金，即 $I_{2038,61}^{N}=I_{2037,60}^{N}$。因此，2038年支付 x $(x\geqslant r)$ 岁“新人”的个人账户养老金可表示为

$$I_{2038,x}^{N}=I_{2038-x+r,r}^{N}=\frac{12c_2\sum_{k=1}^{60-20}S_{2038-x+r-k,r-k}\prod_{h=0}^{k-1}(1+j_{2038-x+r-k+h})}{139}$$

测算期内 $t(t\in[z+r-e,2095])$ 年 x 岁 $(x\geqslant r)$“新人”，其自参加工作至退休共缴费 $r-e$ 年，退休时个人账户累积额为

$$\sum_{k=1}^{r-e}c_2S_{t+r-x-k,r-k}\prod_{h=0}^{k-1}(1+j_{t+r-x-k+h})$$

因此，其在 t 年领取的个人账户养老金为

$$I_{t,x}^{N}=I_{t+r-x,r}^{N}=\frac{c_2\sum_{k=1}^{r-e}S_{t+r-x-k,r-k}\prod_{h=0}^{k-1}(1+j_{t+r-x-k+h})}{\frac{m_r}{12}}$$

(2)发放“新人”的个人账户养老金

EI_t^N 表示 t 年支付给退休“新人”的个人账户养老金，当 $2016\leqslant t<z+r-e$ 时，个人账户不用支付“新人”的个人账户养老金；当 $z+r-e\leqslant t\leqslant 2095$ 时，未来各年支付给“新人”的个人账户养老金可表示为

$$EI_t^N=\sum_{x=r}^{\min(t-z+e,\omega)}L_{t,x}\theta_t\sigma_tI_{t,x}^N \tag{3.6}$$

3.2.2　个人账户基金收入模型

个人账户基金的收入来自参保人员缴纳的基本养老保险费。根据企业职工基本养老保险制度的相关规定，在职人员需基于上年工资水平按规定比例缴纳基本养老保险费。$L_{t,x}$ 表示 t 年 x 岁的城镇人数，μ_t 表示 t 年城镇人员的劳动参与率，则 $L_{t,x}\mu_t$ 表示 t 年参加劳动的城镇人数。θ_t 表示 t 年城镇职工基本养老保险覆盖率，城镇职工基本养老保险包括企业职工基本养老保险和机关事业单位基本养老保险。假设制度覆盖范围内的劳动人口均参加基本养老保险。对在职人员，$L_{t,x}\mu_t\theta_t$ 表示 t 年参加城镇职工基本养老保险的城镇在职人数。δ_t 表示 t 年参加企业职工基本养老保险的在职人数占参加城镇职工基本养老保险的城镇在职人数的比例。$L_{t,x}\mu_t\theta_t\delta_t$ 表示 t 年参加企业职工基本养老保险的在职人数。用 II_t 表示第 t 年个人账户养老保险缴费收入，则个人账户基金的缴费收入可表示为

$$II_t=\sum_{x=e}^{r-1}L_{t,x}\mu_t\theta_t\delta_tc_2S_{t-1,x-1},\ x\in[e,\ r-1] \tag{3.7}$$

3.3　基本养老保险财政支付压力模型

基本养老保险属于财政“兜底”，因此，基本养老保险基金无力支付的养老金将由财政支

付。每年财政都会通过补贴、减免等方式对基本养老保险进行转移支付。本书不考虑财政每年对基本养老保险的转移支付，仅测算由于基本养老保险基金机制自身运行过程中因偿付能力不足造成的基本养老金财政支付压力，则基本养老金财政支付压力等于基本养老保险基金负债超过资产的规模。测算时点基本养老金财政支付压力等于测算时点基本养老保险基金累计结余与当年缴费收入之和不足支付当年基本养老金的部分。令 FB_t 表示第 t 年财政需支付的基本养老金，FA_t 表示第 t 年的基本养老保险基金累计结余，i_t 表示第 t 年的基本养老保险基金的收益率，则

测算时点基本养老保险基金累计结余 = 上一年度基本养老保险基金累计结余 + 利息收入 + 测算时点基本养老保险缴费收入 - 测算时点基本养老金支出

其中，测算时点基本养老保险缴费收入包括测算时点统筹账户缴费收入和个人账户缴费收入，测算时点基本养老金支出包括测算时点支付“老人”“中人”“新人”的统筹账户养老金和测算时点支付“中人”“新人”的个人账户养老金。

因此，当上年度基本养老保险基金累计结余盈余时，即 $FA_{t-1} \geqslant 0$，第 t 年的基本养老保险基金累计结余为

$$FA_t = [FA_{t-1}(1 + i_{t-1}) + IP_t + II_t] - (EP_t^O + EP_t^M + EP_t^N + EI_t^M + EI_t^N)$$

当上年度基本养老保险基金累计结余赤字时，即 $FA_{t-1} < 0$，第 t 年的基本养老保险基金累计结余为

$$FA_t = [FA_{t-1} + IP_t + II_t] - (EP_t^O + EP_t^M + EP_t^N + EI_t^M + EI_t^N)$$

当基本养老保险基金盈余时，基本养老保险机制具有偿付能力，不会对财政带来养老金支付压力，此时基本养老保险的财政支付压力为零；当基本养老保险基金出现赤字时，财政需向基本养老保险基金转移资金，以保证养老金的发放，此时基本养老保险的财政支付压力等于基本养老保险基金的赤字规模。

当上年度基本养老保险基金累计结余盈余时，即 $FA_{t-1} \geqslant 0$，则第 t 年养老保险金财政支付压力与基本养老保险基金存在关系为

$$FB_t = -\min(0, FA_t)$$

当上年度基本养老保险基金累计结余赤字时，即 $FA_{t-1} < 0$，则第 t 年养老保险金财政支付压力为

$$FB_t = -\min[0, (FA_t - FA_{t-1})]$$

第 4 章　城镇人口结构的测算

第 3 章根据现行基本养老保险制度建立了企业职工基本养老保险财政支付压力的精算模型。该精算模型主要包括 3 个组成部分,即城镇人口结构、经济变量和养老保险制度参数。只有先对城镇人口结构、经济变量和养老保险制度参数进行测算,才能测算企业职工基本养老保险财政支付压力。因此,本章估计城镇人口结构,下章对经济变量和养老保险制度参数进行测算。自 2013 年以来,我国连续两次出台生育政策,放宽生育限制。为提高测算结果与现实情况的拟合度,本章从高、中、低生育率水平下测算城镇人口结构。

4.1　分要素测算法

人口测算是根据已有某区域的人口发展情况相关数据,基于相关假设,推测未来该区域人口的变化趋势。人口测算分为广义和狭义两种。广义的人口测算需考虑人口结构与社会、经济、文化、资源环境等之间的相互影响,分析内部、外部环境多种因素影响下,人口的变化趋势。狭义的人口测算主要考虑出生、死亡和迁移的影响,对未来该区域人口的变化趋势进行测算。测算人口常用的方法可分为两大类:数学模型法和分要素测算法。数学模型法是通过数学、统计学原理,基于历史数据的单变量测算。适用于广义的人口测算和狭义的人口测算,多针对纵向人口单一指标变化趋势的分析。分要素方法是通过对影响人口结构的多因素进行分析、测算,最终得到未来分年龄性别人口结构。本书将从狭义的角度,基于分要素测算法对未来城镇人口结构进行测算。

本书设定六大指标来衡量影响城镇人口结构的出生、死亡和迁移情况,即总和生育率、育龄妇女分年龄生育率、新生儿性别比、预期寿命、死亡模式及净迁移量①。其中,总和生育率、育龄妇女分年龄生育率、新生儿性别比是衡量城镇人口新生儿数量和性别的指标,反映了育龄妇女平均生育的子女数、各年龄育龄妇女平均生育孩子的数量和新生儿中男婴与女婴的比例。预期寿命和死亡模式是衡量城镇人口分年龄性别的死亡情况的指标,反映了人口的平均预期寿命和分年龄死亡情况。净迁移量是衡量因迁移导致城镇总人口规模变动情况的指标。由于不考虑跨境迁移的影响,此处的迁移仅考虑农村人口向城镇迁移的情况。测算时,本书选用中国人口与发展研究中心开发的 PADIS-INT 软件。该软件是在联合国人

① 本书不考虑人口的跨境迁移情况,假设我国人口为封闭人口。

口司指导下开发出来的,国际上多个国家的研究机构也采用此软件进行人口测算。该软件功能更强大,适用于长期的人口测算,且准确率高①。

4.2 生育率的测算

4.2.1 生育水平

生育水平是指一个国家或地区育龄妇女平均生育的子女数,也称总和生育率。我国的育龄妇女是指年龄在15~49岁的女性。2013年11月15日我国开始实行对于夫妇一方为独生子女的,可以生育第二个孩子的政策,即"单独二孩"。"单独二孩"的实施效果并未达到预期水平②。"全面二孩"政策的施行能明显提高我国的总和生育率(姚引妹 等,2014;石智雷 等,2014;茅倬彦 等,2013)。为促进人口均衡发展,2016年1月1日我国开始实行一对夫妇可以生育两个孩子的政策,即"全面二孩"。国家统计局、国家卫计委公布的数据显示,"全面二孩"政策的效果明显、乐观③。但关于我国妇女总和生育率的抽样数据结果,则相差较大。根据国家统计局的抽样数据,2010—2015年我国妇女总和生育率在1.04~1.26波动。国家卫计委公布的数据,2010年以来,我国总和生育率在1.54~1.64波动。考虑抽样数据存在漏批等情况,而计生部门公布的数据普遍认为偏高。总体而言,在联合国人口司的方案下关于我国未来总和生育率的测算数据是较为符合现状的。考虑"全面二孩"政策的影响以及民众生育热情的不确定性,为提高测算结果与实际的拟合度,本研究对城镇人口的测算,基于高、中、低3种生育率水平分别进行。城镇人口生育水平参照联合国人口司2015关于我国高、中、低3种生育水平的数据,见表4.1。

表4.1 2015—2095年我国高、中、低生育率水平

年 份	低水平	中水平	高水平	年 份	低水平	中水平	高水平
2015—2020	1.478	1.591	1.706	2040—2045	1.481	1.722	1.945
2020—2025	1.470	1.627	1.780	2045—2050	1.487	1.738	1.970
2025—2030	1.470	1.656	1.836	2050—2055	1.492	1.750	1.991
2030—2035	1.473	1.681	1.880	2055—2060	1.496	1.762	2.008
2035—2040	1.477	1.704	1.917	2060—2065	1.500	1.772	2.023

① 将PADIS-INT软件预算结果与联合国人口预算结果比较,误差小于1%。

② 根据人民网《卫计委官员:今年不会搞全面放开二胎区域性试点》报道:截至2014年12月,1 100万符合条件的夫妇中,仅106.9万的夫妇申请了再生育。

③ 见新华网《统计局:2017年"全面两孩"政策效果继续显现》和中新网《卫计委:全面两孩政策实施效果相当明显、乐观》。

续表

年　份	低水平	中水平	高水平	年　份	低水平	中水平	高水平
2065—2070	1.505	1.781	2.035	2080—2085	1.516	1.802	2.068
2070—2075	1.509	1.789	2.047	2085—2090	1.518	1.808	2.073
2075—2080	1.513	1.795	2.059	2090—2095	1.520	1.811	2.080

4.2.2　生育模式

生育模式是反映了育龄妇女生育过程中初次分娩的年龄、分娩的次数、生育的时间间隔等指标的情况。本研究选取不同时期不同年龄育龄妇女平均生育孩子的数量作为反映生育模式的主要指标。我国各年龄育龄妇女生育率近似符合对数正态分布①。根据以往学者关于生育率模型的研究，对数正态分布模型拟合效果较好（谢韦克　等，1993；陈辉　等，2003；虞丽萍　等，2006；赵佳音　等，2015）。本书将育龄妇女生育率用对数正态分布表示，即

$$f(x)=\frac{k}{\delta(x-x_0)\sqrt{2\pi}}\times\exp\left\{-\frac{[\ln(x-x_0)-\mu]^2}{2\delta^2}\right\} \tag{4.1}$$

其中，$f(x)$表示x岁育龄妇女的生育率；k表示尺度转换因子，将对数正态分布函数根据生育率水平进行一定尺度的变动；x_0表示起始育龄年龄，由于我国的育龄年龄是15～49岁，因此，假设$x_0=15$。根据对数函数的性质可知，参数δ和μ决定了育龄妇女生育率曲线的形状。当μ一定时，δ越大，育龄妇女生育率曲线越“宽”；δ越小，育龄妇女生育率曲线越“窄”。当δ一定时，μ越大，育龄妇女生育率曲线越“矮”；μ越小，育龄妇女生育率曲线越“高”。联合国人口司（2015）将从15岁起每5岁的育龄妇女设为一组，对各组育龄妇女的平均生育率进行高、中、低3种方案测算，但是并未对各个年龄育龄妇女的生育率进行测算。因此，本书基于联合国人口司对我国育龄妇女生育水平的分组测算数据，以拟合值与实际值残差平方和最小、R^2最大为限制条件，得到式（4.1）中各参数值的最优解，进而测算各年龄妇女的生育率。为方便计算，本书假设育龄妇女的生育模式在一定期间具有稳定性，即2015—2055年育龄妇女的生育模式相同，2056—2095年育龄妇女的生育模式相同。此处以联合国人口司公布的我国中生育率方案下育龄妇女分组生育水平数据为例②，对拟合步骤介绍如下：

①将2015—2055年各年对应年龄组的数据进行均值处理，求得2015—2055年15～19岁、20～24岁、25～29岁……45～49岁的平均生育率。假设各年龄组中间年龄的生育率等于该组数据的平均生育率，则得到部分育龄妇女的生育率情况，见表4.2。

---

①　根据国家统计局公布的2015年及以前各年我国育龄妇女的生育水平可知，每一个时间截面的各育龄年龄妇女的生育水平近似符合对数正态分布。

②　见联合国人口司官网：《世界人口预测》，Fertility indicators 列表栏中的 Total fertility（TFR）。

表 4.2　2015—2055 年部分育龄年龄妇女的平均生育率/‰

年龄/岁	17	22	27	32	37	42	47
2015—2055 年	7.06	92.10	123.55	75.25	28.51	9.31	0.71

②根据部分育龄妇女的生育率数据，求解式(4.1)中参数最优解。根据表 4.2 可得到 7 个随机样本，分别表示为 $x_1,x_2,x_3,x_4,x_5,x_6,x_7$，用 $\hat{f}_i$ 表示模型的拟合值，f_i 表示样本的实际值，$\bar{f}$ 表示样本的均值。采用非线性最优化求解出能使 $\sum(\hat{f}_i - f_i)^2$ 最小，且 $\dfrac{\sum(\hat{f}_i - \bar{f})^2}{\sum(\hat{f}_i - f_i)^2 + \sum(\hat{f}_i - \bar{f})^2}$ 最大的 u,δ 和 k 值。结果显示：当 $\hat{\mu} \approx 2.5249, \hat{\delta} \approx 0.4398, k \approx 2.109$ 时，残差平方和 $\sum(\hat{f}_i - f_i)^2 \approx 0.001$，$R^2 \approx 0.9923$，此时为 u,δ 和 k 的最优解。

③将步骤②求得的最优解代入式(4.1)中，可得到 2015—2055 年中生育率水平下各育龄妇女的生育水平，如图 4.1 所示。

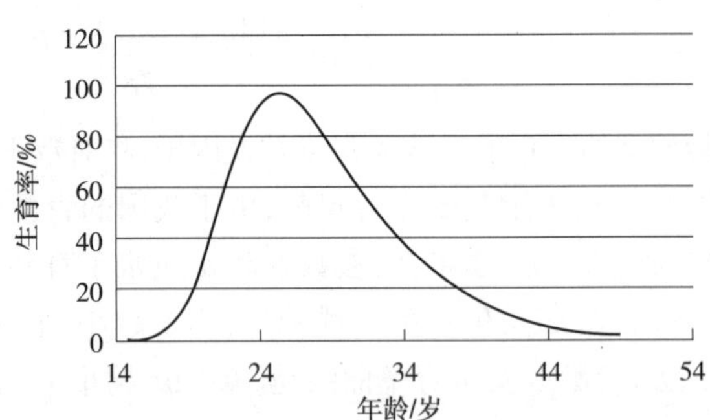

图 4.1　2015—2055 年中生育率水平下各育龄年龄妇女的生育水平

通过此方法，本书基于联合国人口司关于我国育龄妇女未来分组生育率，测算得到高、中、低生育率水平下未来分年龄育龄妇女的生育率，见表 4.3。

表 4.3　3 种生育率水平下分年龄育龄妇女的生育率

年龄/岁	高生育率水平		中生育率水平		低生育率水平	
	2015—2050 年	2050—2095 年	2015—2050 年	2050—2095 年	2015—2050 年	2050—2095 年
15	0.000 000	0.000 000	0.000 000	0.000 000	0.000 000	0.000 000
16	0.000 020	0.000 000	0.000 012	0.000 000	0.000 012	0.000 000
17	0.000 885	0.000 003	0.000 503	0.000 002	0.000 536	0.000 001
18	0.007 002	0.000 099	0.003 839	0.000 078	0.004 202	0.000 056
19	0.024 494	0.001 032	0.013 225	0.000 808	0.014 589	0.000 580
20	0.054 226	0.005 045	0.029 146	0.003 951	0.032 094	0.002 837
21	0.090 451	0.015 377	0.048 704	0.012 041	0.053 246	0.008 647

续表

年龄/岁	高生育率水平		中生育率水平		低生育率水平	
	2015—2050 年	2050—2095 年	2015—2050 年	2050—2095 年	2015—2050 年	2050—2095 年
22	0. 125 126	0. 034 107	0. 067 760	0. 026 709	0. 073 311	0. 019 179
23	0. 152 033	0. 060 472	0. 083 010	0. 047 355	0. 088 700	0. 034 005
24	0. 168 288	0. 091 034	0. 092 800	0. 071 288	0. 097 811	0. 051 190
25	0. 173 898	0. 121 178	0. 096 956	0. 094 895	0. 100 722	0. 068 141
26	0. 170 611	0. 146 749	0. 096 250	0. 114 921	0. 098 503	0. 082 521
27	0. 160 856	0. 165 031	0. 091 868	0. 129 238	0. 092 598	0. 092 801
28	0. 147 039	0. 174 980	0. 085 042	0. 137 029	0. 084 412	0. 098 396
29	0. 131 182	0. 176 940	0. 076 848	0. 138 564	0. 075 115	0. 099 498
30	0. 114 801	0. 172 154	0. 068 126	0. 134 816	0. 065 576	0. 096 807
31	0. 098 935	0. 162 277	0. 059 475	0. 127 081	0. 056 384	0. 091 253
32	0. 084 219	0. 149 013	0. 051 288	0. 116 694	0. 047 894	0. 083 794
33	0. 070 988	0. 133 884	0. 043 791	0. 104 846	0. 040 287	0. 075 286
34	0. 059 363	0. 118 116	0. 037 091	0. 092 498	0. 033 624	0. 066 420
35	0. 049 327	0. 102 620	0. 031 215	0. 080 363	0. 027 887	0. 057 706
36	0. 040 780	0. 088 012	0. 026 133	0. 068 923	0. 023 014	0. 049 491
37	0. 033 578	0. 074 662	0. 021 788	0. 058 469	0. 018 917	0. 041 985
38	0. 027 560	0. 062 754	0. 018 105	0. 049 143	0. 015 501	0. 035 288
39	0. 022 565	0. 052 332	0. 015 006	0. 040 982	0. 012 672	0. 029 428
40	0. 018 442	0. 043 352	0. 012 413	0. 033 949	0. 010 340	0. 024 378
41	0. 015 051	0. 035 710	0. 010 252	0. 027 964	0. 008 427	0. 020 081
42	0. 012 272	0. 029 275	0. 008 458	0. 022 925	0. 006 861	0. 016 462
43	0. 010 001	0. 023 903	0. 006 973	0. 018 718	0. 005 584	0. 013 441
44	0. 008 147	0. 019 450	0. 005 747	0. 015 231	0. 004 543	0. 010 937
45	0. 006 637	0. 015 782	0. 004 735	0. 012 359	0. 003 696	0. 008 875
46	0. 005 408	0. 012 775	0. 003 901	0. 010 004	0. 003 008	0. 007 184
47	0. 004 408	0. 010 322	0. 003 215	0. 008 083	0. 002 448	0. 005 804
48	0. 003 594	0. 008 326	0. 002 651	0. 006 520	0. 001 994	0. 004 682
49	0. 002 933	0. 006 708	0. 002 187	0. 005 253	0. 001 625	0. 003 772

4.2.3 新生儿性别比

新生儿性别比等于一年内出生的男性总数与女性总数的比值。根据国家统计局公布的数据，2015 年我国新生儿性别比为 113.51（女婴为 100）。《国家人口发展规划》的目标是在 2030 年将出生人口性别比稳定在 107。因此，本书假定新生儿性别比自 2015 年的 113.51 逐年降至 2030 年的 107，之后保持稳定。

4.3 死亡率和人口迁移的测算

4.3.1 预期寿命

预期寿命数据选取联合国人口司关于我国未来男女预期寿命的测算数据，2016—2095 年，我国男性平均预期寿命由 75.03 岁上升至 88.85 岁，女性平均预期寿命由 78.08 岁上升至 89.8 岁，女性平均预期寿命高于男性平均寿命，但是男女寿命间的差距在缩小。具体各年预期寿命见表 4.4。

表 4.4 2015—2095 年我国分性别预期寿命/岁

年 份	男性	女性	年 份	男性	女性
2015—2020	75.03	78.08	2055—2060	83.90	84.84
2020—2025	76.10	79.07	2060—2065	84.85	85.59
2025—2030	77.23	80.03	2065—2070	85.64	86.33
2030—2035	78.27	80.88	2070—2075	86.31	87.02
2035—2040	79.37	81.75	2075—2080	86.91	87.74
2040—2045	80.51	82.55	2080—2085	87.55	88.43
2045—2050	81.66	83.37	2085—2090	88.18	89.12
2050—2055	82.83	84.14	2090—2095	88.85	89.80

4.3.2 死亡模式和死亡率

联合国发展中国家模型生命表包含 5 种，即拉美模型生命表、智利模型生命表、南亚模型生命表、远东模型生命表及一般模型生命表。远东模型生命表中分年龄死亡率随预期寿命延长而不断变动，死亡率下降的速度随年龄的增大而加快，反映了预期寿命对死亡率的影响，较为符合我国人口的死亡模式（郑伟 等，2014）。因此，本书死亡模式采用远东生命表。由于 2015—2095 年分年龄性别的预期寿命不同，因此，测算期间各年分年龄性别的死亡率水平存在差异。根据2.2节介绍的生命表理论可知,死亡率等于死亡人口数除以人口数。由于分年龄性别人口数不仅受死亡模式、预期寿命的影响,还受到出生率的影响,因此,高、中、低3种生育水平下的生命表不相同。此处,仅列出中生育率水平下2016年、2055年、2095年的男性生命表(见附表1),以展示男性死亡率的变化轮廓,如图4.2所示。

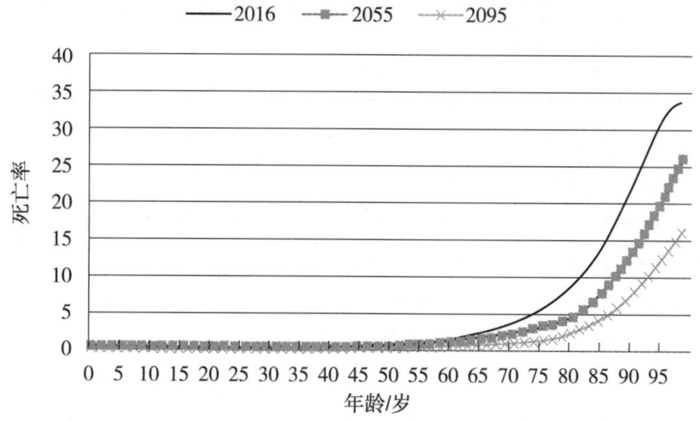

图4.2　2016年、2055年、2095年中生育率水平下男性分年龄死亡率

4.3.3　迁移水平

城镇化水平主要受到人口迁移流动、自然增长和城区扩大3个因素的影响。其中,人口迁移和城区扩大对城镇化水平的影响力最大。2010年我国城镇化率为49.95%,城镇化水平稳步提高,2015年我国城镇化率为56.1%①。2020年我国城镇化率达到60%②。参考以往学者的做法(蒋云赟,2009;景鹏　等,2016),假设2050年时,我国城镇化率达到75%,以后保持稳定。2020年之前农村人口向城镇迁移规模每年为1 200万人,2021—2025年每年1 000万人,2026—2030年每年800万人,2031—2040年每年600万人,2041—2050年每年400万人,到2050年时城镇化率达到75%。

4.4　我国城镇人口结构

根据《中国人口与就业统计年鉴2016》中公布的2015年城市、镇人口结构可得到2015年城镇各年龄性别人口占比城镇总人口的比例,根据国家统计局公布的2015年城镇总人数为77 116万人,可得到2015年城镇分年龄性别人口分布。2015年城镇分年龄性别人口分布为起始人口,将上述参数指标值输入PADIS-INT软件里,将初始年份选择为2015年,终止

① 数据来源:中国产业信息网《2016年中国城镇化率、城镇人口数量及农村人口数量分析》。

② 数据来源:第十二届全国人民代表大会第四次会议国务院政府工作报告。

年份选择为2095年,地区选择为中国。运行数据,可得到高、中、低3种生育率水平下城镇人口的结构。

4.4.1 人口总量

本书测算高、中、低3种生育率水平下城镇分年龄性别人口分布情况,各方案下城镇人口总数在测算期的变动趋势如图4.3所示。

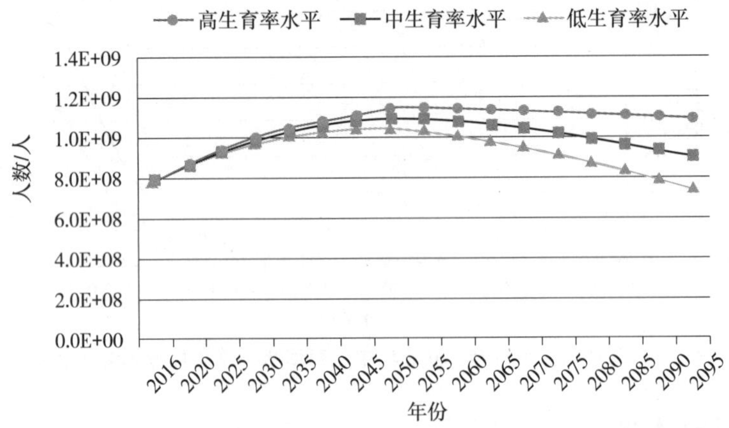

图4.3 高、中、低生育率水平下城镇人口总数变动趋势

从图4.3可见,3种生育率水平下城镇人口总数变动趋势相近,2016—2050年,城镇人口总数呈稳步上升趋势,2050年以后,城镇人口总数逐年下降。其中,低生育率水平下的城镇人口总数降低幅度相对高生育率水平、中生育率水平下的城镇人口总数降低幅度较大。高生育率水平下城镇人口总数虽有所下降,但整体维持在相对稳定的水平。

4.4.2 人口金字塔

高、中、低3种生育率方案下城镇人口分年龄金字塔结构如图4.4(a)、(b)、(c)所示。2015年我国城镇人口结构是明显的低龄和高龄人口偏少、中龄人口居多的分布。在高生育率方案下,2055年我国城镇人口中低龄和高龄人口开始增多。但相比2015年"中间大、两头小"的人口结构,高生育率方案下2055年城镇人口结构显得分布较为均匀。其中,60~74岁的人口增加最明显,60岁以下年龄人口数差异较小,60岁以上年龄的人口数随年龄递减幅度明显。至2095年,城镇人口结构以85岁为分界线呈"上小下大"的结构。其中,85岁以下人口整体呈柱子形,分布均匀;85岁以上人口呈正三角形,随年龄增加而减少。高生育率方案下,城镇人口结构是向着更合理的分布结构发展。劳动人口与待入职人口比例相当,高龄人口呈年龄递减,避免了劳动人口短缺、老龄化风险。在中生育率方案下,2055年城镇人口结构虽整体与高生育率方案下人口结构相似,呈现低龄和高龄人口少、中龄人口多的分布。但是,中生育率方案下的低龄人口人数少于高生育率方案下的低龄人口数,且中生育率方案下60岁以上人口分布较宽。至2095年,70岁以下呈柱状分布,70岁以上呈正三角分布,但70~85岁人口分布明显较宽。说明,高龄人口总数较大,而劳动人口供给存在不足的风险。在低生育率方案下,2055年城镇人口整体呈"两头小""中间大"的分布,相对中生育率方案下的人口结构更为恶化，因为40～55岁人口数明显减少，较宽的人口分布集中在60岁以上。2095年城镇人口呈现“上大”“下小”的细柱状分布，60岁以上人口的分布宽于60岁以下人口的分布，说明人口结构呈现明显的宽尾状，老龄人口居多，而劳动人口、待入职人口偏少，人口结构明显恶化。

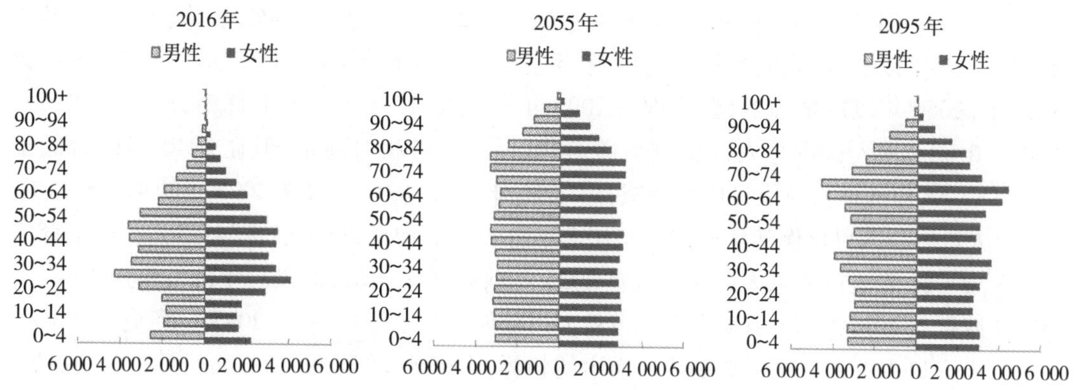

(a)高生育率方案下城镇人口分年龄金字塔结构

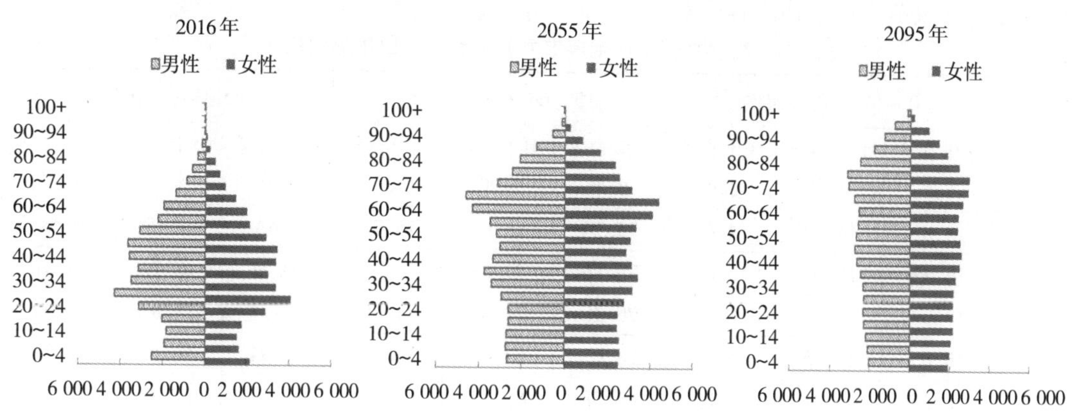

(b)中生育率方案下城镇人口分年龄金字塔结构

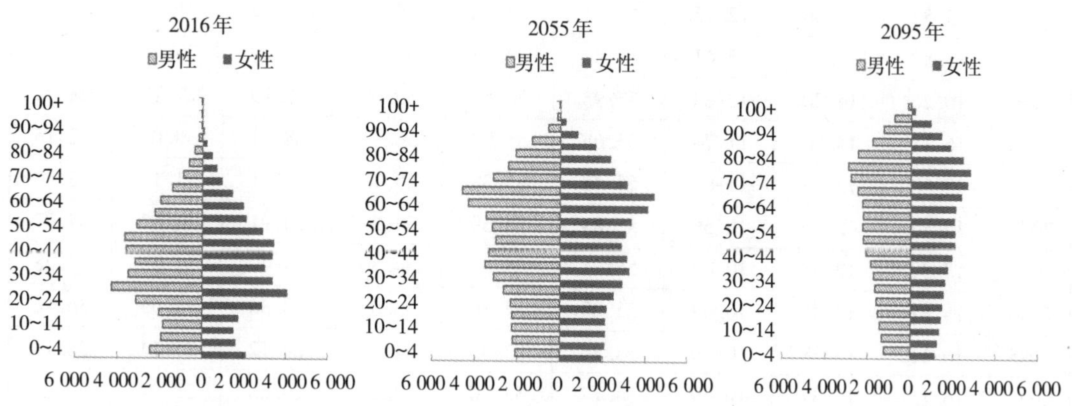

(c)低生育率方案下城镇人口分年龄金字塔结构

图4.4　高、中、低3种生育率方案下城镇人口分年龄金字塔结构

4.4.3 人口年龄结构

高、中、低3种生育率方案下城镇人口年龄结构见表4.5。高生育率方案下，0~14岁人口占总人口比例2030年前呈递增趋势，2030年以后保持相对稳定，维持在15.25%~16.65%；15~64岁人口占总人口比例递减，由2016年的75.74%下降至2095年的54.17%；65岁以上人口占总人口比例随年递增，由2016年的9.44%提高至2060年的28.21%，2060年以后增速放缓，2060—2095年仅增加1.58%。中生育率方案下，2016—2030年0~14岁人口占总人口比例呈递增状，以后年份相对稳定，但在2040年以后低于15%；15~64岁人口占总人口比例递减，由2016年的75.82%下降至2095年的49.98%；65岁以上人口占总人口比例随年递增，由2016年的9.45%增至2095年的34.23%。低生育率方案下，0~14岁人口占总人口比例虽在2025年前有缓速递增，但以后年份呈快速下降，至2095年降低至10.2%；15~64岁人口占总人口比例同样呈快速递减，2095年降至49.98%；65岁以上人口占总人口比例则呈快速递增的趋势，2095年增至39.82%。可见，高、中、低3种生育率方案下城镇人口年龄结构差异较大，高生育率方案下城镇人口结构相对乐观，中生育率方案下城镇人口结构不容乐观，低生育率方案下城镇人口结构则较为严峻。

表4.5 高、中、低3种生育率方案下城镇人口年龄结构/%

年份	0~14岁人口比例			15~64岁人口比例			65岁人口比例		
	高生育率水平	中生育率水平	低生育率水平	高生育率水平	中生育率水平	低生育率水平	高生育率水平	中生育率水平	低生育率水平
2016	14.82	14.73	14.69	75.74	75.82	75.77	9.44	9.45	9.54
2020	16.43	16.01	15.64	72.86	73.23	73.55	10.71	10.76	10.81
2025	17.97	17.12	16.24	70.28	71.02	71.76	11.75	11.87	12.00
2030	18.03	16.75	15.38	68.03	69.09	70.23	13.94	14.16	14.39
2035	16.65	15.34	13.82	66.58	67.54	68.69	16.77	17.12	17.49
2040	15.67	14.35	12.82	65.00	65.81	66.77	19.33	19.84	20.41
2045	15.52	14.06	12.45	63.71	64.46	65.30	20.77	21.48	22.25
2050	15.89	14.20	12.41	61.82	62.55	63.29	22.29	23.25	24.30
2055	16.26	14.30	12.24	57.95	58.51	59.02	25.79	27.18	28.74
2060	16.11	14.00	11.74	55.68	55.94	56.11	28.21	30.06	32.15
2065	15.60	13.43	11.07	55.48	55.38	55.13	28.91	31.19	33.80
2070	15.25	12.99	10.56	55.84	55.39	54.67	28.91	31.62	34.77
2075	15.39	12.98	10.42	56.21	55.47	54.30	28.40	31.55	35.28
2080	15.81	13.21	10.47	55.89	54.80	53.07	28.30	31.99	36.46
2085	16.11	13.38	10.49	54.76	53.49	51.37	29.12	33.14	38.13
2090	16.15	13.37	10.39	54.17	52.70	50.35	29.68	33.94	39.26
2095	16.04	13.23	10.20	54.17	52.55	49.98	29.79	34.23	39.82

4.4.4　人口抚养比

人口抚养比是衡量非劳动人口与劳动人口比例的指标，反映了非劳动人口与劳动人口之间的规模。非劳动人口主要包括少儿和老人，人口抚养比可分为少儿抚养比、老年抚养比和总抚养比。少儿人数占劳动人数的比例为少儿抚养比，老年人数占劳动人数的比例为老年抚养比，非劳动人数占劳动人数的比例为总抚养比。养老保险基金收入来自在职劳动者缴费，支出来自退休者领取的养老金，影响其收支规模的是劳动者和老人数。因此，本书选择老年抚养比进行分析。假设65岁及以上的人口为老年人口，15～64岁的人口为劳动人口，则

$$老年抚养比 = \frac{65\text{ 岁及以上年龄的人}}{15 \sim 64\text{ 岁的人}}$$

高、中、低生育率水平下，老年抚养比变动趋势如图4.5

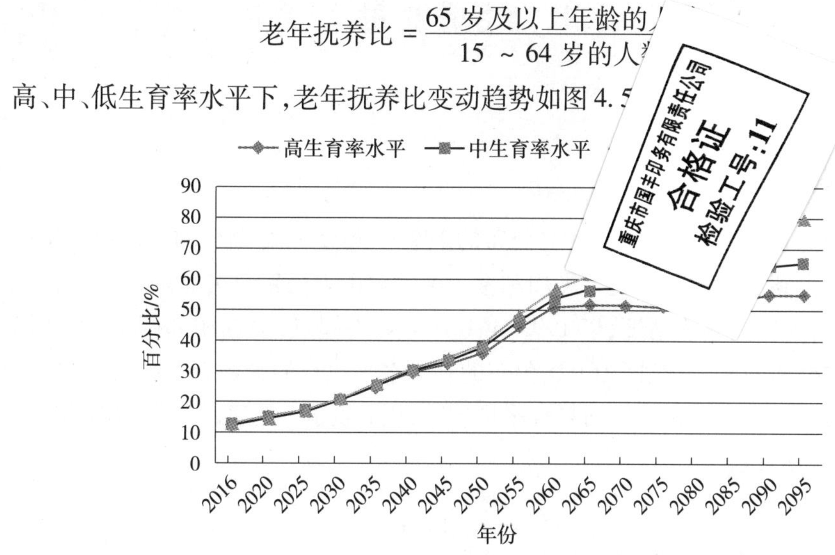

图4.5　高、中、低生育率方案下2016—2095年老年抚养比

第 5 章　经济变量和养老保险制度参数的基准值

5.1　经济变量

5.1.1　记账利率

本书根据中国人民银行、国家统计局公布的 1995—2015 年金融机构人民币一年期存款基准利率可测算得到该时期年均复合平均利率。由于中国人民银行公布的一年期存款基准利率是不定期的，为提高测算精度，以 1995 年 1 月 1 日为起点，根据相邻两次公布时间，可得到相邻两次数据的间隔天数，即为上次公布的利率水平执行的天数，记为 d_i。采用几何平均值法，可计算得 1995—2015 年年均复合平均利率，用 r 表示。r_i 表示测算期内第 i 次公布的基准利率，则存在关系

$$(1+r)^{20}=\prod_{i=1995}^{2015}(1+r_i)^{\frac{d_i}{365}}$$

根据各年公布的存款基准利率和执行天数，可算得 r 约为 3.270 2%。

政府相关部门通过对养老保险基金参数的改革，以提高退休人员的待遇水平。根据《关于公布 2016 年职工养老保险个人账户记账利率等参数的通知》和《关于公布 2017 年职工养老保险个人账户记账利率等参数的通知》，可计算得 2015—2017 年年均个人账户记账利率约为 6.75%[①]。本书假设 2015 年前个人账户的平均记账利率为 3.270 2%，2015 年后个人账户的平均记账利率为 6.75%。

5.1.2　各年实际缴费工资占平均工资比例

基本养老保险实际缴费工资可根据基本养老保险缴费收入、参保缴费人数和缴费率计算为

基本养老保险实际缴费工资 = 基本养老保险基金缴费收入 ÷ 基本养老保险参保人数 ÷ 缴费率

① 2017 年职工基本养老保险个人账户记账利率为 7.12%，2016 年为 8.13%，2014 年 10 月至 2015 年年底为 5%。

根据历年《劳动和社会保障事业发展统计公报》和《人力资源和社会保障事业发展统计公报》，可得 2002—2015 年城镇基本养老保险基金缴费收入和在职职工人数。假设实际缴费率为政策规定的缴费率，可计算得到 2002—2015 年城镇基本养老保险实际缴费工资。基于国家统计局公布企业在岗职工平均工资，得到历年基本养老保险实际缴费基数占平均工资比例，见表 5.1。

表 5.1　2002—2015 年平均缴费工资占社会平均工资的比例

年份	平均缴费工资	在岗职工平均工资	实际缴费工资占平均工资比例	年份	平均缴费工资	在岗职工平均工资	实际缴费工资占平均工资比例
2002	8 187	12 422	0.659	2009	19 191	32 736	0.586
2003	9 335	14 040	0.665	2010	20 451	37 147	0.551
2004	10 452	16 024	0.652	2011	23 113	42 452	0.544
2005	11 738	18 364	0.639	2012	25 591	47 593	0.538
2006	13 180	21 001	0.628	2013	27 526	52 388	0.525
2007	15 276	24 932	0.613	2014	28 584	57 361	0.498
2008	17 260	29 229	0.590	2015	31 265	63 241	0.494

此处基于实际平均缴费工资占在职人员平均工资比例的历史数据，通过灰色模型（简称"GM 模型"）对该指标未来发展趋势进行测算。灰色模型基于部分已知信息，通过建立微分方程，对该指标长期发展趋势进行测算（王叶梅 等，2008；李富荣，2013；刘思峰，2017）。将表 5.1 中 2002—2015 年实际平均缴费工资占在职人员平均工资比例分别用 $x^{(0)}(1)$，$x^{(0)}(2)$，…，$x^{(0)}(14)$ 表示，即数列 X。为降低原始数据波动对测算精度的影响，对数列 X 进行累加处理，得到数列 X_1，即

$$X_1 = \{x^{(1)}(1), x^{(1)}(2), \cdots, x^{(1)}(14)\}$$

则 X_1 与数列 X 中的原始数据存在关系

$$\begin{cases} x^{(1)}(1) = x^{(0)}(1) \\ x^{(1)}(2) = x^{(0)}(1) + x^{(0)}(2) \\ \vdots \\ x^{(1)}(14) = \sum\limits_{i=1}^{14} x^{(0)}(i) \end{cases}$$

X_1 的变动趋势可表示为

$$\frac{\mathrm{d}x^{(1)}}{\mathrm{d}t} + ax^{(1)} = u$$

为求得参数 a，u 的估计值，构造数列 Y 和矩阵 $\boldsymbol{B}$，其中

$$Y = [x^{(0)}(2), x^{(0)}(3), \cdots, x^{(0)}(14)]^{\mathrm{T}}$$

$$B=\begin{bmatrix} -\dfrac{x^1(1)+x^1(2)}{2} & 1 \\ -\dfrac{x^1(2)+x^1(3)}{2} & 1 \\ \vdots & \vdots \\ -\dfrac{x^1(13)+x^1(14)}{2} & 1 \end{bmatrix}$$

经过整理,可得

$$\begin{bmatrix} \hat{a} \\ \hat{u} \end{bmatrix}=(\boldsymbol{B}^{\mathrm{T}}\boldsymbol{B})^{-1}\boldsymbol{B}^{\mathrm{T}}Y$$

通过 R 软件可求得 $\hat{a}=0.025\,533\,61$,$\hat{u}=0.696\,949\,92$。将 $\hat{a}$,$\hat{u}$ 的数值代入时间响应函数

$$\hat{x}^{(1)}(t+1)=\left[x^{(0)}(1)-\frac{\hat{u}}{\hat{a}}\right]\mathrm{e}^{-\hat{a}t}+\frac{\hat{u}}{\hat{a}}$$

可得到未来数列 X_1 的测算值。由于数列 X_1 为数列 X 进行累加处理后的数列,则 X_1 的测算值与 X 数列的测算值之间存在关系

$$\hat{x}^{(0)}(t)=\hat{x}^{(1)}(t)-\hat{x}^{(1)}(t-1)$$

其中,$x^{(0)}(0)=0$。X 数列的测算结果见表 5.2。

表 5.2　2016—2036 年缴费工资占社会平均工资比例/%

年份	缴费工资占社会平均工资的比例	年份	缴费工资占社会平均工资的比例	年份	缴费工资占社会平均工资的比例
2016	48.18	2023	40.30	2030	33.70
2017	46.97	2024	39.28	2031	32.85
2018	45.78	2025	38.29	2032	32.02
2019	44.63	2026	37.33	2033	31.22
2020	43.51	2027	36.38	2034	30.43
2021	42.41	2028	35.47	2035	29.66
2022	41.34	2029	34.57	2036	28.91

为保证测算的精度,通过对原始数据还原值与实际值之间的残差值比较,对测算结果进行精度检验。残差值用 $\varepsilon^{(0)}(t)$ 表示,则

$$\varepsilon^{(0)}(t)=x^{(0)}(t)-\hat{x}^{(0)}(t)$$

令 $x^{(0)}$ 的均值和方差、残差的均值和方差分别为

$$\begin{cases} \bar{X}^{(0)} = \dfrac{1}{M}\sum\limits_{t=1}^{M} x^{(0)}(t) \\ S_1 = \sqrt{\dfrac{1}{M}\sum\limits_{t=1}^{M}[x^{(0)}(t) - \bar{X}^{(0)}]^2} \\ \bar{\varepsilon}^{(0)} = \dfrac{1}{M-1}\sum\limits_{t=2}^{M}\varepsilon^{(0)}(t) \\ S_2 = \sqrt{\dfrac{1}{M-1}\sum\limits_{t=2}^{M}[\varepsilon^{(0)}(t) - \bar{\varepsilon}^{(0)}]^2} \end{cases}$$

根据测算结果及原始值可计算得 $S_1 \approx 0.024\,437$，$S_2 \approx 0.000\,034$，则后验差比值 $S_2/S_1 \approx 0.001\,396 < 0.35$。根据测算精度等级判断，测算精度较高。

从表5.2的测算数据可见，未来各年缴费工资占社会平均工资的比例呈下降趋势。养老保险系统的不断完善不仅提高了养老保险管理的有效性，也增强了人们对养老保险的信心。法律法规的完善使得各地政府加大对落实养老保险实际缴费基数的重视，因此，未来养老保险实际缴费基数不可能一直下降。目前，养老保险基金提倡减轻企业缴费负担，而减轻企业缴费负担最主要的措施就是降低缴费率。综合两方面因素考虑，未来养老保险实际缴费基数占平均工资比例会得到控制并适度提高。本书假设缴费工资占社会平均工资的比例降低至2023年以后开始提高，至2035年提高至0.6并保持不变。

5.1.3 工龄工资增长率

为更准确地估计各年龄在职人员的缴费工资水平的差异，参考杨再贵和石晨曦（2016）的做法，引入工龄工资增长率。

1）公式推导

工龄工资增长率是指工资随参加劳动时间的不断累积而变动的情况。

（1）在职人员缴费工资总额

在职人员缴费工资总额等于年龄在 e 岁至 $r-1$ 岁的所有参保人员缴费工资之和，可表示为

$$L_{t,e}S_{t,e} + L_{t,e+1}S_{t,e+1} + \cdots + L_{t,r-1}S_{t,r-1}$$

（2）基本养老保险年平均缴费工资

基本养老保险年平均缴费工资等于当年在职人员缴费工资总额除以当年在职人员总数，用 $L_{t,W}$ 表示 t 年在职人员总数，$\bar{S}_t$ 表示平均缴费工资，则

$$\bar{S}_t = \frac{L_{t,e}S_{t,e} + L_{t,e+1}S_{t,e+1} + \cdots + L_{t,r-1}S_{t,r-1}}{L_{t,W}}$$

（3）工龄工资增长率

对于相邻年龄的在职人员，其缴费工资之间的差异可用工龄工资增长率表示。例如，对于 t 年 $e+1$ 岁在职人员的缴费工资，可表示为 t 年 e 岁在职人员的缴费工资按工龄工资增长率累积1年，即

$$S_{t,e+1} = S_{t,e}(1 + s)$$

对于 t 年 e+2 岁在职人员的缴费工资，可表示为 t 年 e 岁在职人员的缴费工资按工龄工资增长率累积 2 年，即

$$S_{t,e+2} = S_{t,e}(1 + s)^2$$

以此类推，对 t 年 x 岁在职人员的缴费工资，可表示为 t 年 e 岁在职人员的缴费工资按工龄工资增长率累积 $x-e$ 年，即

$$S_{t,x} = S_{t,e}(1 + s)^{x-e}$$

则基本养老保险年平均缴费工资可表示为

$$\bar{S}_t = \frac{L_{t,e}S_{t,e} + L_{t,e+1}S_{t,e}(1 + s)^2 + \cdots + L_{t,r-1}S_{t,e}(1 + s)^{r-1-e}}{L_{t,W}}$$

$$= S_{t,e}\left[\frac{L_{t,e}}{L_{t,W}} + \frac{L_{t,e+1}}{L_{t,W}}(1 + s)^2 + \cdots + \frac{L_{t,r-1}}{L_{t,W}}(1 + s)^{r-1-e}\right]$$

对上式进行算式整理：首先将上式中新入职人员缴费工资 $S_{t,e}$ 移至等式左边，其次令 $l_{x/w} = L_{t,x}/L_{t,W}$，表示 x 岁的在职人数占在职总人数的比例，则上式可变形为

$$\frac{\bar{S}_t}{S_{t,e}} = l_{\frac{e}{W}} + l_{\frac{e+1}{W}}(1 + s) + \cdots + l_{\frac{r-1}{W}}(1 + s)^{r-1-e} \tag{5.1}$$

由式(5.1)可见，根据分年龄在职人员分布、平均工资、新入职人员缴费工资，可求得工龄工资增长率。

2)参数值测算

由于各年度工龄工资增长率变动较小，此处仅测算 2015 年的工龄工资增长率，假设未来保持不变。

(1)分年龄性别企业在职人员分布

分年龄性别企业在职人员分布是根据城镇分年龄性别人口分布、劳动参与率、养老保险覆盖率得到的。μ_x 表示 x 岁城镇人员的劳动参与率，θ_{2015} 表示 2015 年城镇企业职工基本养老保险覆盖率，δ_{2015} 表示 2015 年参加企业职工基本养老保险的在职人数占参加城镇企业职工基本养老保险的城镇在职人数的比例，N 为年龄从 e 岁至 $r-1$ 岁的城镇人口总数。当 $x \in [e,r-1]$ 时，l_x 表示 x 岁分性别城镇在职人员占城镇在职人员总数的比例，则参加企业职工基本养老保险的 x 岁在职人数为 $l_x N\theta_{2015}\mu_x\delta_{2015}$，故参加企业职工基本养老保险的总在职人数为

$$\sum_{x=e}^{r-1} l_x N\theta_{2015}\mu_x\delta_{2015}$$

那么，参加企业职工基本养老保险的 x 岁在职人数占参加企业职工基本养老保险的总在职人数比例为

$$\frac{l_x N\theta_{2015}\mu_x\delta_{2015}}{\sum_{x=e}^{r-1} l_x N\theta_{2015}\mu_x\delta_{2015}} = \frac{l_x\mu_x}{\sum_{x=e}^{r-1} l_x\mu_x} \tag{5.2}$$

根据国家统计局公布的数据,2015 年企业在职职工参加养老保险的总人数为 24 586.8 万人,将此数据代入式(5.2)左边分母。将《中国人口和就业统计年鉴 2016》中的 2015 年年龄从 e 岁至 $r-1$ 岁的全国城市分年龄性别人口分布与全国镇分年龄性别人口分布,同年龄分性别相加,可得到 2015 年城镇分年龄性别在职人员分布情况,进而可求得 x 岁分性别城镇在职人员占城镇在职人员总数的比例,将此数据代入式(5.2)右边。分年龄劳动参与率选用郑秉文(2012)的测算数据,代入式(5.2)右边,可得到 2015 年分年龄性别参加企业职工基本养老保险的在职人员分布情况。

(2)平均缴费工资、新入职人员缴费工资

根据《中国社会保险发展年度报告 2015》,2015 年企业退休人员养老金替代率为 67.5%,企业退休人员平均月退休费为 2 251 元。由于养老金替代率可表示为退休人员领取的平均养老金除以上年度平均缴费工资,因此,2014 年平均缴费工资约为 40 018 元,约占当年城镇在岗职工平均工资的 69.76%①。假设相邻年度平均缴费工资占社会平均工资的比例相同,根据国家统计局公布的数据,2015 年城镇在岗职工平均工资为 63 241 元,则 2015 年均缴费工资约为 44 120 元。假设新入职人员的月平均缴费工资为 3 000 元,将相关参数值代入式(5.1),可计算出工龄工资增长率约为 1.176 9%。

5.1.4　工资增长率

根据国家统计局公布的数据,可以发现近 15 年城镇在岗职工平均工资呈指数型增长。我国经济进入“常态”,经济增速放缓,工资的增长会受到抑制,不会一直呈指数型增长。借鉴闫坤和刘陈杰(2015)、曾益(2016)等的研究数据、联合国有关我国未来经济增长率的测算数据以及我国人均国内生产总值增长率的历史数据②。本书假设工资增长率与人均 GDP 的增长速度持平,在一定期间内按固定比例增长。2015—2025 年增长率为 6.5%,2025—2050 年工资增长率为 4.5%,2050 年以后保持在 3.5%。2014 年之前用不变的复合年均值为 7.13%。

5.2　企业职工基本养老保险制度参数

5.2.1　企业参保人员占城镇总参保人员的比重

根据历年《劳动和社会保障事业发展统计公报》《人力资源和社会保障事业发展统计公报》,可以获得基本养老保险城镇参保人数、在职人员参保人数、退休人员参保人数,以及企

---

① 根据国家统计局公布的数据,2014 年城镇在岗职工平均工资为 57 361 元。

② 2009—2015 年以来,我国人均 GDP 年均增长率呈现明显下降趋势,由 17.74% 降至 6.46%。

业在职、退休人员参保情况①,见表5.3。

表5.3 2002—2015年城镇基本养老保险参保情况/万人

年份	城镇			城镇企业		
	参保人数	参保职工	参保离退休人员	参保人数	参保职工	参保离退休人员
2002	14 736	11 128	3 608	12 423	9 090	3 333
2003	15 506	11 646	3 860	13 882	10 325	3 557
2004	16 353	12 250	4 103	14 679	11 002	3 677
2005	17 487	13 120	4 367	15 716	11 829	3 887
2006	18 766	14 131	4 635	16 857	12 739	4 118
2007	20 137	15 183	4 954	18 235	13 831	4 404
2008	21 891	16 587	5 304	19 951	15 223	4 728
2009	23 550	17 743	5 807	21 567	16 409	5 158
2010	25 707	19 402	6 305	23 634	17 933	5 701
2011	28 391	21 565	6 826	26 284	20 171	6 113
2012	30 427	22 981	7 446	28 272	21 467	6 805
2013	32 218	24 177	8 041	30 049	22 944	7 105
2014	34 124	25 531	8 593	31946	24 417	7 529
2015	35 361	26 219	9 142	33 123	24 587	8 537

根据表5.3可计算出2002—2015年城镇企业基本养老保险参保人数占城镇基本养老保险总参保人数比例,如图5.1所示。2002—2015年城镇企业基本养老保险参保人数占城

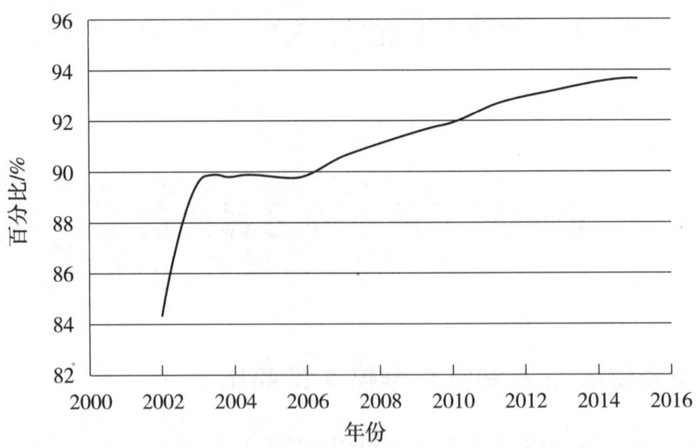

图5.1 2002—2015年城镇企业参保人数占城镇基本养老保险总参保人数的比例

---

① 2005—2014年未直接公布企业在职、退休和总参保人数,但是,可通过公布的其他数据信息推算得到。例如,2004年公报里提到"纳入社区管理的企业退休人员有2 166万人,占企业退休人数的58.9%",据此可推算出当年企业退休人数约为3 677万人(2 166万人/58.9% ≈3 677万人)。

镇基本养老保险总参保人数比例逐年上升，2002—2003 年，城镇企业基本养老保险参保人数占城镇基本养老保险总参保人数比例增幅最大，上升了近 6 个百分点。2003—2006 年城镇企业基本养老保险参保人数占城镇基本养老保险总参保人数比例约在 90% 的水平保持稳定。2006—2015 年，该比例开始稳步提高，2015 年城镇企业基本养老保险参保人数占城镇基本养老保险总参保人数比例相比 2006 年该比例共高了 3.84 个百分点，增幅较小。假设未来企业参保人数占城镇参保人数的比例维持在 94% 不变。

5.2.2　同年度养老金随年龄增长率

为更准确地估计不同年龄退休人员间养老金水平的差异，参考杨再贵和石晨曦（2016）的做法，引入同年度养老金随年龄增长率。

1）公式推导

同年度养老金随年龄增长率是反映在同一年度内相邻年龄退休人员间的领取养老金水平的差异。同年度养老金随年龄增长率可通过退休人员人口结构、当年平均养老金水平以及各年龄退休人员领取的养老金 3 项指标计算得到。

（1）养老金总支出

由于男性、女性实际退休年龄存在差异，用 $L_{t,x}^{F_1}, L_{t,x}^{F_2}, L_{t,x}^{M}$ 分别表示 t 年 x 岁（$x>r$）女工人、女干部、男性退休人数。用 $B_{t,x}^{F_1}, B_{t,x}^{F_2}, B_{t,x}^{M}$ 分别表示女工人、女干部、男性退休人员领取的养老金，则 t 年的养老金支出总额为

$$L_{t,r}^{F_1}B_{t,r}^{F_1} + \cdots + L_{t,\omega}^{F_1}B_{t,\omega}^{F_1} + L_{t,r}^{F_2}B_{t,r}^{F_2} + \cdots + L_{t,\omega}^{F_2}B_{t,\omega}^{F_2} + L_{t,r}^{M}B_{t,r}^{M} + \cdots + L_{t,\omega}^{M}B_{t,\omega}^{M}$$

（2）平均养老金

平均养老金等丁当年实际发放的养老金除以退休总人数。t 年退休总人数用 $L_{t,R}$ 表示，平均养老金用 $\bar{B}_t$ 表示，则

$$\bar{B}_t = \frac{L_{t,r}^{F_1}B_{t,r}^{F_1} + \cdots + L_{t,\omega}^{F_1}B_{t,\omega}^{F_1} + L_{t,r}^{F_2}B_{t,r}^{F_2} + \cdots + L_{t,\omega}^{F_2}B_{t,\omega}^{F_2} + L_{t,r}^{M}B_{t,r}^{M} + \cdots + L_{t,\omega}^{M}B_{t,\omega}^{M}}{L_{t,R}}$$

（3）同年度养老金随年龄增长率

对于同年度、同工种的退休人员，其养老金差异可通过同年度养老金随年龄增长率表示。例如，t 年 r+1 岁的女工人领取的养老金等于 t 年 r 岁的女工人的养老金按养老金随年龄增长率累积 1 年，即 $B_{t,r+1}^{F_1} = B_{t,r}^{F_1} \times (1+b)$；$t$ 年 r+2 岁的女工人领取的养老金等于 t 年 r 岁的女工人的养老金按养老金随年龄增长率累积两年，即 $B_{t,r+2}^{F_1} = B_{t,r}^{F_1} \times (1+b)^2$。以此类推，对于 t 年 ω 岁的女工人领取的养老金等于 t 年 r 岁的女工人的养老金按养老金随年龄增长率累积 2 年，即 $B_{t,\omega}^{F_1} = B_{t,r}^{F_1} \times (1+b)^{\omega-r}$，则 t 年的平均养老金可表示为

$$\bar{B}_t = \frac{\left\{\begin{array}{l} B_{t,r}^{F_1}[L_{t,r}^{F_1} + L_{t,r+1}^{F_1}(1+b) + \cdots + L_{t,\omega}^{F_1}(1+b)^{\omega-r}] + \\ B_{t,r}^{F_2}[L_{t,r}^{F_2} + L_{t,r+1}^{F_2}(1+b) + \cdots + L_{t,\omega}^{F_2}(1+b)^{\omega-r}] + \\ B_{t,r}^{M}[L_{t,r}^{M} + L_{t,r+1}^{M}(1+b) + \cdots + L_{t,\omega}^{M}(1+b)^{\omega-r}] \end{array}\right\}}{L_{t,R}}$$

以 2015 年为例,对上式进行算式整理,因

$$\frac{B^{F_2}_{2015,55}}{B^{F_1}_{2015,50}}=\frac{R\cdot S_{2014,54}}{R\cdot S_{2014,49}}=(1+s)^5$$

$$\frac{B^{M}_{2015,60}}{B^{F_1}_{2015,50}}=\frac{R\cdot S_{2014,59}}{R\cdot S_{2014,49}}=(1+s)^{10}$$

则 2015 年平均养老金可表示为

$$\bar{B}_{2015}=\frac{\begin{Bmatrix}B^{F_1}_{2015,50}[L^{F_1}_{2015,50}+L^{F_1}_{2015,51}(1+b)+\cdots+L^{F_1}_{2015,100}(1+b)^{50}]+\\ B^{F_1}_{2015,50}(1+s)^5[L^{F_2}_{2015,55}+L^{F_2}_{2015,51}(1+b)+\cdots+L^{F_2}_{2015,100}(1+b)^{45}]+\\ B^{F_1}_{2015,50}(1+s)^{10}[L^{M}_{2015,60}+L^{M}_{2015,61}(1+b)+\cdots+L^{M}_{2015,100}(1+b)^{40}]\end{Bmatrix}}{L_{2015,R}}$$

将上式中刚达到退休年龄女工人领取的养老金 $B^{F_1}_{2015,50}$ 移至等式左边,并令 $l_{x/R}=L_{t,x}/L_{t,R}$,表示 x 岁退休人员占退休总人数的比例,则

$$\begin{aligned}\frac{\bar{B}_{2015}}{B^{F_1}_{2015,50}}=&\ l^{F_1}_{\frac{50}{R}}+l^{F_1}_{\frac{52}{R}}(1+b)+\cdots+l^{F_1}_{\frac{105}{R}}(1+b)^{55}+\\ &(1+s)^5[l^{F_2}_{\frac{55}{R}}+l^{F_2}_{\frac{56}{R}}(1+b)+\cdots+l^{F_2}_{\frac{105}{R}}(1+b)^{50}]+\\ &(1+s)^{10}[l^{M}_{\frac{60}{R}}+l^{M}_{\frac{61}{r}}(1+b)+\cdots+l^{M}_{\frac{105}{r}}(1+b)^{45}]\end{aligned}\tag{5.3}$$

由式(5.3)可知,根据平均养老金、刚退休人员的养老金、退休人员分年龄性别人口结构及工龄工资增长率,可计算得到同年度养老金随年龄增长率。

2)参数值的测算

(1)分年龄性别企业退休人员分布

分年龄性别企业退休人员分布是根据城镇分年龄性别人口分布、养老保险覆盖率得到的。θ_{2015} 表示 2015 年城镇企业职工基本养老保险覆盖率,δ_{2015} 表示 2015 年参加企业职工基本养老保险的退休人数占参加城镇企业职工基本养老保险的城镇退休人数的比例,N^1 为年龄从 r 岁至 ω 岁的城镇人口总数。当 $x\in[r,\omega]$ 时,l_x 表示 x 岁分性别城镇退休人员占城镇退休人员总数的比例,则参加企业职工基本养老保险的 x 岁退休人数为 $l_xN^1\theta_{2015}\delta_{2015}$,参加企业职工基本养老保险的总退休人数为 $\sum_{x=r}^{\omega}l_xN\theta_{2015}\delta_{2015}$。那么,参加企业职工基本养老保险的 x 岁退休人数占参加企业职工基本养老保险的总退休人数比例为

$$\frac{l_xN^1\theta_{2015}\delta_{2015}}{\sum\limits_{x=r}^{\omega}l_xN\theta_{2015}\delta_{2015}}=\frac{l_x}{\sum\limits_{x=r}^{\omega}l_x}\tag{5.4}$$

根据国家统计局公布的数据,2015 年企业离退休人员参加养老保险的总人数为 8 536.5 万人,将此数据代入式(5.4)左边分母。再将《中国人口和就业统计年鉴 2016》中的 2015 年年龄从 r 岁至 ω 岁的全国城市分年龄性别人口分布与全国镇分年龄性别人口分布,同年龄分性别相加,可得到 2015 年城镇分年龄性别退休人员分布情况,进而可求得 x 岁

分性别城镇退休人员占城镇退休人员总数的比例，将此数据代入式（5.4）右边。可得到2015年分年龄性别参加企业职工基本养老保险的退休人员分布情况。

（2）新退休人员的养老金

新退休女工人的养老金 $B_{2015,50}^{F_1}$ 可表示为

$$R \cdot S_{2014,49} = R \cdot S_{2014,20}(1+s)^{29}$$

取养老金替代率为44%①，可计算出2015年50岁女工人退休人员领取的养老金约为24 615元。

（3）平均养老金

根据《2015年度人力资源和社会保障事业发展统计公报》公布的2015年城镇基本养老金支出总额为25 813亿元，离退休总人数为9 142万人，则当年平均养老金为28 235元。

将相关参数值代入式（5.2），可计算得到同年度养老金随年龄增长率约为1.569 6%。

5.2.3　其他相关参数值

1）入职年龄、退休年龄

假设企业职工平均入职年龄为20岁。根据《中华人民共和国劳动法》（以下简称《劳动法》）规定，企业男性人员的退休年龄为60岁，女干部的退休年龄为55岁，女工人的退休年龄为50岁。

2）缴费率

根据国发〔1997〕26号文件和国发〔2005〕38号文件规定，企业职工基本养老保险缴费率为28%，其中单位基于上年平均工资缴纳20%，个人基于上年平均工资缴纳8%。

3）“老人”基础养老金的计发比例

“老人”基础养老金按其退休前一年社会平均工资的一定比例发放。本书假设此比例等于社会平均养老金替代率。根据《2015年度人力资源和社会保障事业发展统计公报》可知，2015年城镇企业职工养老金总支出为25 813亿元，离退休人员为9 142万人，则当年平均基本养老金约为28 236元，占上年在职人员平均工资的49.22%，即2015年“老人”基础养老金的计发比例为49.22%。目前，政府及相关部门日益重视社会保障体系的建设，随着《划转部分国有资本充实社保基金实施方案》的发布，未来退休人员生活待遇得到进一步保障，养老金占社会平均工资的比例应逐渐得以提高。鉴于企业职工基本养老保险的目标替代率为59.2%，本书假设自2016年起，“老人”基础养老金的计发比例逐年递增，在2025年达到59.2%。

4）基本养老保险基金累计结存

根据《2015年度人力资源和社会保障事业发展统计公报》，2015年年底我国城镇企业

---

① 王晓军（2009）测算的企业职工养老金替代率为44%，王晓军和米海杰（2013b）测算得到，如果参保人员按100%，75%的社会平均工资缴费30年，养老金总替代率分别可达到42.9%和47.9%。考虑目前基本养老保险的实缴基数并未达到100%的社会平均工资，本书取养老金替代率为44%。

职工基本养老保险基金累计结存 35 345 亿元。

5) **基本养老保险基金投资收益率**

根据《中国社会保险发展年度报告》公布的数据，2009 年企业养老保险基金收益率为 2.2%，2010 年为 2.0%，2011 年为 2.5%，2012 年为 2.6%，2013 年为 2.4%，2014 年为 2.9%，2015 年为 3.1%。2009—2015 年企业养老保险基金年均收益率约为 2.09%。2000—2010 年，10 年来年均投资收益率不足 2%①。随着社保基金投资管理体系的完善，基本养老保险基金的投资收益率也将进一步提高。在《中国养老金精算报告》发布会上，相关负责人透露，随着养老保险基金委托管理的首次施行，2017 年投资收益率将达到或超过 5%，随着委托体系的完善将进一步健全。根据《基本养老保险基金投资管理办法》关于基金投资产品比例的规定可知，投资于收益率较高的权益类资产比例应低于 30%。因此，假设未来测算期内企业养老保险基金年均收益率为 4%②。

6) **养老金增长率**

假设养老金增长率为 80%。

7) **女干部和女工人比例**

假设城镇企业女性职工中女干部和女工人的比例为 1∶3。

8) **覆盖率**

根据《2015 年度人力资源和社会保障事业发展统计公报》，目前我国养老保险覆盖率约为 85%。国务院印发的《"十三五"国家老龄事业发展和养老体系建设规划》指出，到 2020 年基本养老保险参保率达到 90%。党的十九大提出建成全覆盖的社会保障体系，因此，假设法定覆盖人群在 2025 年达到全民参保。考虑灵活就业人员的存在，定会存在不参保的人员，因此，假设全覆盖下参保率为 95%。

9) **劳动参与率**

根据国家统计局公布的数据，自 2002 年以来失业率维持在 4% ~4.3%，年失业率为 4.14%。因此，劳动参与率约为 95.86%。假设劳动参与率维持在此数据不变。

---

① 戴相龙披露的数据，见新浪网《戴相龙称 10 年来养老金年均投资收益率低于通胀率》。

② 当投资于权益类资产为最高比例 30%，权益类资产的收益率为 5% 时，养老基金的平均投资收益率约为 2.9%（30%×5%+70%×2%=2.9%）。当权益类资产的收益率达到目前社保基金投资收益率 8.37% 水平时，养老基金的平均投资收益率约为 3.91%（30%×8.37%+70%×2%=3.91%）。随着养老基金委托投资管理体系的完善，养老保险基金的投资收益率也将进一步提高，故假设测算期内平均企业养老保险基金年均收益率为 4%。

第6章 企业职工基本养老保险财政支付压力的测算

6.1 现行制度下基本养老保险财政支付压力

6.1.1 基本养老保险基金收支情况

1)基本养老保险基金收入

根据第3章关于基本养老保险的两大账户——统筹账户和个人账户建立的缴费收入精算模型,第4章测算的城镇人口结构,以及第5章经济变量和养老保险制度内参数值,可以测算各年城镇企业职工基本养老保险收入情况。其结果见表6.1。

表6.1 现行制度下基本养老保险收入情况/元

年份	高生育率水平	中生育率水平	低生育率水平	年份	高生育率水平	中生育率水平	低生育率水平
2016	2.82E+12	2.82E+12	2.82E+12	2060	2.27E+13	2.13E+13	1.99E+13
2020	3.69E+12	3.69E+12	3.69E+12	2065	2.49E+13	2.29E+13	2.09E+13
2025	5.60E+12	5.60E+12	5.60E+12	2070	2.74E+13	2.47E+13	2.19E+13
2030	8.08E+12	8.08E+12	8.08E+12	2075	2.94E+13	2.57E+13	2.21E+13
2035	1.14E+13	1.14E+13	1.14E+13	2080	3.22E+13	2.76E+13	2.31E+13
2040	1.38E+13	1.37E+13	1.36E+13	2085	3.50E+13	2.93E+13	2.39E+13
2045	1.67E+13	1.64E+13	1.60E+13	2090	3.85E+13	3.16E+13	2.50E+13
2050	1.98E+13	1.92E+13	1.85E+13	2095	4.27E+13	3.42E+13	2.63E+13
2055	2.09E+13	2.00E+13	1.90E+13				

由表6.1可知,测算期内,高、中、低生育率水平下企业职工基本养老保险缴费收入随年递增。2016—2035年,高、中、低生育率水平下企业职工基本养老保险缴费收入规模相同,这是因为本书假设的入职年龄为20岁,2016年的新生儿将在2036年参加工作。因此,生育率水平的差异对企业职工基本养老保险缴费收入的影响将在2036年开始显现。高生育率水

平下企业职工基本养老保险缴费收入由2035年的11.4万亿元,增长至2095年的42.7万亿元,翻了3.75倍。中生育率水平下企业职工基本养老保险缴费收入由2035年的11.4万亿元,增长至2095年的34.2万亿元,翻了3倍。低生育率水平下企业职工基本养老保险缴费收入由2035年的11.4万亿元,增长至2095年的26.3万亿元,翻了2.31倍。高生育率水平下企业职工基本养老保险缴费收入增长最快。根据表6.1可以计算出相邻测算时点间企业职工基本养老保险缴费收入的年均增长率。其结果见表6.2。

表6.2　现行制度下基本养老保险基金收入年均增长率/%

年份区间	高生育率水平	中生育率水平	低生育率水平	年份区间	高生育率水平	中生育率水平	低生育率水平
2016—2020	7.73	7.73	7.73	2055—2060	1.68	1.33	0.93
2020—2025	10.32	10.32	10.32	2060—2065	1.99	1.53	1.01
2025—2030	8.87	8.87	8.87	2065—2070	2.00	1.52	0.95
2030—2035	8.15	8.15	8.15	2070—2075	1.43	0.88	0.23
2035—2040	4.33	4.12	3.92	2075—2080	1.94	1.47	0.91
2040—2045	4.12	3.86	3.59	2080—2085	1.71	1.24	0.66
2045—2050	3.70	3.41	3.10	2085—2090	2.02	1.52	0.92
2050—2055	1.14	0.84	0.50	2090—2095	2.20	1.67	1.05

由表6.2可知,2045年前,企业职工基本养老保险缴费收入年均增长率呈现明显的降低趋势。2035年之前,3种生育率模式下企业职工基本养老保险缴费收入增长速度相同,年均增长率在7%~10%波动,企业职工基本养老保险缴费收入年均增长率约为8.77%。而2035年之后,高生育率水平下企业职工基本养老保险缴费收入年均增长率多在1.6%~4.3%波动,其中2050—2055年企业职工基本养老保险缴费收入年均增长率低至1.14%。2035—2095年,高生育率水平下企业职工基本养老保险缴费收入年均增长率约为2.36%。在此期间,中生育率水平下企业职工基本养老保险缴费收入年均增长率在0.8%~4.1%波动,年均增长率约为1.95%。低生育率下企业职工基本养老保险缴费收入年均增长率维持在0.5%~3.9%波动,年均增长率约为1.48%①。说明,在测算期的前20年企业职工基本养老保险缴费收入增长较快,测算期的后60年企业职工基本养老保险缴费收入增长相对较慢。同时,高生育率方案下企业职工基本养老保险缴费收入总额和增长率均高于中生育率方案下、低生育率方案下的基本养老保险缴费收入总额及增长率,其中,中生育率方案下的基本养老保险缴费收入总额和增长率高于低生育率方案下基本养老保险缴费收入总额和增长率。

① 某测算期企业职工基本养老保险缴费收入的年均增长率等于该测算期内相邻测算时点间缴费收入的年均增长率的平均值。

2)基本养老保险基金支出

根据现行计发办法,建立有关“老人”“中人”“新人”未来领取的统筹账户养老金与个人账户养老金模型,第4章测算的城镇人口结构、第5章经济变量和养老保险制度内参数值可得到未来各年城镇企业基本养老保险支出规模。其结果见表6.3。

表6.3　现行制度下基本养老保险支出情况/元

年份	高生育率水平	中生育率水平	低生育率水平	年份	高生育率水平	中生育率水平	低生育率水平
2016	2.69E+12	2.69E+12	2.69E+12	2060	4.55E+13	4.55E+13	4.55E+13
2020	3.97E+12	3.97E+12	3.97E+12	2065	5.26E+13	5.26E+13	5.26E+13
2025	6.63E+12	6.63E+12	6.63E+12	2070	6.01E+13	5.99E+13	5.97E+13
2030	9.16E+12	9.16E+12	9.16E+12	2075	6.83E+13	6.78E+13	6.73E+13
2035	1.28E+13	1.28E+13	1.28E+13	2080	7.77E+13	7.63E+13	7.49E+13
2040	1.66E+13	1.66E+13	1.66E+13	2085	8.65E+13	8.39E+13	8.13E+13
2045	2.27E+13	2.27E+13	2.27E+13	2090	9.49E+13	9.08E+13	8.66E+13
2050	3.11E+13	3.11E+13	3.11E+13	2095	1.04E+14	9.82E+13	9.21E+13
2055	3.93E+13	3.93E+13	3.93E+13				

由表6.3可知,测算期内,高、中、低生育率方案下,企业职工基本养老金支出不断增加。高生育率水平下,企业职工基本养老金支出由2016年的2.69万亿元增长至2095年的104万亿元,翻了38.7倍;中生育率水平下,企业职工基本养老金支出由2016年的2.69万亿元增长至2095年的98.2万亿元,翻了36.5倍;低生育率水平下,企业职工基本养老金支出由2016年的2.69万亿元增长至2095年的92.1万亿元,翻了34.2倍。3种生育率水平下企业职工基本养老金支出的增长幅度均高于相应生育率水平下企业职工基本养老保险缴费收入的增长幅度。同时,高生育率水平下企业职工基本养老金支出规模增长幅度最大。2016年出生的男性,其将在2076年达到退休年龄,开始领取养老金。2016年出生的女性,其将在2066年或2071年达到退休年龄,开始领取养老金①。因此,生育率水平的差异对企业职工基本养老金支出影响最早在2066年开始显现。根据表6.4可计算出相邻测算时点企业职工基本养老金支出年均增长率。

① 如果女婴未来以女工人的身份参加工作,根据现行退休年龄的规定,其将在2066年50岁时达到退休年龄;如果女婴未来以女干部的身份参加工作,根据现行退休年龄的规定,其将在2071年55岁时达到退休年龄。

表 6.4　现行制度下基本养老保险基金支出增长率/%

年份区间	高生育率水平	中生育率水平	低生育率水平	年份区间	高生育率水平	中生育率水平	低生育率水平
2016—2020	11.90	11.90	11.90	2055—2060	3.15	3.15	3.15
2020—2025	13.38	13.38	13.38	2060—2065	3.12	3.12	3.12
2025—2030	7.63	7.63	7.63	2065—2070	2.86	2.80	2.73
2030—2035	7.98	7.98	7.98	2070—2075	2.75	2.65	2.54
2035—2040	5.93	5.93	5.93	2075—2080	2.74	2.49	2.24
2040—2045	7.37	7.37	7.37	2080—2085	2.28	2.01	1.72
2045—2050	7.32	7.32	7.32	2085—2090	1.93	1.63	1.30
2050—2055	5.29	5.29	5.29	2090—2095	1.98	1.64	1.26

由表 6.4 可知,测算期内 3 种生育率水平下企业职工基本养老金支出年均增长率均呈现不断降低的趋势。2065 年之前,3 种生育率水平下企业职工基本养老金支出的年均增长率相同。测算可得,2016—2065 年企业职工基本养老金支出年均增长率约为 7.31%。2065 年以后相邻测算时点间,高生育率水平下企业职工基本养老金支出年均增长率高于中生育率水平下企业职工基本养老金支出年均增长率,中生育率水平下企业职工基本养老金支出年均增长率高于低生育率水平下企业职工基本养老金支出年均增长率。2065—2095 年,高生育率水平下企业职工基本养老金支出年均增长率约为 2.42%;中生育率水平下企业职工基本养老金支出年均增长率约为 2.2%;低生育率水平下企业职工基本养老金支出年均增长率约为 1.97%。

高生育率方案下企业职工基本养老金支出总额、增长率均高于中生育率方案下、低生育率方案下的企业职工基本养老保险金支出总额及增长率。其中,低生育率方案下的基本养老金支出总额及增长率低于中生育率方案下基本养老保险金支出总额及增长率。3 种生育率模式下,企业职工基本养老保险缴费收入的差异大于养老金支出间的差异。说明,生育率水平的变动对企业职工基本养老保险缴费收入的影响高于对养老金支出的影响。最主要的原因在于缴费收入会更早地受到生育率的影响。因此,提高生育率水平,更易于变动缴费收入。

6.1.2　基本养老保险基金累计结余

根据《2015 年度人力资源和社会保障事业发展统计公报》公布的数据,2015 年基本养老保险基金累计结余约为 3.5 万亿元。根据第 4 章建立的统筹账户、个人账户收入和支出的精算模型、统筹账户养老金模型、个人账户养老金模型及相关基础参数测算值,可测算得到 2016—2095 年企业职工基本养老保险基金的累计结余。其结果见表 6.5。

表 6.5　现行制度下基本养老保险基金的累计结余/元

年份	高生育率水平	中生育率水平	低生育率水平	年份	高生育率水平	中生育率水平	低生育率水平
2016	3.70E+12	3.70E+12	3.70E+12	2060	-6.00E+13	-6.34E+13	-6.68E+13
2020	3.72E+12	3.72E+12	3.72E+12	2065	-8.77E+13	-9.31E+13	-9.85E+13
2025	3.08E+12	3.08E+12	3.08E+12	2070	-1.20E+14	-1.28E+14	-1.36E+14
2030	2.32E+12	2.32E+12	2.32E+12	2075	-1.59E+14	-1.70E+14	-1.82E+14
2035	1.12E+12	1.12E+12	1.12E+12	2080	-2.05E+14	-2.19E+14	-2.33E+14
2040	-1.54E+12	-1.66E+12	-1.78E+12	2085	-2.56E+14	-2.74E+14	-2.91E+14
2045	-7.59E+12	-8.04E+12	-8.47E+12	2090	-3.13E+14	-3.33E+14	-3.52E+14
2050	-1.89E+13	-1.99E+13	-2.10E+13	2095	-3.74E+14	-3.97E+14	-4.18E+14
2055	-3.72E+13	-3.93E+13	-4.13E+13				

由表 6.5 可知，在现行养老保险政策下，高、中、低生育率水平下，企业职工基本养老保险基金累计结余在 2040 年，均已被消耗殆尽。自企业职工基本养老保险基金出现赤字，赤字规模逐年递增。意味着，2040 年及以后各年，财政需承担刚性的养老金支付压力。高生育率水平下，企业职工基本养老保险基金赤字规模从 2040—2095 年，由 1.54 万亿元扩增至 37.4 万亿元。中生育率模式下，企业职工基本养老保险基金赤字规模从 2040—2095 年，由 1.66 万亿元扩增至 39.7 万亿元。低生育率模式下，企业职工基本养老保险基金赤字规模从 2040—2095 年，由 1.78 万亿元扩增至 41.8 万亿元。由于 2016 年的新生儿在 2036 年开始参加工作，因此，生育率水平的差异对企业职工基本养老保险累计结余的影响在 2036 年开始显现。2016—2035 年，高、中、低生育率水平下，企业职工基本养老保险基金累计结余规模相同。其中，仅 2016—2020 年，企业职工基本养老保险基金累计结余有所扩增，之后企业职工基本养老保险基金累计结余不断缩减。从 2020 年的 3.72 万亿元缩减至 2035 年的 1.12 万亿元。高生育率水平下，企业职工基本养老保险基金累计结余规模大于中生育率水平下、低生育率水平下企业职工基本养老保险基金累计结余规模。说明，生育率水平的提高有利于基本养老保险基金结余的累积、降低基本养老保险基金赤字。相邻测算时点，企业职工基本养老保险基金累计结余年均增长率见表 6.6。

表 6.6　现行制度下基本养老保险基金累计结余年均增长率/%

年份区间	高生育率水平	中生育率水平	低生育率水平	年份区间	高生育率水平	中生育率水平	低生育率水平
2016—2020	0.17	0.17	0.17	2030—2035	-10.37	-10.37	-10.37
2020—2025	-3.47	-3.47	-3.47	2035—2040	-47.66	-49.80	-51.86
2025—2030	-4.94	-4.94	-4.94	2040—2045	78.43	76.65	75.30

续表

年份区间	高生育率水平	中生育率水平	低生育率水平	年份区间	高生育率水平	中生育率水平	低生育率水平
2045—2050	29.72	29.63	29.59	2070—2075	6.47	6.56	6.63
2050—2055	19.45	19.36	19.30	2075—2080	5.71	5.71	5.70
2055—2060	12.24	12.32	12.39	2080—2085	5.04	4.99	4.92
2060—2065	9.21	9.35	9.47	2085—2090	4.40	4.33	4.24
2065—2070	7.45	7.57	7.68	2090—2095	3.93	3.85	3.73

从表6.6可知,测算期内,企业职工基本养老保险基金累计结余仅在2016—2020年以年均0.17%的速率扩增,以后年份均呈现逐年递减的趋势。2020—2030年,企业职工基本养老保险基金累计结余以年均4.21%的速率缩减;2030—2035年,企业职工基本养老保险基金累计结余年均缩减比率上升为10.37%。2035—2045年是企业职工基本养老保险基金累计结余缩减最快的年份。2035—2055年,相邻测算时点间企业职工基本养老保险基金累计结余年均缩减速率差异较大,年均缩减率在19.3%~78.43%波动。2055—2095年,相邻测算时点间企业职工基本养老保险基金累计结余年均缩减速率差异减小,年均缩减速率在3.73%~9.47%波动。

不同生育率水平下企业职工基本养老保险基金累计结余年均缩减速率差异较小,高生育率水平与中生育率水平下企业职工基本养老保险基金累计结余年均缩减速率的差异在0.01~2.15个百分点波动。中生育率水平与低生育率水平下企业职工基本养老保险基金累计结余年均缩减速率的差异在0.01~2.06个百分点波动。在2040—2055年、2075—2095年,相邻测算时点间,高生育率水平下企业职工基本养老保险基金累计结余年均缩减速率快于中生育率水平、低生育率水平下企业职工基本养老保险基金累计结余年均缩减速率。2035—2040年、2055—2075年,相邻测算时点间,低生育率水平下企业职工基本养老保险基金累计结余年均缩减速率快于高生育率水平、中生育率水平下企业职工基本养老保险基金累计结余年均缩减速率。说明,企业职工基本养老保险基金累计结余变动程度、趋势受生育率水平差异的影响较小。

6.1.3 财政支付压力

由表6.5可知,自2040年企业职工基本养老保险基金出现赤字,高生育率水平下基本养老保险基金的赤字规模最少,即高生育率水平下财政未来需支付的企业职工基本养老金规模最少。生育率水平的提高有利于减轻财政支付企业职工基本养老金的压力。测算期内,基本养老保险财政支付压力如图6.1所示。

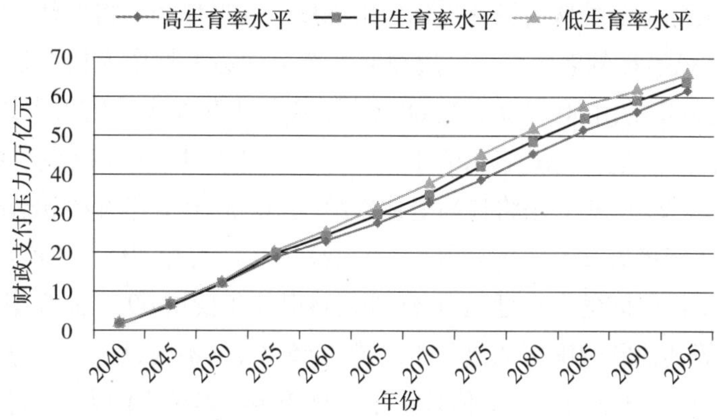

图 6.1　高、中、低生育率水平基本养老保险财政支付压力

由图6.1可知,2040—2095年,基本养老保险财政支付压力稳步增加。随着测算时点的后移,2055年以后,财政支付企业职工基本养老金压力受生育率水平的影响越明显。高生育率水平下企业职工基本养老保险财政支付压力低于中生育率水平下、低生育率水平下产生的养老保险财政支付压力。说明,提高生育率水平有利于缓解养老保险财政支付压力。

6.2　国外延迟退休办法与我国延退方案设想

6.2.1　国外延迟退休的方案

人口老龄化的冲击对世界各国的养老保险制度带来了巨大的挑战,无论是西欧福利型国家,还是日美发达国家,都纷纷通过各种途径提高退休年龄。退休年龄作为养老保险制度的重要政策参数,无论是退休方式还是退休年龄的变动都将对当地经济、生产、居民生活带来影响(Burtless,2013;Duval,2003; Bloom et al.,2007; Staubli et al.,2013)。国外延迟退休的政策可分为两类:一类是通过制定弹性延迟退休政策,将养老金的计发方式与实际工作年限联系,采用"惩罚"提前退休和"鼓励"延迟退休的措施实现平均退休年龄的提高。具体而言,对早于法定退休年龄退休的人员,其领取的养老金将被扣减一部分作为提前退休的"代价";对晚于法定年龄退休的人员,将获得额外的补贴作为延迟退休的"奖励"。另一类是阶段性、渐进式延迟退休的政策,将退休年龄在一定年限内逐步提高至新的法定退休年龄,即明确规定特定时间、特定人群的法定退休年龄。

瑞典自2003年将法定退休年龄提高至65岁,允许参保人员早于或晚于法定年龄退休,最早为61岁,最晚为70岁。对法定年龄退休的参保人员,可领取100%的养老金;对早于法定年龄退休的参保人员,养老金将被扣减0.5%×提前退休月数×养老金总额;对晚于法定年龄退休的参保人员,养老金将增加0.7%×延迟退休月数×养老金总额。挪威在2011年同样施行将养老金与实际工龄挂钩的灵活退休年龄制度。新退休法案将退休年龄的区间调整为62～75岁,且允许已退休的老年人可一边领取养老金一边根据个人情况适度参加劳动。芬兰在2005年将退休年龄由60岁提高至68岁,养老金计发方式采用累进式,即工作年限越长,最终领取的养老金越多。德国2007年提出将退休年龄由65岁提高至67岁,并于2012年开始实施,德国于2007年立法将提高退休年龄,实际于2012年开始实施渐进式延迟退休政策,计划至2029年将男女退休年龄由65岁提高至67岁,至2030年落实。法国采取每3年延长一个季度工作时间的方式延迟退休,计划将退休年龄由60岁提高至62岁。德国、比利时、丹麦、希腊等其他欧盟国家的退休年龄均为65岁,且德国、丹麦、西班牙希望进一步提高退休年龄至67岁。日本的延迟退休政策采取每3年延迟1岁的方式,将男性和女性的退休年龄均逐步调整至65岁。美国在1983年修订法案规定,退休年龄标准根据参保人员的出生年龄进行设定,将统一男性和女性的退休年龄。2000年开始实施渐进式延迟退休政策,计划至2027年将男女退休年龄由65岁提高至67岁。美国的法律没有规定退休年龄的上限,参保人员拥有自主选择退休年龄的权利。美国政府通过对提前退休、正式退休、延迟退休的参保人员给予不同的养老金待遇,限制参保人员的退休年龄。由世界上其他国家现行的退休年龄可见,目前我国实行的退休年龄偏低。因此,在人口老龄化日趋严重的背景下,提高我国参保人员的退休年龄是必然趋势。

6.2.2 设计我国不同延迟退休的方案

受人口老龄化的影响,我国养老保险基金财务可持续性存在巨大的支付风险。弹性延迟退休政策虽有利于减轻养老金支付压力,但是在目前养老基金支付压力剧增、基金收益率较低的背景下,弹性延迟退休并不能解决“燃眉之急”。渐进式延迟退休是国际上主流方式,我国自2008年至今一直在提倡渐进式延迟退休,并不鼓励提前退休,因此,本书借鉴美、德、英、法4国渐进式延迟退休方案、我国基本养老保险现状及以往学者拟订的渐进式延迟退休方案,制订“分步”“渐进”的改革方式,将渐进式延迟退休与弹性延迟退休相结合,具体步骤如下:

①规范阶段。在2016—2019年进一步规范职工退休行为,防止道德风险,避免提前退休且领取养老金的现象发生。

②提高阶段。考虑现行女性退休年龄偏低,退休后余命高于男性,因此,2020年开始先调整女性的退休年龄,2040年再开始调整男性的退休年龄。

③弹性阶段。达到目标退休年龄后,着力建立和完善“弹性延迟退休制度”。设定最低的退休年龄,将退休年龄与养老金挂钩,根据个人意愿和情况允许提前或推迟退休,并争取男女平均退休年龄达到62.5岁。

针对第②步,分别设计3种步调的延迟退休方案,测算时点男性、女干部、女工人的退休年龄见表6.7。

方案一:考虑现行女工人、女干部退休年龄的差异,适度加快提高女工人退休年龄的速度,2020年开始将女工人的退休年龄每年延迟0.5岁、女干部每年延迟0.25岁。在2040年女干部、女工人退休年龄均达到60岁时,开始将男性退休年龄每年延迟0.25岁,直至男女的退休年龄提高至65岁。

方案二:不考虑现行女工人、女干部退休年龄的差异,采用相同的调整速度延迟退休。2020年开始将女工人、女干部的退休年龄均每年延迟0.25岁。2040年开始将男性退休年龄每年延迟0.25岁,直至男女的退休年龄提高至65岁。

方案三:不考虑现行女工人、女干部退休年龄的差异,采用相同的调整速度延迟退休。2020年开始将女工人、女干部的退休年龄均每年延迟0.5岁。2040年开始将男性退休年龄每年延迟0.5岁,直至男女的退休年龄提高至65岁。

表6.7　3种延迟退休方案下未来各年的退休年龄/岁

年份	方案一			方案二			方案三		
	男性	女干部	女工人	男性	女干部	女工人	男性	女干部	女工人
2016	60	55	50	60	55	50	60	55	50
2020	60	55.25	50.5	60	55.25	50.25	60	55.5	50.5
2025	60	56.5	53	60	56.5	51.5	60	58	53
2030	60	57.75	55.5	60	57.75	52.75	60	60.5	55.5
2035	60	59	58	60	59	54	60	63	58
2040	60.25	60.25	60.5	60.25	60.25	55.25	60.5	65	60.5
2045	61.5	61.5	63	61.5	61.5	56.5	63	65	63
2050	62.75	62.75	65	62.75	62.75	57.75	65	65	65
2055	64	64	65	64	64	59	65	65	65
2060	65	65	65	65	65	60.25	65	65	65
2065	65	65	65	65	65	61.5	65	65	65
2070	65	65	65	65	65	62.75	65	65	65
2075	65	65	65	65	65	64	65	65	65
2080	65	65	65	65	65	65	65	65	65
2085	65	65	65	65	65	65	65	65	65
2090	65	65	65	65	65	65	65	65	65
2095	65	65	65	65	65	65	65	65	65

6.3 延迟退休方案一下基本养老保险财政支付压力

根据第6章设计的3种不同"步调"的渐进式延迟退休方案,本书分别对3种方案下未来基本养老保险基金收入、支出、结余进行测算,基于相关参数假设及2015年年底基本养老金累计结余,测算2016—2095年基本养老保险基金财务效果。

6.3.1 基本养老保险收支情况

根据第3章关于基本养老保险基金收入、支出的精算模型、相关参数值及表6.1中各测算时点退休年龄,可以测算出方案一的延迟退休办法下,不同生育率水平下未来基本养老保险基金收入与支出情况。其结果见表6.8。

表6.8 方案一下基本养老保险基金收入与支出情况/元

年份	收入			支出		
	高生育率水平	中生育率水平	低生育率水平	高生育率水平	中生育率水平	低生育率水平
2016	2.82E+12	2.82E+12	2.82E+12	2.80E+12	2.80E+12	2.80E+12
2020	3.72E+12	3.72E+12	3.72E+12	4.08E+12	4.08E+12	4.08E+12
2025	5.80E+12	5.80E+12	5.80E+12	6.45E+12	6.45E+12	6.45E+12
2030	8.59E+12	8.59E+12	8.59E+12	8.63E+12	8.63E+12	8.63E+12
2035	1.24E+13	1.24E+13	1.24E+13	1.21E+13	1.21E+13	1.21E+13
2040	1.59E+13	1.58E+13	1.57E+13	1.39E+13	1.39E+13	1.39E+13
2045	2.03E+13	2.00E+13	1.97E+13	1.67E+13	1.67E+13	1.67E+13
2050	2.53E+13	2.47E+13	2.40E+13	2.02E+13	2.02E+13	2.02E+13
2055	2.79E+13	2.69E+13	2.60E+13	2.45E+13	2.45E+13	2.45E+13
2060	2.85E+13	2.72E+13	2.58E+13	2.74E+13	2.74E+13	2.74E+13
2065	3.11E+13	2.91E+13	2.70E+13	2.86E+13	2.86E+13	2.86E+13
2070	3.43E+13	3.15E+13	2.86E+13	2.94E+13	2.94E+13	2.94E+13
2075	3.82E+13	3.42E+13	3.03E+13	2.97E+13	2.97E+13	2.97E+13
2080	4.17E+13	3.65E+13	3.14E+13	3.23E+13	3.23E+13	3.23E+13
2085	4.46E+13	3.82E+13	3.20E+13	3.75E+13	3.69E+13	3.63E+13
2090	4.82E+13	4.03E+13	3.28E+13	4.25E+13	4.11E+13	3.96E+13
2095	5.31E+13	4.33E+13	3.42E+13	4.70E+13	4.46E+13	4.21E+13

由表 6.8 可知，按方案一"步调"逐渐提高男性、女干部、女工人的退休年龄，2016—2095 年高、中、低 3 种生育水平下，企业职工基本养老保险基金收入均高于支出。各测算时点高生育率水平下养老保险基金收入总额高于中生育率水平、低生育率水平下养老保险基金收入总额。生育率水平的差异对基本养老保险基金缴费收入的影响自 2036 年开始显现，因此，2016—2035 年，3 种生育率水平下基金的缴费收入相同。高生育率水平下，基本养老保险基金缴费收入由 2035 年的 12.4 万亿元，增长至 2095 年的 53.1 万亿元，翻了 4.28 倍。中生育率水平下，基本养老保险基金缴费收入由 2035 年的 12.4 万亿元，增长至 2095 年的 43.3 万亿元，翻了 3.49 万亿元。低生育率水平下，基本养老保险基金缴费收入由 2035 年的 12.4 万亿元，增长至 2095 年的 34.2 万亿元，翻了 2.76 万亿元。按方案一"步调"逐渐提高男性、女干部、女工人的退休年龄，3 种生育率水平下未来企业职工基本养老保险基金的缴费收入总额、测算期内增长幅度均高于基于现行基本养老保险制度，对应生育率水平下基金的缴费收入、增长幅度。

测算期内，高、中、低生育率方案下，企业职工基本养老保险金支出不断增加。高生育率水平下，企业职工基本养老金支出由 2016 年的 2.8 万亿元，增长至 2095 年的 47 万亿元，翻了 16.79 倍。中生育率水平下，企业职工基本养老金支出由 2016 年的 2.8 万亿元，增长至 2095 年的 44.6 万亿元，翻了 15.93 倍。低生育率水平下，企业职工基本养老金支出由 2016 年的 2.8 万亿元，增长至 2095 年的 42.1 万亿元，翻了 15.04 倍。按方案一"步调"逐渐提高男性、女干部、女工人的退休年龄，3 种生育率水平下未来企业职工基本养老金支出规模总量、测算期增长幅度均低于基于现行基本养老保险制度，对应生育率水平下基本养老金支出规模总量、测算期增长幅度。说明，方案一的延迟退休政策能提高养老保险基金缴费收入规模、缩减养老保险基金支出规模。相邻测算时点间，基本养老保险基金缴费收入、支出年均增长率见表 6.9。

表 6.9　方案一下基本养老保险基金收入与支出年均增长率/%

年份区间	收入			支出		
	高生育率水平	中生育率水平	低生育率水平	高生育率水平	中生育率水平	低生育率水平
2016—2020	7.93	7.93	7.93	11.47	11.47	11.47
2020—2025	11.24	11.24	11.24	11.59	11.59	11.59
2025—2030	9.59	9.59	9.59	6.76	6.76	6.76
2030—2035	8.98	8.98	8.98	8.02	8.02	8.02
2035—2040	5.55	5.36	5.18	2.90	2.90	2.90
2040—2045	5.58	5.36	5.14	4.11	4.11	4.11
2045—2050	4.87	4.65	4.42	4.19	4.19	4.19

续表

年份区间	收　入			支　出		
	高生育率水平	中生育率水平	低生育率水平	高生育率水平	中生育率水平	低生育率水平
2050—2055	2.07	1.86	1.62	4.29	4.29	4.29
2055—2060	0.46	0.16	0.14	2.32	2.32	2.32
2060—2065	1.76	1.39	0.99	0.90	0.90	0.90
2065—2070	2.11	1.67	1.18	0.53	0.53	0.53
2070—2075	2.23	1.75	1.20	0.22	0.22	0.22
2075—2080	1.88	1.34	0.71	1.76	1.76	1.76
2080—2085	1.39	0.92	0.34	3.26	2.86	2.48
2085—2090	1.61	1.11	0.53	2.67	2.27	1.84
2090—2095	2.00	1.49	0.87	2.07	1.69	1.27

由表6.9可知，2016—2060年相邻测算时点企业职工基本养老保险基金缴费收入年均增长率呈显著的下降趋势。高生育率水平下养老保险基金缴费收入年均增长率高于中、低生育率水平下养老保险基金缴费收入年均增长率。说明，提高生育率水平有利于加速养老保险基金缴费收入的增长。2060年后，相邻测算时点缴费收入年均增长率差异较小、相对稳定。此时期内，高生育率水平下，相邻测算时点缴费收入年均增长率在2%的水平波动；中生育率水平下，相邻测算时点缴费收入年均增长率在0.92%～1.75%的水平波动；低生育率水平下，相邻测算时点缴费收入年均增长率在0.34%～1.18%的水平波动。2016—2055年方案一下相邻测算时点缴费收入年均增长率高于现行制度下相邻测算时点缴费收入年均增长率；2055—2095年方案一下相邻测算时点缴费收入年均增长率低于现行制度下相邻测算时点缴费收入年均增长率。

2016—2075年相邻测算时点企业职工基本养老保险基金支出年均增长率整体呈明显的下降趋势。2075年以后，相邻测算时点企业职工基本养老保险基金支出年均增长率维持在相对稳定的水平。高生育率下基本养老保险基金支出年均增长率高于中、低生育率水平下基本养老保险基金支出年均增长率。高、中、低生育率水平下基本养老保险基金支出年均增长率的差异小于3种生育率水平下基本养老保险基金缴费收入年均增长率的差异。说明，生育率水平的变动对基本养老保险基金缴费收入的影响更大。2016—2080年方案一下相邻测算时点基本养老保险基金支出年均增长率低于现行制度下相邻测算时点基本养老保险基金支出年均增长率；2085—2095年方案一下相邻测算时点基本养老保险基金支出年均增长率高于现行制度下相邻测算时点基本养老保险基金支出年均增长率。

6.3.2 基本养老保险基金累计结余

基于方案一"步调"提高参保人员的退休年龄,可以保证2016—2095年企业职工基本养老保险基金的财务可持续性,不会产生财政支付养老金的压力。高、中、低3种生育率水平下企业职工基本养老保险基金累计结余变动情况如图6.2所示。

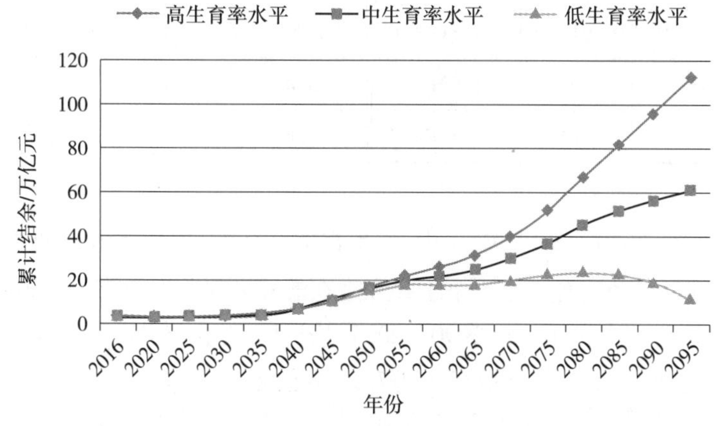

图6.2 方案一下各种生育率水平下基本养老保险基金累计结余

由图6.2可知,基于方案一的"步调"提高退休年龄,高生育率水平、中生育率水平、低生育率水平下,测算期内企业职工养老保险基金累计结余均为正,保证企业职工养老保险基金的偿付能力。2055年前,3种生育率水平下,企业职工养老保险基金累计结余差异较小。2055年以后,高生育率水平下,企业职工养老保险基金累计结余增速最快,呈指数上升趋势。中生育率水平下,企业职工养老保险基金累计结余增长率低于高生育率水平下企业职工养老保险基金累计结余增长率。2055—2065年企业职工养老保险基金累计结余增长相对平缓,由2055年的20.3万亿元增长至2065年的24.9万亿元。2065年以后增长率有所提高。由2065年的24.9万亿元增长至2095年的60.7万亿元。低生育率水平下,企业职工养老保险基金累计结余维持在相对高、中生育率水平下企业职工养老保险基金累计结余较低的水平。2055—2075年企业职工养老保险基金累计结余维持在相对稳定的水平,大约为20万亿元。2075—2080年企业职工养老保险基金累计结余有所增长,但2080年以后呈缓慢下降的趋势,由2080年的24.1万亿元降至2095年的11.7万亿元。

6.3.3 财政支付压力

基于方案一的延迟退休步调,基本养老保险基金不会出现赤字,基金每年留有结余,并且结余规模不断扩大。养老保险制度具有自平衡能力,不会对财政带来刚性的支付压力。虽然在方案一的延迟退休步调下,未来养老保险基金累计结余为正,但部分年份当年的养老保险缴费收入却低于养老金支出,这部分缺口虽然可由养老保险基金累计结余"填补",但也存在需由当年财政进行全部或部分"买单"的可能性,称其为弹性财政支付压力。测算期内存在弹性财政支付压力的年份及规模见表6.10。

表 6.10　方案一下基本养老金弹性支付压力/元

年份	高生育率水平	中生育率水平	低生育率水平	年份	高生育率水平	中生育率水平	低生育率水平
2020	3.68E+11	3.68E+11	3.68E+11	2070	0	0	7.31E+11
2025	6.47E+11	6.47E+11	6.47E+11	2080	0	0	8.7E+11
2030	4.51E+10	4.51E+10	4.51E+10	2085	0	0	4.33E+12
2060	0	0	1.62E+12	2090	0	7.41E+11	6.83E+12
2065	0	0	1.58E+12	2095	0	1.21E+12	7.92E+12

由表 6.10 可知，2020—2030 年高、中、低生育率水平下，均存在潜在的养老保险财政支付压力。2030 年以后，高生育率水平下不存在潜在的养老保险财政支付压力；中生育率水平下潜在的养老保险财政支付压力在 2090—2095 年产生；低生育率水平下存在潜在的养老保险财政支付压力的年份最多，并且最高达到 7.92 万亿元。

6.4　延迟退休方案二下基本养老保险财政支付压力

6.4.1　基本养老保险收支情况

根据第 3 章关于基本养老保险基金收入、支出的精算模型、相关参数值及表 6.1 中各测算时点退休年龄，可测算出方案二的延迟退休办法下，不同生育率水平下未来基本养老保险基金收入与支出情况。其结果见表 6.11。

表 6.11　方案二下未来基本养老保险基金收入与支出情况/元

年份	收入			支出		
	高生育率水平	中生育率水平	低生育率水平	高生育率水平	中生育率水平	低生育率水平
2016	2.82E+12	2.82E+12	2.82E+12	2.80E+12	2.80E+12	2.80E+12
2020	3.72E+12	3.72E+12	3.72E+12	4.13E+12	4.13E+12	4.13E+12
2025	5.72E+12	5.72E+12	5.72E+12	6.69E+12	6.69E+12	6.69E+12
2030	8.37E+12	8.37E+12	8.37E+12	9.15E+12	9.15E+12	9.15E+12
2035	1.20E+13	1.20E+13	1.20E+13	1.28E+13	1.28E+13	1.28E+13
2040	1.51E+13	1.50E+13	1.49E+13	1.49E+13	1.49E+13	1.49E+13

续表

年份	收 入			支 出		
	高生育率水平	中生育率水平	低生育率水平	高生育率水平	中生育率水平	低生育率水平
2045	1.90E+13	1.87E+13	1.83E+13	1.84E+13	1.84E+13	1.84E+13
2050	2.33E+13	2.27E+13	2.20E+13	2.26E+13	2.26E+13	2.26E+13
2055	2.57E+13	2.48E+13	2.38E+13	2.67E+13	2.67E+13	2.67E+13
2060	2.74E+13	2.60E+13	2.46E+13	2.89E+13	2.89E+13	2.89E+13
2065	3.02E+13	2.82E+13	2.62E+13	2.98E+13	2.98E+13	2.98E+13
2070	3.38E+13	3.09E+13	2.81E+13	3.01E+13	3.01E+13	3.01E+13
2075	3.79E+13	3.40E+13	3.01E+13	3.01E+13	3.01E+13	3.01E+13
2080	4.17E+13	3.65E+13	3.14E+13	3.23E+13	3.23E+13	3.23E+13
2085	4.46E+13	3.82E+13	3.20E+13	3.75E+13	3.69E+13	3.63E+13
2090	4.82E+13	4.03E+13	3.28E+13	4.25E+13	4.11E+13	3.96E+13
2095	5.31E+13	4.33E+13	3.42E+13	4.70E+13	4.46E+13	4.21E+13

由表6.11可知,按方案二"步调"逐渐提高男性、女干部、女工人的退休年龄,高、中、低3种生育水平下,2016—2095年企业职工基本养老保险基金收入均高于支出。高生育率水平下各测算时点养老保险基金收入总额高于中生育率水平和低生育率水平下各测算时点养老保险基金收入总额。高生育率水平下各测算时点养老保险基金支出总额高于中生育率水平和低生育率水平下各测算时点养老保险基金支出总额。由于方案二在2080年达到目标退休年龄。因此,2080年及以后,方案二下养老保险基金缴费收入与方案一下养老保险基金缴费收入规模相同。此处,仅针对延迟退休过程中,养老保险基金缴费收入与支出的变动情况进行分析。2020—2075年,高生育率水平下,基本养老保险基金缴费收入由3.72万亿元增长至37.9万亿元,低于方案一的高生育率水平下对应各测算时点的基本养老保险缴费收入。中生育率水平下,基本养老保险基金缴费收入由3.72万亿元增长至34万亿元,低于方案一的中生育率水平下对应各测算时点的基本养老保险缴费收入。低生育率水平下,基本养老保险基金缴费收入由3.72万亿元增长至30.1万亿元,低于方案一的低生育率水平下对应各测算时点的基本养老保险缴费收入。可见,相比方案一、方案二的延迟退休政策对基本养老保险基金缴费收入的提高程度较低。在方案二的延迟退休政策实施期间,高、中、低生育率水平下,基本养老保险基金支出规模高于对应生育率水平下,方案一的延迟退休政策实施期间养老保险基金支出规模。说明,相比方案一、方案二的延迟退休政策将产生更多的养老金支出。相邻测算时点间,基本养老保险基金缴费收入与支出年均增长率见表6.12。

表6.12 方案二下基本养老保险基金收入与支出年均增长率/%

年份区间	收入			支出		
	高生育率水平	中生育率水平	低生育率水平	高生育率水平	中生育率水平	低生育率水平
2016—2020	7.93	7.93	7.93	11.85	11.85	11.85
2020—2025	10.76	10.76	10.76	12.43	12.43	12.43
2025—2030	9.30	9.30	9.30	7.36	7.36	7.36
2030—2035	8.68	8.68	8.68	7.90	7.90	7.90
2035—2040	5.24	5.04	4.85	3.36	3.36	3.36
2040—2045	5.06	4.83	4.59	4.69	4.69	4.69
2045—2050	4.54	4.30	4.04	4.56	4.56	4.56
2050—2055	2.10	1.87	1.62	3.57	3.57	3.57
2055—2060	1.29	0.99	0.66	1.69	1.69	1.69
2060—2065	2.04	1.67	1.26	0.59	0.59	0.59
2065—2070	2.37	1.94	1.45	0.22	0.22	0.22
2070—2075	2.43	1.96	1.42	0.01	0.01	0.01
2075—2080	2.04	1.52	0.90	1.47	1.47	1.47
2080—2085	1.39	0.92	0.34	3.26	2.86	2.48
2085—2090	1.61	1.11	0.53	2.67	2.27	1.84
2090—2095	2.00	1.49	0.87	2.07	1.69	1.27

由表6.12可知,方案二下,基本养老保险基金缴费收入与支出的年均增长率变动趋势与方案一下基本养老保险基金缴费收入与支出的年均增长率变动趋势相近。2016—2060年,相邻测算时点基本养老保险基金缴费收入年均增长率呈明显的下降趋势,2060年以后维持在相对稳定的水平,波动较小。2016—2075年,相邻测算时点基本养老保险基金支出的年均增长率呈明显的下降趋势,2075年以后维持波动较小。2020—2050年,方案二下相邻测算时点基本养老保险基金缴费收入年均增长率低于方案一下相邻测算时点基本养老保险基金缴费收入年均增长率,但方案二下相邻测算时点基本养老保险基金支出的年均增长率高于方案一下相邻测算时点基本养老保险基金支出的年均增长率。2050—2080年,方案二下相邻测算时点基本养老保险基金缴费收入年均增长率高于方案一下相邻测算时点基本养老保险基金缴费收入年均增长率,但方案二下相邻测算时点基本养老保险基金支出的年均增长率低于方案一下相邻测算时点基本养老保险基金支出的年均增长率。说明,相比方案二、方案一的延迟退休政策能在近期更快的提高基本养老保险基金缴费收入,同时抑制基本养老保险基金支出的增长。

6.4.2　基本养老保险基金累计结余

基于方案二"步调"提高参保人员的退休年龄，可以保证2016—2095年企业职工基本养老保险基金的财务可持续性，不会产生财政支付养老金的压力。高、中、低3种生育率水平下企业职工基本养老保险基金累计结余变动情况如图6.3所示。

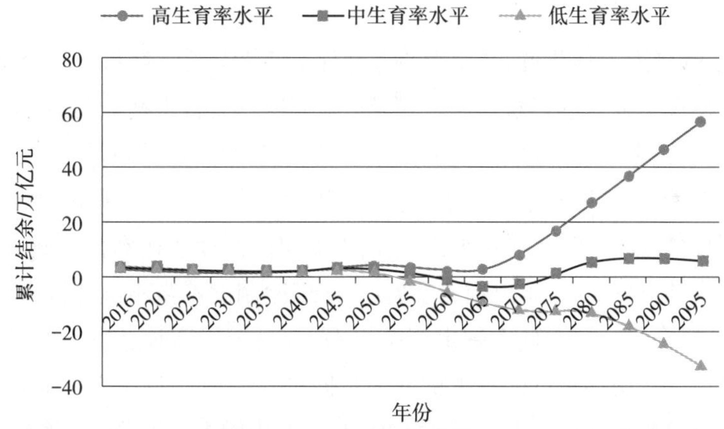

图6.3　方案二下各种生育率水平下基本养老保险基金累计结余

由图6.3可知，基于方案二的"步调"提高退休年龄，测算期内，高生育率水平下企业职工养老保险基金累计结余为正。中生育率水平下企业职工养老保险基金累计结余在2057—2070年出现赤字，其余年份保持略有结余。低生育率水平下，企业职工养老保险基金在2052年以前略有结余，在2052年以后出现赤字，并且赤字规模不断扩大。在2052年以前，高、中、低生育率水平下企业职工基本养老保险基金累计结余的差异较小。2052年以后，高生育率水平下企业职工基本养老保险基金累计结余增长率高于中生育率下企业职工基本养老保险基金累计结余增长率，而低生育率水平下企业职工基本养老保险基金累计结余以负的增长率增长。

高生育率下企业职工基本养老保险基金累计结余的变动趋势为先维持一定水平的略有结余，后逐步扩增。2016—2060年，高生育率水平下企业职工基本养老保险基金累计结余增长较慢。2060年以后，高生育率水平下企业职工基本养老保险基金累计结余增长较快。中生育率水下企业职工基本养老保险基金累计结余的变动趋势为先维持一定水平的略有结余，在之后的一短时期出现赤字，而后度过支付危机，基金逐步累积回复偿付能力。2016—2055年，中生育率水平下企业职工基本养老保险基金累计结余规模相对稳定。2060—2070年，中生育率水平下企业职工基本养老保险基金出现赤字，累计结余为负且小幅增长，在2065年达到3.06万亿元的上限，之后赤字规模开始缩减。至2075年，企业职工基本养老保险基金恢复盈余，累计结余为1.06万亿元。2075—2080年，企业职工基本养老保险基金累计结余小幅扩增，在2080—2095年保持相对稳定的水平。低生育率水平下企业职工基本养老保险基金累计结余的变动趋势为先维持一定水平的略有结余，后出现赤字，赤字规模不断扩大。2016—2050 年,低生育率水平下企业职工基本养老保险基金累计结余在 1.84 万亿~3.59 万亿元波动。2055 年企业职工基本养老保险基金出现赤字,累计结余为负,之后的测算期间,赤字规模不断扩大。其中,2085—2095 年的 10 年间,企业职工基本养老保险基金赤字规模增速高于其他时期的扩增速度。

6.4.3 财政支付压力

基于方案二的延迟退休步调,高生育率水平下,基本养老保险基金不会出现赤字,基金每年留有结余,并且结余规模不断扩大。养老保险制度具有自平衡能力,不会对财政带来刚性的支付压力。但在中生育率水平、低生育率水平下,基本养老保险基金将分别在 2060 年、2055 年出现赤字,意味着带来财政支付养老金的压力。中生育率水平下,养老保险带来的刚性财政支付压力仅出现在 2060—2065 年,之后养老保险制度能达到自平衡。低生育率水平下,基本养老保险基金自 2055 年出现赤字后,养老保险制度本身不能达到自平衡,刚性的财政支付压力一直存在。高、中、低 3 种生育率水平下,由于测算时点当年养老保险基金缴费收入低于养老金支出,均存在不同程度的养老保险弹性财政支付压力。随着生育率水平的降低,养老保险弹性财政支付压力出现的年份数、规模均增大。说明,提高生育率水平,有利于降低养老保险的财政支付压力。测算期各时点基本养老保险将产生的刚性、弹性财政支付压力的年份及规模见表 6.13。

表 6.13　方案二下基本养老保险刚性、弹性财政支付压力/元

年份	刚性财政支付压力			弹性财政支付压力		
	高生育率水平	中生育率水平	低生育率水平	高生育率水平	中生育率水平	低生育率水平
2016	0	0	0	0	0	0
2020	0	0	0	4.11E+11	4.11E+11	4.11E+11
2025	0	0	0	9.77E+11	9.77E+11	9.77E+11
2030	0	0	0	7.82E+11	7.82E+11	7.82E+11
2035	0	0	0	7.65E+11	7.65E+11	7.65E+11
2040	0	0	0	9.20E+11	1.87E+12	2.59E+09
2045	0	0	0	1.51E+12	2.89E+12	7.95E+10
2050	0	0	0	0	1.57E+12	5.74E+11
2055	0	0	8.01E+11	0	0	2.83E+12
2060	0	1.35E+12	4.38E+12	0	0	4.29E+12
2065	0	1.71E+12	4.13E+12	0	0	3.59E+12
2070	0	0	2.99E+12	0	0	2.02E+12
2075	0	0	1.82E+10	0	0	1.82E+10

续表

年份	刚性财政支付压力			弹性财政支付压力		
	高生育率水平	中生育率水平	低生育率水平	高生育率水平	中生育率水平	低生育率水平
2080	0	0	8.70E+11	0	0	8.70E+11
2085	0	0	4.33E+12	0	0	4.33E+12
2090	0	0	6.83E+12	0	0	6.83E+12
2095	0	0	7.92E+12	0	0	7.92E+12

由表6.13可知，基于方案二的“步调”提高退休年龄，测算期内，高生育率水平下不会带来刚性的养老保险财政支付压力。中生育率水平下，仅2060—2065年，存在刚性的养老保险财政支付压力，达到1.71万亿元。低生育率水平下，2055年及以后，将产生刚性的养老保险财政支付压力，并且负担与日俱增，最高达到7.92万亿元。方案二退休政策实施期初，3种生育率水平下均存在隐性的财政支付压力。随着退休政策的实施，高生育率水平下，养老保险基金能够达到完全的自平衡，不存在隐性财政支付压力。中生育率水平下，部分年份会产生隐性的财政支付压力。低生育率水平下，隐性的财政支付压力一直存在，这些隐性的财政支付压力，自2055年逐渐成为刚性的财政支付压力。

6.5　延迟退休方案三下基本养老保险财政支付压力

6.5.1　基本养老保险收支情况

根据第3章关于基本养老保险基金收入与支出的精算模型、相关参数值及表6.1中各测算时点退休年龄，可以测算出方案三的延迟退休办法下，不同生育率水平下未来基本养老保险基金收入与支出情况。其结果见表6.14。

表6.14　方案三下未来基本养老保险基金收入与支出情况/元

年份	收　入			支　出		
	高生育率水平	中生育率水平	低生育率水平	高生育率水平	中生育率水平	低生育率水平
2016	2.82E+12	2.82E+12	2.82E+12	2.80E+12	2.80E+12	2.80E+12
2020	3.72E+12	3.72E+12	3.72E+12	4.08E+12	4.08E+12	4.08E+12
2025	5.83E+12	5.78E+12	5.78E+12	6.37E+12	6.37E+12	6.37E+12
2030	8.55E+12	8.67E+12	8.67E+12	8.41E+12	8.41E+12	8.41E+12

续表

年份	收入			支出		
	高生育率水平	中生育率水平	低生育率水平	高生育率水平	中生育率水平	低生育率水平
2035	1.26E+13	1.26E+13	1.26E+13	1.17E+13	1.17E+13	1.17E+13
2040	1.61E+13	1.60E+13	1.59E+13	1.34E+13	1.34E+13	1.34E+13
2045	2.09E+13	2.06E+13	2.02E+13	1.62E+13	1.62E+13	1.62E+13
2050	2.63E+13	2.57E+13	2.51E+13	1.80E+13	1.80E+13	1.80E+13
2055	2.84E+13	2.74E+13	2.65E+13	2.33E+13	2.33E+13	2.33E+13
2060	2.85E+13	2.72E+13	2.58E+13	2.74E+13	2.74E+13	2.74E+13
2065	3.11E+13	2.91E+13	2.70E+13	2.86E+13	2.86E+13	2.86E+13
2070	3.43E+13	3.15E+13	2.86E+13	2.94E+13	2.94E+13	2.94E+13
2075	3.82E+13	3.42E+13	3.03E+13	2.97E+13	2.97E+13	2.97E+13
2080	4.17E+13	3.65E+13	3.14E+13	3.23E+13	3.23E+13	3.23E+13
2085	4.46E+13	3.82E+13	3.20E+13	3.75E+13	3.69E+13	3.63E+13
2090	4.82E+13	4.03E+13	3.28E+13	4.25E+13	4.11E+13	3.96E+13
2095	5.31E+13	4.33E+13	3.42E+13	4.70E+13	4.46E+13	4.21E+13

由表6.14可知,按方案三“步调”逐渐提高男性、女干部、女工人的退休年龄,高、中、低3种生育水平下,2016—2095年企业职工基本养老保险基金收入均高于支出。高生育率水平下各测算时点养老保险基金收入总额高于中生育率水平和低生育率水平下各测算时点养老保险基金收入总额,并且高生育率水平下养老保险基金收入的平均增长率高于中生育率水平和低生育率水平下养老保险基金收入的平均增长率。由于方案三在2050年达到目标退休年龄,是3种延迟退休方案中最先达到目标退休年龄的方案。方案一在2060年达到目标退休年龄、方案二在2080年达到目标退休年龄,因此,方案一、方案二下企业职工基本养老保险基金缴费收入分别在2060年以后、2080年以后与方案三下企业职工基本养老保险基金缴费收入规模相同。此处,仅针对延迟退休过程中,方案三下养老保险基金缴费收入的变动情况进行分析。在方案三的延迟退休政策实施期间,高、中、低生育率水平下养老保险基金缴费收入由3.72万亿元分别上升至26.3万亿元、25.7万亿元、25.1万亿元,高于方案一、方案二的延迟退休政策下对应生育率水平的养老保险基金缴费收入。说明,3种延迟退休方案中,方案三更有利于提高养老保险基金的缴费收入。在方案三的延迟退休政策实施期间,高、中、低生育率水平下,基本养老保险基金支出规模低于对应生育率水平下,方案一、方案二的延迟退休政策实施期间养老保险基金支出规模。说明,3种延迟退休方案中,方案三的延迟退休政策产生的养老金支出最少。相邻测算时点间,基本养老保险基金缴费收入与支出年均增长率见表6.15。

表 6.15 方案三下基本养老保险基金收入与支出增长率/%

年份区间	收入			支出		
	高生育率水平	中生育率水平	低生育率水平	高生育率水平	中生育率水平	低生育率水平
2016—2020	7.95	7.95	7.95	11.47	11.47	11.47
2020—2025	11.37	11.06	11.06	11.22	11.22	11.22
2025—2030	9.30	10.01	10.01	6.38	6.38	6.38
2030—2035	9.48	9.07	9.07	7.78	7.78	7.78
2035—2040	5.64	5.45	5.27	2.95	2.95	2.95
2040—2045	5.87	5.66	5.44	4.22	4.22	4.22
2045—2050	5.22	5.01	4.79	2.21	2.21	2.21
2050—2055	1.57	1.35	1.11	5.89	5.89	5.89
2055—2060	0.55	0.21	0.1	3.47	3.47	3.47
2060—2065	1.76	1.39	0.99	0.90	0.90	0.90
2065—2070	2.11	1.67	1.18	0.53	0.53	0.53
2070—2075	2.23	1.75	1.20	0.22	0.22	0.22
2075—2080	1.88	1.34	0.71	1.76	1.76	1.76
2080—2085	1.39	0.92	0.34	3.26	2.86	2.48
2085—2090	1.61	1.11	0.53	2.67	2.27	1.84
2090—2095	2.00	1.49	0.87	2.07	1.69	1.27

由表 6.15 可知，方案三下，基本养老保险基金缴费收入与支出的年均增长率变动趋势与方案一、方案二下基本养老保险基金缴费收入与支出的年均增长率变动趋势相近。2016—2060 年，相邻测算时点基本养老保险基金缴费收入年均增长率呈明显的下降趋势，2060 年以后维持在相对稳定的水平，波动较小。2016—2075 年，相邻测算时点基本养老保险基金支出的年均增长率呈明显的下降趋势，2075 年以后维持波动较小。2020—2050 年，方案三下相邻测算时点基本养老保险基金缴费收入年均增长率高于方案一、方案二下相邻测算时点基本养老保险基金缴费收入年均增长率；2050—2060 年，方案三下相邻测算时点基本养老保险基金缴费收入年均增长率低于方案一、方案二下相邻测算时点基本养老保险基金缴费收入年均增长率。说明，3 种延迟退休方案中，方案三的延迟退休政策能在近期更快的提高基本养老保险基金缴费收入。2020—2035 年，方案三下相邻测算时点基本养老保险基金支出的年均增长率高于方案一、方案二下相邻测算时点基本养老保险基金支出的年均增长率；2035 年以后，方案三下相邻测算时点基本养老保险基金支出的年均增长率低于方案一、方案二下相邻测算时点基本养老保险基金支出的年均增长率。说明，3 种延迟退休

方案中,方案三下的延迟退休政策能在近期抑制基本养老保险基金支出的增长。

6.5.2 基本养老保险基金累计结余

基于方案三"步调"提高参保人员的退休年龄,可以保证2016—2095年企业职工基本养老保险基金的财务可持续性,不会产生财政支付养老金的压力。高、中、低3种生育率水平下企业职工基本养老保险基金累计结余变动情况如图6.4所示。

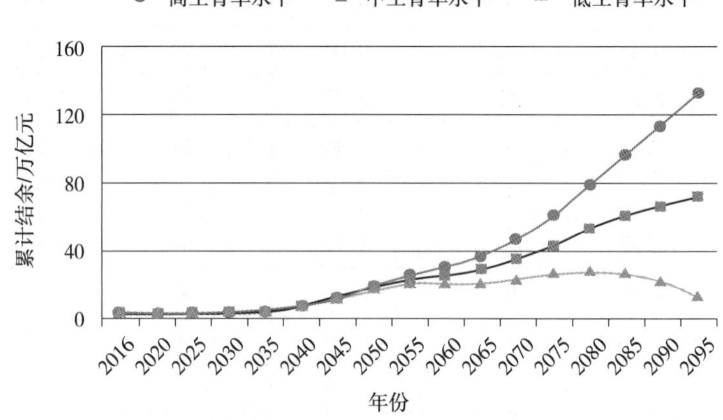

图6.4 方案三下各种生育率水平下基本养老保险基金累计结余

由图6.4可知,基于方案三的"步调"提高退休年龄,高生育率水平、中生育率水平和低生育率水平下,测算期内企业职工养老保险基金累计结余均为正,保证企业职工养老保险基金的偿付能力。2055年前,3种生育率水平下,企业职工养老保险基金累计结余差异较小。2055年以后,高生育率水平下,企业职工养老保险基金累计结余增速最快,呈指数上升趋势。中生育率水平下,企业职工养老保险基金累计结余增长率低于高生育率水平下企业职工养老保险基金累计结余增长率。2055—2065年企业职工养老保险基金累计结余增长相对平缓,由2055年的29.2万亿元增长至2065年的35.8万亿元。2065年以后增长率有所提高,由2065年的35.8万亿元增长至2095年的80.3万亿元。低生育率水平下,企业职工养老保险基金累计结余维持在相对高、中生育率水平下企业职工养老保险基金累计结余较低的水平。2055—2075年企业职工养老保险基金累计结余维持在相对稳定的水平,大约在30万亿元。2075—2080年,企业职工养老保险基金累计结余有所增长,但2080年以后呈缓慢下降的趋势,由2080年的38.7万亿元降至2095年的31.4万亿元。

6.5.3 财政支付压力

基于方案三的延迟退休步调,基本养老保险基金不会出现赤字,基金每年留有结余,并且结余规模不断扩大。养老保险制度具有自平衡能力,不会对财政带来刚性的支付压力。虽然在方案三的延迟退休步调下,未来养老保险基金累计结余为正,但部分年份当年的养老保险缴费收入却低于养老金支出,这部分缺口虽可由养老保险基金具有负担能力,但却存在需由当年财政进行全部或部分“买单”的可能性。这部分隐性财政支付压力出现的年份及最高额度见表6.16。

表6.16　方案三下基本养老保险弹性财政支付压力/元

年份	高生育率水平	中生育率水平	低生育率水平	年份	高生育率水平	中生育率水平	低生育率水平
2020	3.65E+11	3.65E+11	3.65E+11	2080	0	0	8.7E+11
2025	5.41E+11	5.99E+11	5.99E+11	2085	0	0	4.33E+12
2060	0	2.14E+11	1.62E+12	2090	0	7.41E+11	6.83E+12
2065	0	0	1.58E+12	2095	0	1.21E+12	7.92E+12
2070	0	0	7.31E+11	—	—	—	—

由表6.16可知，2020—2025年，高、中、低生育率水平下，均存在潜在的养老保险财政支付压力。2025年以后，高生育率水平下不存在潜在的养老保险财政支付压力；中生育率水平下潜在的养老保险财政支付压力在2060年左右、2090—2095年产生；低生育率水平下存在潜在的养老保险财政支付压力的年份最多，并且最高约达到7.92万亿元。

第 7 章　主要因素对企业职工基本养老保险财政支付压力的影响

由于经济参数、政策参数的取值会影响基本养老保险财政支付压力的精算测算结果，因此，应缩小因参数值设定差异对测算结果的影响，进一步分析参数对基本养老保险财政支付压力的影响程度以及参数之间的内在关系。本章对影响基本养老保险财政支付压力的主要因素，设计了 81 种模拟情境。测算各情境下基本养老保险财政支付压力，以明确在不同环境、不同目的下最有利的改革决策。

7.1　主要因素的变动情境

影响养老保险基金可持续性及财政支付压力的主要因素可分为制度外因素和制度内因素两部分。制度外因素包括人口结构、通货膨胀率和财政支付能力；制度内因素包括缴费率、养老金替代率、养老保险覆盖率、入职年龄、实际退休年龄、退休后平均生存年限及养老保险基金收益率。根据基准精算假设，将实际缴费工资占平均工资比例、养老金增长率、养老保险基金收益率、个人账户记账利率分别进行调整，见表 7.1。

表 7.1　主要指标调整值/%

变动指标	实际缴费工资占平均工资比例	养老金增长率	基金收益率	记账利率
基准值	60	80	4	4.53
上调值	70	90	5	5.53
下调值	50	70	3	3.53

在表 7.1 中，实际缴费工资占平均工资比例、养老金增长率、基金收益率及记账利率这 4 个指标分别包含 3 组值，即基准值、上调值和下调值。那么，可产生 81 种情境方式，见表 7.2。

表 7.2　81 种情境中参数值

情境	实际缴费工资占平均工资比例	养老金增长率	基金收益率	记账利率	情境	实际缴费工资占平均工资比例	养老金增长率	基金收益率	记账利率
1	基准值	基准值	基准值	基准值	30	上调值	基准值	基准值	下调值
2	基准值	基准值	基准值	上调值	31	上调值	基准值	上调值	基准值
3	基准值	基准值	基准值	下调值	32	上调值	基准值	上调值	上调值
4	基准值	基准值	上调值	基准值	33	上调值	基准值	上调值	下调值
5	基准值	基准值	上调值	上调值	34	上调值	基准值	下调值	基准值
6	基准值	基准值	上调值	下调值	35	上调值	基准值	下调值	上调值
7	基准值	基准值	下调值	基准值	36	上调值	基准值	下调值	下调值
8	基准值	基准值	下调值	上调值	37	上调值	上调值	基准值	基准值
9	基准值	基准值	下调值	下调值	38	上调值	上调值	基准值	上调值
10	基准值	上调值	基准值	基准值	39	上调值	上调值	基准值	下调值
11	基准值	上调值	基准值	上调值	40	上调值	上调值	上调值	基准值
12	基准值	上调值	基准值	下调值	41	上调值	上调值	上调值	上调值
13	基准值	上调值	上调值	基准值	42	上调值	上调值	上调值	下调值
14	基准值	上调值	上调值	上调值	43	上调值	上调值	下调值	基准值
15	基准值	上调值	上调值	下调值	44	上调值	上调值	下调值	上调值
16	基准值	上调值	下调值	基准值	45	上调值	上调值	下调值	下调值
17	基准值	上调值	下调值	上调值	46	上调值	下调值	基准值	基准值
18	基准值	上调值	下调值	下调值	47	上调值	下调值	基准值	上调值
19	基准值	下调值	基准值	基准值	48	上调值	下调值	基准值	下调值
20	基准值	下调值	基准值	上调值	49	上调值	下调值	上调值	基准值
21	基准值	下调值	基准值	下调值	50	上调值	下调值	上调值	上调值
22	基准值	下调值	上调值	基准值	51	上调值	下调值	上调值	下调值
23	基准值	下调值	上调值	上调值	52	上调值	下调值	下调值	基准值
24	基准值	下调值	上调值	下调值	53	上调值	下调值	下调值	上调值
25	基准值	下调值	下调值	基准值	54	上调值	下调值	下调值	下调值
26	基准值	下调值	下调值	上调值	55	下调值	基准值	基准值	基准值
27	基准值	下调值	下调值	下调值	56	下调值	基准值	基准值	上调值
28	上调值	基准值	基准值	基准值	57	下调值	基准值	基准值	下调值
29	上调值	基准值	基准值	上调值	58	下调值	基准值	上调值	基准值

续表

情境	实际缴费工资占平均工资比例	养老金增长率	基金收益率	记账利率	情境	实际缴费工资占平均工资比例	养老金增长率	基金收益率	记账利率
59	下调值	基准值	上调值	上调值	71	下调值	上调值	下调值	上调值
60	下调值	基准值	上调值	下调值	72	下调值	上调值	下调值	下调值
61	下调值	基准值	下调值	基准值	73	下调值	下调值	基准值	基准值
62	下调值	基准值	下调值	上调值	74	下调值	下调值	基准值	上调值
63	下调值	基准值	下调值	下调值	75	下调值	下调值	基准值	下调值
64	下调值	上调值	基准值	基准值	76	下调值	下调值	上调值	基准值
65	下调值	上调值	基准值	上调值	77	下调值	下调值	上调值	上调值
66	下调值	上调值	基准值	下调值	78	下调值	下调值	上调值	下调值
67	下调值	上调值	上调值	基准值	79	下调值	下调值	下调值	基准值
68	下调值	上调值	上调值	上调值	80	下调值	下调值	下调值	上调值
69	下调值	上调值	上调值	下调值	81	下调值	下调值	下调值	下调值
70	下调值	上调值	下调值	基准值					

后文将基于现行制度下各延迟退休方案，分别测算这 81 种情境下基本养老保险财政支付压力。

7.2 81 种情境下基本养老保险财政支付压力

7.2.1 现行养老保险制度下 81 种情境的数值模拟

基于现行基本养老保险缴费方式、计发办法，分别对 81 种情境下测算期内将产生的基本养老保险财政支付压力进行测算。结果显示，81 种情境下高生育率水平下产生的基本养老保险财政支付压力低于中生育率水平、低生育率水平下产生的基本养老保险财政支付压力。81 种情境下产生的基本养老保险财政支付压力变动趋势相同，但存在差异。本节以中生育率水平下的测算结果为代表，分析各情境下基本养老保险财政支付压力情况。结果见附表 2。在 81 种情境下，现行养老保险制度运行模式均未能避免基本养老保险基金赤字的产生，将产生养老保险财政支付压力。相对情境 1，在上调养老金增长率、记账利率或下调实际缴费工资占平均工资比例、养老基金投资收益率的情境中，将产生更大的基本养老保险财政支付压力，并且使基本养老保险基金赤字来得更快。情境 71 下产生的基本养老保险财政支付压力最大，情境51下产生的基本养老保险财政支付压力最小。说明，高养老金增长率、记账利率，低实际缴费工资占平均工资比例、养老保险基金收益率不利于缓解养老保险财政支付压力。

7.2.2　延迟退休方案下81种情境的数值模拟

基于方案一、方案二、方案三的延迟退休办法，分别对81种情境下测算期内将产生的基本养老保险财政支付压力进行测算。结果显示，81种情境下高生育率水平下产生的基本养老保险财政支付压力低于中生育率水平、低生育率水平下产生的基本养老保险财政支付压力。81种情境下，产生的基本养老保险财政支付压力变动趋势相同，但存在差异。同样以中生育率水平下的测算结果为代表，分析各情境下基本养老保险财政支付压力。

根据测算结果可知，在情境1下，基于方案一的延迟退休步调，基本养老保险基金具有财务可持续性，不会带来刚性的养老保险财政支付压力。而当参数指标变动时，基于方案一的延迟退休步调，未来基本养老保险基金的可持续性受到冲击，在部分情境下会产生养老金的财政支付压力。未来将产生养老保险财政支付压力的情境及财政支付压力的大小见表7.3。

表7.3　基于方案一，中生育率水平下基本养老保险财政支付压力/元

情境	55	56	57	58	59	60	61
2060	—	3.88E+12	—	—	1.23E+12	—	6.84E+11
2065	2.34E+12	5.45E+12	—	—	5.24E+12	—	3.96E+12
2070	3.00E+12	4.92E+12	—	7.78E+11	4.98E+12	—	2.99E+12
2075	1.58E+12	3.76E+12	—	1.15E+12	4.10E+12	—	1.41E+12
2080	2.28E+12	4.80E+12	—	1.87E+12	5.41E+12	—	2.02E+12
2085	5.47E+12	8.43E+12	1.09E+12	5.11E+12	9.40E+12	—	5.07E+12
2090	8.16E+12	1.16E+13	5.37E+12	8.05E+12	1.32E+13	—	7.46E+12
2095	9.71E+12	1.36E+13	6.52E+12	1.00E+13	1.61E+13	2.44E+11	8.53E+12
情境	62	63	64	65	66	67	68
2040	—	—	—	5.21E+11	—	—	—
2045	—	—	—	7.58E+11	—	—	7.96E+10
2050	—	—	—	7.55E+11	—	—	6.35E+11
2055	6.33E+11	—	1.59E+12	3.45E+12	—	—	3.36E+12
2060	4.74E+12	—	5.10E+12	6.51E+12	2.29E+12	4.57E+12	6.59E+12
2065	5.32E+12	—	5.63E+12	7.30E+12	4.27E+12	5.66E+12	7.75E+12
2070	4.49E+12	1.44E+12	4.65E+12	6.57E+12	3.08E+12	5.00E+12	7.49E+12
2075	3.05E+12	7.80E+10	2.97E+12	5.15E+12	1.19E+12	3.63E+12	6.58E+12

续表

情境	62	63	64	65	66	67	68
2080	3.86E+12	5.29E+11	3.63E+12	6.16E+12	1.58E+12	4.56E+12	8.10E+12
2085	7.19E+12	3.36E+12	6.96E+12	9.93E+12	4.55E+12	8.24E+12	1.25E+13
2090	9.84E+12	5.53E+12	9.81E+12	1.32E+13	7.02E+12	1.17E+13	1.68E+13
2095	1.12E+13	6.40E+12	1.15E+13	1.54E+13	8.34E+12	1.42E+13	2.03E+13
情境	69	70	71	72	73	74	77
2035	—	—	1.84E+11	—	—	—	—
2040	—	1.97E+11	1.12E+12	—	—	—	—
2045	—	1.80E+11	7.70E+11	—	—	—	—
2050	—	—	7.28E+11	—	—	—	—
2055	—	2.37E+12	3.39E+12	—	—	—	—
2060	—	5.07E+12	6.26E+12	3.88E+12	—	—	—
2065	3.48E+12	5.33E+12	6.68E+12	4.23E+12	—	4.59E+11	—
2070	2.95E+12	4.03E+12	5.53E+12	2.81E+12	—	3.49E+12	—
2075	1.21E+12	2.07E+12	3.72E+12	7.40E+11	—	2.55E+12	4.93E+11
2080	1.67E+12	2.54E+12	4.38E+12	1.05E+12	—	3.61E+12	3.01E+12
2085	4.74E+12	5.62E+12	7.73E+12	3.91E+12	6.41E+11	7.11E+12	6.62E+12
2090	7.49E+12	8.03E+12	1.04E+13	6.10E+12	6.70E+12	1.01E+13	9.96E+12
2095	9.28E+12	9.13E+12	1.18E+13	7.00E+12	8.09E+12	1.20E+13	1.24E+13
情境	79	80	81				
2065	—	3.22E+12	—				
2070	—	3.61E+12	—				
2075	1.27E+11	2.48E+12	—				
2080	1.57E+12	3.40E+12	—				
2085	4.60E+12	6.71E+12	—				
2090	6.96E+12	9.34E+12	5.88E+11				
2095	8.01E+12	1.06E+13	5.88E+12				

根据测算结果可知，在情境 1 下，基于方案二的延迟退休步调，仅高生育率组的基本养老保险基金在未来具有长期的财务可持续性，中生育率水平下，基本养老保险基金在未来某些年份将出现赤字，随着人口结构的变动，基本养老保险基金将度过支付危机，重新恢复一定水平的累计结余。在其余的 80 种情境下，部分情境下基本养老保险基金的财务可持续性

相比对情境一有所降低,养老保险收不抵支带来的财政支付压力将提前到来。未来将产生养老保险财政支付压力的情境及带来的财政支付压力见附表3。根据测算结果可知,在情境1下,基于方案三的延迟退休步调,基本养老保险基金具有财务可持续性,不会带来刚性的养老保险财政支付压力。而当参数值变动时,基于方案三的延迟退休步调,未来基本养老保险基金的可持续性受到冲击,在部分情境下会产生养老金的财政支付压力。未来将产生养老保险财政支付压力的情境及带来的财政支付压力见表7.4。

表7.4　基于方案三,中生育率水平下基本养老保险财政支付压力/元

情境	55	56	59	61	62	63	64
2060	—	—	—	—	—	—	—
2065	—	—	—	—	1.49E+12	—	1.73E+12
2070	—	1.55E+12	—	—	3.37E+12	—	2.89E+12
2075	—	1.56E+12	—	—	1.65E+12	—	8.02E+11
2080	—	2.45E+12	—	—	2.46E+12	—	1.32E+12
2085	—	5.94E+12	3.05E+12	2.01E+12	5.82E+12	—	4.52E+12
2090	1.05E+12	8.98E+12	8.27E+12	6.18E+12	8.54E+12	—	7.25E+12
2095	7.04E+12	1.09E+13	1.06E+13	7.34E+12	9.95E+12	1.07E+12	8.85E+12
情境	65	66	67	68	70	71	72
2060	2.62E+12	—	—	—	—	4.22E+12	—
2065	5.75E+12	—	—	5.38E+12	4.16E+12	5.69E+12	—
2070	4.77E+12	—	—	4.76E+12	2.92E+12	4.41E+12	1.14E+12
2075	2.95E+12	—	2.71E+11	3.19E+12	6.82E+11	2.31E+12	—
2080	3.80E+12	—	8.01E+11	4.25E+12	1.15E+12	2.97E+12	—
2085	7.43E+12	—	3.98E+12	8.16E+12	4.27E+12	6.36E+12	2.57E+12
2090	1.06E+13	2.61E+12	6.88E+12	1.19E+13	6.75E+12	9.11E+12	4.83E+12
2095	1.27E+13	5.71E+12	8.83E+12	1.48E+13	7.94E+12	1.05E+13	5.83E+12
情境	74	80					
2060	—	—					
2065	—	—					
2070	—	—					
2075	—	—					
2080	—	—					
2085	—	4.96E+12					
2090	5.05E+12	8.04E+12					
2095	9.29E+12	9.42E+12					

7.3 各因素对基本养老保险财政支付压力的影响分析

下面分析工资增长率、养老金增长率、基金收益率及记账利率4种参数在81种情境下对基本养老保险财政支付压力的影响。根据附表2和附表3的数据,横向及纵向对比不同变量情境下对基本养老保险财政支付压力的影响。横向的比较主要是分析各因素对产生基本养老保险财政支付压力的起始年份的影响;纵向的比较主要是分析各因素对基本养老保险财政支付压力的改变。

7.3.1 对基本养老基金出现赤字起始年份的影响

以情境1、中生育率水平时产生基本养老保险财政支付压力的起始年份为对照组,分析其他情境是否延迟了产生基本养老保险财政支付压力的起始年份。若某情境下产生基本养老保险财政支付压力的起始年份早于或等于情境1产生基本养老保险财政支付压力的起始年份,说明此情境下的参数指标组合不利于缓解基本养老保险财政支付压力;若某情境下产生基本养老保险财政支付压力的起始年份晚于情境1产生基本养老保险财政支付压力的起始年份,说明此情境下的参数指标组合利于缓解基本养老保险财政支付压力。本书将各情境下参数指标值进行细分,分析其对基本养老保险财政支付压力起始年份的影响情况。

1)实际缴费工资占平均工资比例

以实际缴费工资占平均工资比例为研究主变量,可将81种情境分为3类:第一类是实际缴费工资占平均工资比例为下调值的情境;第二类是实际缴费工资占平均工资比例为基准值的情境;第三类是实际缴费工资占平均工资比例为上调值的情境。现行制度下,情境1产生基本养老保险财政支付压力的起始年份为2040年,以此为对照,对2040年存在/不存在基本养老保险财政支付压力的情境数进行汇总。在方案一下,测算期内情境1不会产生基本养老保险财政支付压力,以此为对照,分别对三大类情境中,测算期内存在/不存在基本养老保险财政支付压力的情境数进行汇总。在方案二下,情境1产生基本养老保险财政支付压力的起始年份为2060年,以此为对照,分别对三大类情境中,2060年存在/不存在基本养老保险财政支付压力的情境数进行汇总。在方案三下,测算期内情境1不会产生基本养老保险财政支付压力,以此为对照,分别对三大类情境中,测算期内存在/不存在基本养老保险财政支付压力的情境数进行汇总。其结果见表7.5。

表7.5　实际缴费工资占平均工资比例对产生基本养老保险财政支付压力起始年份的影响

实际缴费工资占平均工资比例	下调值		基准值		上调值	
财政支付压力	存在	不存在	存在	不存在	存在	不存在
现行制度	18	9	4	23	1	26
方案一	24	3	0	27	0	27
方案二	27	0	12	15	0	27
方案三	16	11	0	27	0	27

由表7.5可知，实际缴费工资占平均工资比例为下调值时，现行制度、方案一、方案二、方案三中存在财政支付压力的情境共为85个；实际缴费工资占平均工资比例为基准值时，现行制度、方案一、方案二、方案三中存在财政支付压力的情境共为16个；实际缴费工资占平均工资比例为上调值时，现行制度、方案一、方案二、方案三中存在财政支付压力的情境共为1个。说明，实际缴费工资占平均工资比例的提高可明显延迟产生基本养老保险财政支付压力的起始年份。因此，当人口生育率水平并未提高至理想水平、基本养老保险基金自平衡能力较低时，加强对养老保险征缴工作的监督管理，保证基本养老保险覆盖范围内应保人员按时参保、单位和个人足额缴纳基本养老保险费，对于缓解基本养老保险财政支付压力十分有利。同时，此决策对政府的不利影响最小。

2）养老金增长率

以养老金增长率为研究主变量，可将81种情境分为3类：第一类是养老金增长率为下调值的情境；第二类是养老金增长率为基准值的情境；第三类是养老金增长率为上调值的情境。养老金增长率对产生基本养老保险财政支付压力起始年份的影响见表7.6。

表7.6　养老金增长率对产生基本养老保险财政支付压力起始年份的影响

养老金增长率	下调值		基准值		上调值	
财政支付压力	存在	不存在	存在	不存在	存在	不存在
现行制度	3	24	7	20	12	15
方案一	6	21	9	18	9	18
方案二	9	18	13	14	17	10
方案三	2	25	6	21	8	19

由表7.6可知，养老金增长率为下调值时，现行制度、方案一、方案二、方案三中存在财政支付压力的情境共20个。养老金增长率为基准值时，现行制度、方案一、方案二、方案三中存在财政支付压力的情境共35个。养老金增长率为上调值时，现行制度、方案一、方案二、方案三中存在财政支付压力的情境共为46个。说明，上调养老金增长率将加快基本养

老保险财政支付压力的到来。因此,当基本养老保险基金自平衡能力较差、存在养老保险基金收不抵支风险时,适当控制或降低养老金增长率有利于延迟基本养老保险财政支付压力的出现,但此决策的效果相对提高养老保险实缴基数对基本养老保险财政支付压力的缓解程度较弱。降低养老金增长率并不利于提高个人缴费的积极性,同时降低了参保人员未来领取养老金的水平。在基本养老保险基金面临严重赤字风险的情境下,可适当降低养老金增长率,有利于减轻政府的支付压力;在基本养老保险基金能够实现自平衡的情境下,可适当提高养老金增长率,有利于提高参保人员退休后待遇水平和缴费积极性。

3)**基金收益率**

以基金收益率为研究主变量,可将 81 种情境分为 3 类:第一类是基金收益率为下调值的情境,第二类是基金收益率为基准值的情境;第三类是基金收益率为上调值的情境。基金收益率对产生基本养老保险财政支付压力起始年份的影响见表 7.7。

表 7.7 基金收益率对产生基本养老保险财政支付压力起始年份的影响

基金收益率 财政支付压力	下调值		基准值		上调值	
	存在	不存在	存在	不存在	存在	不存在
现行制度	12	15	7	20	3	24
方案一	9	18	8	19	7	20
方案二	14	13	13	14	12	15
方案三	7	20	6	21	3	24

由表 7.7 可知,基金收益率为下调值时,现行制度、方案一、方案二、方案三中存在财政支付压力的情境共 42 个。基金收益率为基准值时,现行制度、方案一、方案二、方案三中存在财政支付压力的情境共 34 个。基金收益率为上调值时,现行制度、方案一、方案二、方案三中存在财政支付压力的情境共 25 个。说明,若未来不能保证基金收益率的提高,基本养老保险财政支付压力将更早地到来。因此,在目前养老保险基金收益率较低、有关养老保险基金入市办法开始实施的背景下,切实提高养老保险基金收益率,不仅有利于减轻未来基本养老保险财政支付压力,对个人、企业缴费主体也无不利影响。

4)**记账利率**

以记账利率为研究主变量,可将 81 种情境分为 3 类:第一类是记账利率为下调值的情境;第二类是记账利率为基准值的情境;第三类是记账利率为上调值的情境。记账利率对产生基本养老保险财政支付压力起始年份的影响见表 7.8。

表 7.8 记账利率对产生基本养老保险财政支付压力起始年份的影响

记账利率 财政支付压力	下调值		基准值		上调值	
	存在	不存在	存在	不存在	存在	不存在
现行制度	3	24	7	20	12	15

续表

记账利率 财政支付压力	下调值		基准值		上调值	
	存在	不存在	存在	不存在	存在	不存在
方案一	7	20	8	19	9	18
方案二	11	16	13	14	15	12
方案三	3	24	5	22	8	19

由表7.8可知，记账利率为下调值时，现行制度、方案一、方案二、方案三中存在财政支付压力的情境共为24个。记账利率为基准值时，现行制度、方案一、方案二、方案三中存在财政支付压力的情境共为33个。记账利率为上调值时，现行制度、方案一、方案二、方案三中存在财政支付压力的情境共为44个。说明，在现阶段基本养老发展背景下，提高养老保险的记账利率，将更早地带来基本养老保险财政支付压力。若养老保险制度改革的目标是要提高参保人员退休后待遇水平，那么，提高个人账户记账利率有利于改革目标的实现。但在养老保险基金自平衡能力较差的情境下，个人账户记账利率的提高并不利于缓解基本养老保险财政支付压力。

7.3.2　对基本养老保险财政支付压力的影响

1）实际缴费工资占平均工资比例变动的影响

将实际缴费工资占平均工资比例作为研究变量，分别将实际缴费工资占平均工资比例为上调值的27个情境、实际缴费工资占平均工资比例为下调值的27个情境与养老金增长率为基准值的27个情境下产生的基本养老保险财政支付压力进行对比。在此基础上，对比加入记账利率变动、养老金增长率变动和基金收益率变动对基本养老保险财政支付压力的影响。

选取养老金增长率、基金收益率和记账利率相同，实际缴费工资占平均工资比例为上调值与实际缴费工资占平均工资比例为基准值的情境进行对比。可以发现，实际缴费工资占平均工资比例为上调值时产生的基本养老保险财政支付压力小于实际缴费工资占平均工资比例为基准值时产生的基本养老保险财政支付压力。以方案一为例，见表7.3。产生基本养老保险财政支付压力的这些情境均为实际缴费工资占平均工资比例为下调值时，而实际缴费工资占平均工资比例为上调值、基准值时，基本养老保险基金均存有结余，不会产生基本养老保险财政支付压力。同样，对比附表2、表7.4、附表3中情境28—情境54与情境1—情境27产生基本养老保险财政支付压力的情况可发现，实际缴费工资占平均工资比例为上调值的各情境中产生的基本养老保险的财政支付压力明显低于实际缴费工资占平均工资比例为基准值的各情境中产生的基本养老保险的财政支付压力。说明，提高实际缴费工资占平均工资比例可明显缓解基本养老保险的财政支付压力。选择养老金增长率、基金收益率相同，实际缴费工资占平均工资比例、记账利率不同的情境下产生的基本养老金财政负担进行对比。可以发现,若不能提高实际缴费工资占平均工资比例,降低记账利率能一定程度地缓解基本养老保险财政支付压力。

2)**养老金增长率变动的影响**

将养老金增长率作为研究变量,分别将养老金增长率为上调值、养老金增长率为下调值的情境与养老金增长率为基准值且其他参数值相同的情境对比。养老金增长率为基准值的情境包括情境1—情境9、情境28—情境36、情境55—情境63;养老金增长率为上调值的情境包括情境10—情境18、情境37—情境45、情境64—情境72;养老金增长率为下调值的情境包括情境19—情境27、情境46—情境54、情境73—情境81。可以发现,养老金增长率为上调值产生的基本养老保险财政支付压力大于养老金增长率为基准值产生的基本养老保险财政支付压力。养老金增长率为下调值产生的基本养老保险财政支付压力小于养老金增长率为基准值产生的基本养老保险财政支付压力。其中,实际缴费工资占平均工资比例为上调值的情境产生的财政支付压力明显低于实际缴费工资占平均工资比例为基准值、下调值的情境产生的财政支付压力。说明,上调养老金增长率的同时采取措施提高实际缴费工资占平均工资比例,则能一定程度地缓解基本养老保险财政支付压力。

3)**基金收益率变动的影响**

将基金收益率作为研究变量,分别将基金收益率为上调值、基金收益率为下调值的情境与基金收益率为基准值且其他参数值相同的情境对比。对比发现,养老保险基金收益率为下调值情境时产生财政支付压力的起始年份早于养老保险基金收益率为基准值时产生财政支付压力的起始年份;养老保险基金收益率为基准值时产生财政支付压力的起始年份早于养老保险基金收益率为上调值时产生财政支付压力的起始年份。当养老保险基金赤字产生以后,各情境下产生的养老保险财政支付压力差异较小。说明,提高基金收益率仅能延迟基本养老基金赤字的产生年份,一旦基本养老基金出现赤字,基金收益率的变动并未明显影响基本养老保险财政支付压力。说明,当前应尽快加强基本养老保险基金投资管理体系的建设,在基金留有结余的时候,尽可能地提高基本养老保险基金收益率,才能体现改革的价值和意义。

4)**记账利率变动的影响**

将记账利率作为研究变量,分别将记账利率为上调值、记账利率为下调值的情境与记账利率为基准值且其他参数值相同的情境对比。记账利率为基准值的情境包括情境1、情境4、情境7……情境79,记账利率为上调值的情境包括情境2、情境5、情境8……情境80,记账利率为下调值的情境包括情境3、情境6、情境9……情境81。对比发现,记账利率为上调值产生的基本养老保险财政支付压力大于记账利率为基准值产生的基本养老保险财政支付压力。记账利率为基准值产生的基本养老保险财政支付压力大于记账利率为下调值产生的基本养老保险财政支付压力。说明,提高记账利率将加重基本养老保险财政支付压力。其中,实际缴费工资占平均工资比例为下调值的情境产生的基本养老保险财政支付压力明显大于其他情境产生的基本养老保险财政支付压力。

第 8 章　研究结论及政策建议

8.1　研究结论

企业职工基本养老保险作为基本养老保险体系的重要组成部分。近年来,我国生育政策的变动、人口结构老龄化以及经济发展进入常态化,在此背景下,企业职工基本养老保险未来的财务效应,不仅影响宏观经济的发展,也影响微观主体的生活水平和参加基本养老保险的信心。本书以《中共中央关于全面深化改革若干重大问题的决定》和《"十三五"国家老龄事业发展和养老体系建设规划》为指导思想,基于"渐进式延迟退休"的现实背景,重点区分不同参保职工养老金计发方式的差异,针对企业职工基本养老保险基金资金流建立精算模型。从精算平衡的视角对现行制度下企业职工基本养老保险基金的长期运行效果和将产生的财政支付压力进行测算,并模拟不同延迟退休"步调"下、不同情境下企业职工基本养老保险基金的长期运行效果测算产生的财政支付压力。本书主要的研究结论如下:

①现行养老保险制度运行模式下,企业职工基本养老保险不具有长期财务可持续性,未来将产生巨额的刚性财政支付压力且逐年递增。

养老保险基金的自平衡性主要是指在不依赖外界资金支持的情况下,养老保险基金每年的缴费收入与年初的累计结余能够满足当年养老金支出的需要。在现行养老保险制度的缴费、养老金计发办法下,企业职工基本养老保险基金在 2040 年将出现赤字,养老保险基金不具有自平衡能力,需依靠财政转移支付才能继续运转。养老保险基金赤字的出现意味着对财政带来刚性的养老金支付压力。2040 年,高生育率水平下的养老保险财政支付压力约为 1.54 万亿元,占当年养老保险基金缴费收入的 11.16%。而在 2095 年高生育率水平下的养老保险财政支付压力占当年养老保险基金缴费收入的比例高达 142.86%。刚性的养老保险财政支付压力一旦产生,若采取相关的改革措施,为维持养老保险基金的运转,只能不断加大财政的转移支付,这种"投入"将越来越大。因此,应加快养老保险制度的改革与完善。

②生育率水平的提高能减弱人口老龄化的影响,缓解未来养老保险财政支付压力,但养老保险制度的改革是提高养老保险可持续性的关键。

随着"二孩政策"的实施,我国的生育率水平将逐步提高。虽与预期生育目标仍存在较大差异,但是对于改善人口结构仍具有重要的意义。生育率的提高虽在短期内不能对劳动力市场产生影响,但长期内却能改善人口结构。无论养老保险制度如何变动,高生育率水平下基本养老保险基金的财务效果优于较低生育率水平下基本养老保险基金的财务效果。测算结果可见,现行制度下,高生育率水平下企业职工基本养老保险基金缴费收入高于中、低生育率水平下企业职工基本养老保险基金缴费收入,且高生育率水平下企业职工基本养老保险累计结余高于中、低生育率水平下企业职工基本养老保险累计结余。

③渐进式延迟退休虽能避免或者缓解养老保险财政支付压力,但若要保证基本养老保险基金的长期可持续性,延迟退休"步调"的选择应综合考虑未来人口、经济环境的变动趋势及政策实施的可行性。

测算结果可见,在方案一、方案三的延迟退休政策下,企业职工基本养老保险基金未来能留有结余,不产生养老保险财政支付压力。在方案二的延迟退休政策下,仅在高生育率水平下企业职工基本养老保险基金未来能保留有结余,不产生养老保险财政支付压力;中、低生育率水平下仍会出现养老保险财政支付压力。方案二将退休年龄每年提高 0.25 岁,延迟退休步调相对其他方案的延迟步调最低。根据有关机构的调查,民众对于延迟退休持抵触、反对意见的比例较高①。因此,对于个人而言,延迟退休步调越缓,越有利于民众接受和政策的落实。目前,我国生育率水平接近本书假设的中生育率水平。由测算结果可见,方案二的延迟退休政策下,2060—2070 年养老保险基金出现赤字。由于本书假设的入职年龄为 20 岁,因此,若能一定程度提高 2040 年及以前的生育率水平,则 2060 年及以后的劳动人口数量能进一步提升,则能缓解或避免 2060—2070 年基金所出现的赤字。因此,本书认为在目前的环境下选择"小步慢走",适时、适度提高生育率水平能保证养老保险基金的可持续性。

④适时、适势、适当地调整养老保险政策参数。经济环境的变动会影响基本养老保险基金的可持续性,应采用渐进平稳的方式调整部分政策参数。

本书模拟了 81 种情境下,基于现行养老保险制度、不同延迟退休步调下,企业职工基本养老保险财政支付压力。测算结果显示,即使在方案一、方案三的延迟退休步调下,在高记账利率、高养老金增长率、低实际缴费工资占平均工资比例、低收益率的部分情境下,仍会出现养老保险财政支付压力。养老保险基金的可持续性是受人口、经济、政治等多方面因素影响的。因此,不存在固定的最优改革措施。最优的养老保险基金改革措施应是能够应对人口、经济环境的变动。例如,当记账利率较高时,可通过拓宽养老保险基金投资渠道来提高养老保险基金收益率,以抵消高记账利率对养老保险金可持续的影响。

① 李宏(2015)针对民众对提高退休年龄的态度,选择机关事业单位、企业、个体工商户、社会团体等人群进行问卷调查。结果显示,反对提高退休年龄的人群占总调查者人数的 56.4%。2009 年,人力资源和社会保障部社会保障研究所课题组对成都、北京两地民众对延迟退休政策的态度进行问卷调查。结果显示:76%的调查者反对提高退休年龄,50%的调查者满意现行退休年龄政策,37.2%的调查者认为现行退休年龄仍偏高。

8.2 政策建议

8.2.1 加快实现基础养老金的统筹调剂

国务院自 1958 年发布《关于工人、职员退休处理的暂行规定》,至 2017 年发布《划转部分国有资本充实社会保基金实施方案》,对基本养老保险机制进行了不断完善,虽取得了卓越的效果,但也存在许多问题。显然在目前的人口、经济环境的背景下,当前的基本养老保险制度不具有可持续性。企业职工基本养老保险的筹资主体是政府、企业和个人。对于政府,每年负担的基本养老保险费逐年上升;对于企业、个人,也承担了相对较重的养老保险缴费负担。筹资主体负担的加重,却仍无法保证基本养老保险制度的可持续性。由于基本养老保险是退休人员生活保障的安全网,政府负有兜底责任。因此,基本养老保险基金无力支付的养老金将由财政负担。由于个人账户养老金实行基金积累制,仅当退休人员生存余命超过计发月数时才产生缺口。因此,基本养老保险财政支付压力主要来自需支付退休人员的基础养老金。这种兜底责任减弱了基本养老保险制度实现自平衡的动力,只会更加依赖于财政的转移支付,而加大财政未来的支付风险。政府不能推卸对于基本养老保险的责任,但是可通过明确中央、地方政府的责任,将弥补基本养老保险基金缺口的责任在中央、地方政府中分摊。基础养老金本身具有互济的性质,基础养老金实行统筹调剂意味着从省级层面实现养老金的互济作用。这样一来,不仅可实现资金的优化配置,而且可减轻中央政府的支付压力。

为更好地实现基础养老金的统筹调剂,有两点事项需要注意:一是剥离基本养老保险基金的历史旧账;二是明确中央、地方政府的具体监管责任。基本养老保险基金的历史旧账包含两部分:一部分来自个人账户"空账"运行而产生的历史欠账,另一部分来自统筹账户收支缺口产生的历史欠账。厘清与旧制度的责任边缘是新制度的顺利实施的保证。随着《划转部分国有资本充实社会保基金实施方案》的发布,历史欠账问题有望通过国有资产进行弥补。

8.2.2 加快生育发展目标的实现

我国的目标生育率发展水平是 1.8[①],但目前总和生育率仅为 1.4[②],远低于目标生育率发展水平。提高生育率水平是改善我国人口结构偏老龄化问题的主要办法。从测算结果可

---

① 根据人民网《我国确定生育率目标为 1.8,八成家庭难以实现儿女双全》报道。

② 数据来源:《经济蓝皮书:2015 年中国形势分析与预算》。

见，生育率水平的提高可明显提高养老保险基金的可持续性、缓解养老保险财政支付压力。2013 年 11 月 15 日我国开始实行“单独二孩”政策，但仅有约 9.2% 符合条件的夫妇申请了再育。为进一步提高生育率水平，2016 年 1 月 1 日我国开始实行“全面二孩”政策。“全面二孩”政策取得了相对显著的效果，2016 年总和生育率水平达到 1.7，是 21 世纪以来生育的高峰值，但仍未达到目标生育率的发展水平。虽然目前基本养老保险基金收支结构开始显现不合理化，基金本身的平衡性降低，但在企业职工基本养老保险基金赤字到来之前，加快深化养老保险制度的改革并尽早实现生育发展目标，定能缓解甚至避免基本养老保险基金赤字的产生。提高生育率水平依靠两方面的支持，一方面是法律、政策的支持，另一方面是政府及相关部门单位的支持。经济的快速发展虽提高了人们的生活水平，但同时也带来了更多的压力，尤其对于生活在一线城市的夫妻而言，“生娃不易、养娃更难”。政府及相关部门可通过对“二孩”的一系列补贴，鼓励符合条件的夫妇再育。同时，对于女性从业者，由于生育是其职业发展的“阻碍”，因此更应给予相关的支持，让其能放心生育。

8.2.3 渐进式延迟退休应“小步慢走”

养老保险制度的发展与经济、社会的发展是相互影响、相互作用的。因此，对于养老保险制度的改革应考虑经济环境发展趋势、人口结构的变动趋势进行“分段”调整、“小步”调整。目前，养老保险制度处于改革的炽热期，很多碎片化的现状问题、历史遗留问题都需应对解决。政府加大了深化改革养老保险制度的力度。在这个历史时期，为稳、为准地进行改革最有利于改革政策的实施和隐性风险的降低。对延迟退休这一关系老百姓切身利益的举措，更应谨慎而后行。选择“小步慢走”的延迟退休政策，能为针对解决政策实施过程中遇到的问题提供更宽裕的时间，同时提供完善、修订政策的空间。为更好地实现渐进式延迟退休这一目标，需明确以下实践路径：

①延迟退休政策实施前期，应加大宣传力度，完善相关部门的职责，以避免提前退休现象发生。

②延迟退休政策应在保证基本养老保险基金偿付能力的前提下实施。

③随着延迟退休目标的实现，适时提出弹性延迟退休政策。

8.2.4 建立养老金待遇的调整机制

情境模拟结果说明，养老保险基金的可持续性不仅受人口结构这一主要因素的影响，同时经济环境的变动也会对其产生影响。因此，建立动态的养老金待遇的调整机制对于强化养老保险基金自平衡性具有重要的意义。在 2010 年实施的《中华人民共和国社会保险法》，已从法律层面对建立养老金待遇的调整机制提出了相关要求。但至今，仍未真正地建立起养老金待遇的调整机制。建立养老金待遇的调整机制的重点在于指标的选择和模型参数的设计，对此提出以下 3 点建议：

①根据物价指数、工资增长率的变动情况，调整养老金待遇。将养老金待遇水平与物价指数相关联，是为了减弱通货膨胀带来的养老金"贬值"风险。将养老金待遇水平与工资增长率相关联，是为了保证参保人员在退休后仍能分享经济增长的果实。物价指数和工资增长率两个指标对养老金待遇影响的权重分配应根据我国基本养老保险发展现状、未来发展趋势并借鉴国际经验来确定①。

②根据缴费年限、缴费方式，调整养老金待遇。根据现行养老金计发办法可以发现，参保人员退休后待遇水平很大程度上受其退休时间、入职时间的影响。为更好地体现基本养老保险"多缴多得"的机制，提高职工参保、缴费的积极性，对退休后待遇水平的调整，可与其在职期间缴费年限、缴费方式挂钩。

③养老金待遇的调整应公平优先。公平原则是基本养老保险的基本原则。基本养老保险作为养老保险体系的"第一支柱"，起到保障退休人员基本生活的作用。因此，养老金待遇的调整应回归到基本养老保险制度的初衷。对养老金待遇的调整应做到"低有所保、高有所调""高的少调、低的多调"，提高低收入群体的养老金替代率，适当降低高收入群体的养老金替代率。通过多调整低收入群体的待遇水平，以缩小高低收入群体之间的差距。

8.2.5　健全基本养老保险征缴机制

现行养老保险制度关于基本养老保险缴费基数、缴费年限规定存在弹性空间以及征缴机制的不健全，导致基本养老保险征缴过程中漏缴、少缴的现象较为严重。经济合作与发展组织(OECD)国家平均养老保险缴费率为19.6%，比我国养老保险缴费率低了8.4个百分点。发展中国家平均养老保险缴费率为22.8%，比我国养老保险缴费率低了5.2个百分点。可见，我国现行养老保险缴费率相对较高。与之并存的矛盾是，较高的养老保险缴费率仍没有保证养老保险基金的财务可持续性。造成这一矛盾现状的原因不仅是养老保险改革过程中产生的隐性债务和转轨成本，同时是因实际养老保险缴费基数不实造成养老保险实际收入低于理论应收额。2002—2015年企业实际养老保险缴费基数占在职人员平均工资的比例年均值为58.45%②。由于用人单位和个人均存在尽量少缴费的动机，因此，应尽快健全基本养老保险征缴机制，加大基本养老保险征缴过程中的监督力度。

首先，厘清制度规定中的模糊界定。例如，关于企业基本养老保险费的缴费基数的规定有两种：企业职工工资总额和企业职工缴费基数之和。由于职工缴费基数受60%至300%的社会平均工资的限制，因此，按后者的规定作为基数的养老保险缴费将低于以前者为基数的缴费。其次，建立通用的社会保障信息系统。由于计算机技术方面的限制，不仅降低了社会保障工作中的效率，同时为漏缴、少缴基本养老保险提供了"方便"。社会保障信息系统应

---

① 瑞士的养老金调整机制中，将工资指数、物价指数的权重均等赋值，均为1/2。

② 数据来源及测算过程详见：石晨曦《城镇企业基本养老保险个人账户保障水平——基于绝对与相对水平的精算分析》。

是自上而下一体化、全覆盖的网络,并支持社保经办机构、税务机关进行查验、核实企业实际缴费情况和参保职工人数变动情况。最后,加大征缴工作的强制性和惩罚力度。设立专门的部门负责对养老保险缴费工作进行记账,并由独立的第三方负责稽查。对于故意漏缴、少缴的企业进行相关的惩罚。

下编　延伸阅读

第9章　存量角度测算养老保险基金的案例

9.1　中国城镇企业职工统筹账户养老金的财政负担[①]

9.1.1　引　言

《中共中央关于全面深化改革若干重大问题的决定》指出，建立更加公平、可持续的社会保障制度，坚持精算平衡原则。这是中共中央重大决策文件里首次写入“精算平衡”原则。依据该原则对养老保险带来的财政负担进行精算评估，能准确反映所有参保人积累的养老金权益及缴费情况，有利于发现财务危机的根源，及时采取预防措施。

对中国社会养老保险财政负担的研究，主要集中于养老保险的收支状况和财政负担存在的问题以及养老保险的特征等。贾康(2000)等认为可通过调整财政支出结构减少养老保险的隐性债务。蒋云赟(2013)通过代际核算从政府负担角度模拟分析农民工养老保险缴费率及待遇。曹艳春和路锦非(2010)测算分析了社会统筹未来的财政收支，认为整合几种养老保险制度不会给财政带来过大压力。不过，以往有关养老保险财政负担的研究基于精算的很少。即使对养老金的测算，计算式的出现也较突然，缺少引入过程，算式抽象，不便思考。更重要的是，《国务院关于完善企业职工基本养老保险制度的决定》(国发〔2005〕38号文件)的施行，使不同年龄参保人群的划分、养老保险费的征收和养老金待遇的计算发生了新的变化，养老保险财政负担的测算必须符合这些新情况。

现收现付制的统筹账户是企业职工基本养老保险的主要部分，相对于完全积累制的个人账户而言，统筹账户收不抵支是带来财政负担的最主要原因。因此，本书主要分析统筹账户养老金的财政负担。依靠养老金测算的平行四边形框架，清楚地将每个人的一生划分为工作期和退休期。基于企业职工基本养老保险制度，充分考虑各年龄参保人群适用的养老金计发方式，针对不同人群建立养老金财政负担的精算模型，衡量所有参保人在原制度下积累的养老金权益和新制度下已缴费年限对应的未来应得统筹账户养老金的精算现值。形象地展现参保人工作期缴费及退休期养老金领取情况，列式直观，便于理解。另外，通过养老

① 本节内容选自杨再贵和石晨曦发表在《经济科学》2016年第2期上的文章。

金与缴费工资之间的关系及人口的性别年龄分布计算工龄工资增长率、同年度养老金随年龄的增长率，提高了测算精度。

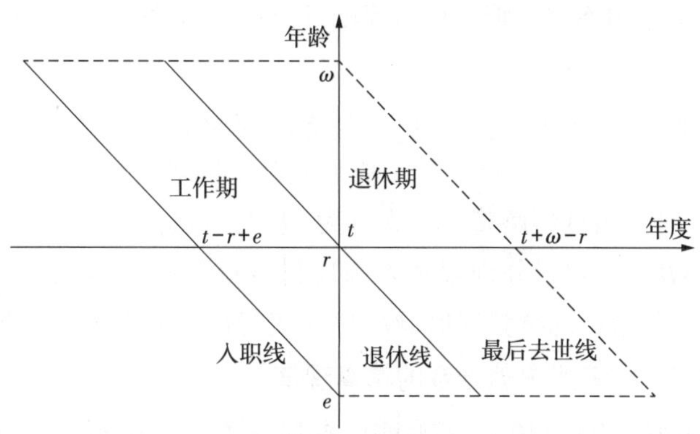

图 9.1　养老金测算的平行四边形框架

养老金测算的平行四边形框架如图 9.1 所示。以年度为横轴、年龄为纵轴建立坐标系，退休年龄 r 岁与测算时点 t 的交点位于原点。设 e 岁入职参保，终极年龄为 ω，则过点(t, e)和点$(t-r+e, r)$的斜线为入职线，过原点(t, r)平行于入职线的斜线为退休线，过点(t, ω)平行于入职线的斜线为最后去世线。3 条斜线与过点(t, e)和点(t, ω)平行于横轴的水平线围成两个平行四边形，位于第二、第三、第四象限的是参保人的工作期即缴费期，位于第一、第二、第四象限的是退休期即养老金领取期，清楚地将每个人的一生划分为两期。

9.1.2　基于平行四边形框架的财政负担精算模型

养老保险的财政负担是指养老保险未来支出的精算现值与未来收入的精算现值之差、再扣除已积累养老保险基金后的余额。采用未来法测算，可将统筹账户养老金的财政负担表述为

在测算时点的财政负担=（未来统筹账户养老金支出在该时点的精算现值-未来企业缴费收入在该时点的精算现值）-测算时点已积累的统筹账户基金

因统筹账户在制度上实行现收现付，在实践中入不敷出而且透支个人账户，因而从理论到实践都没有基金积累，故该式右边只剩括号里的两项。

假设养老保险缴费、养老金领取都发生在每年年初。根据《劳动法》规定的退休年龄，男职工为 60 岁，女干部 55 岁，女工人为 50 岁。United Nations Population Fund（2010）测算人口时假设 15 ~ 59 岁人口为劳动年龄人口，王晓军和任文东（2013）也设 15 ~ 59 岁为劳动年龄。中国的法定成人年龄为 18 周岁，考虑少数企业存在未成年员工的现象，为不低估养老金的财政负担，假设年轻人的劳动参与率随年龄逐渐上升，职工接近退休年龄时劳动参与率随年龄逐渐下降，入职参保的最低年龄为 16 岁，男女退休年龄分别为 60 岁和 52 岁[①]，终极年龄

① 王晓军（2002）、高建伟（2004）、郑秉文（2014）等也有类似的年龄假设。

为 105 岁。设 $L_{y,x}$ 为 y 年年初 x 岁的参保缴费人数，$L_{y,x}^M$ 和 $L_{y,x}^F$ 分别为男性、女性参保缴费人数。$B_{y,x}$ 为 y 年年初 x 岁参保人领取的养老金。${}_np_x$ 为 x 岁的人活过 n 年的概率。i_y, v_y, g_y, ρ_y 分别表示 y 年的实际利率、折现因子、工资增长率、养老金增长率，其中，$v_y = 1/(1+i_y)$，则令

$$V_y = (1+\rho_y)/(1+i_y),\ U_y = (1+g_{y-1})/(1+i_y)$$

基于《国务院关于建立统一的企业职工基本养老保险制度的决定》(国发〔1997〕26 号)和国发〔2005〕38 号文件，根据年龄将参保人分为“老人”“退休中人”“在职中人”和“新人”，用 PVB_t^O, PVB_t^{RM}, PVB_t^{WM}, PVB_t^N 分别表示未来应付其统筹账户养老金在 t 时的精算现值，PVC_t 表示未来应收企业缴费的精算现值，FB_t 表示统筹账户养老金的财政负担。

1)未来应付“老人”统筹账户养老金的精算现值

“老人”是指在国发〔1997〕26 号实施前已退休的人员。设新制度起点 z 为 1997 年年初，故在测算时点 t“老人”的年龄区间为 $[r+t-z,\omega]$。参照图 9.1，以男性“老人”为例，测算时点为 2015 年年初，男性“老人”的年龄区间为[78，105]。2015 年年初 105 岁“老人”已到终极年龄，会在当年内去世，因此，对其应付统筹账户养老金的精算现值为 $L_{2015,105}^M B_{2015,105}$。

2015 年年初 104 岁男性“老人”领取当年养老金后，若存活到 105 岁将在 2016 年年初领取当年的养老金，故对其未来应付统筹账户养老金的精算现值为

$$L_{2015,104}^M B_{2015,104}\left(1+p_{104}\frac{1+\rho_{2015}}{1+i_{2015}}\right) = L_{2015,104}^M B_{2015,104}(1+p_{104}V_{2015})$$

以此类推，2015 年年初对 78 岁男性“老人”未来应付统筹账户养老金的精算现值为

$$\begin{aligned} & L_{2015,78}^M B_{2015,78}\left(1+p_{78}V_{2015}+{}_2p_{78}V_{2015}V_{2016}+\cdots+{}_{27}p_{78}\prod_{k=0}^{26}V_{2015+k}\right) \\ & = L_{2015,78}^M B_{2015,78}\sum_{n=0}^{27}\frac{{}_np_{78}}{V_{2014}}\prod_{k=0}^{n}V_{2014+k} \end{aligned}$$

因此，t 年年初对 x 岁“老人”未来应付统筹账户养老金的精算现值为

$$L_{t,x}B_{t,x}\sum_{n=0}^{\omega-x}\frac{{}_np_x}{V_{t-1}}\prod_{k=0}^{n}V_{t-1+k}$$

测算时点对所有“老人”未来应付统筹账户养老金的精算现值为

$$PVB_t^O = \sum_{x=r+t-z}^{\omega}\left[L_{t,x}B_{t,x}\sum_{n=0}^{\omega-x}\frac{{}_np_x}{V_{t-1}}\prod_{k=0}^{n}V_{t-1+k}\right] \tag{9.1}$$

设同年度相邻年龄退休人员的养老金按固定比例 b 随年龄递增(简称“同年度养老金随年龄增长率”)，则

$$B_{t,x} = (1+b)^{x-r}B_{t,r},\ x\in[r,\omega] \tag{9.2}$$

$$B_{t,r} = R\cdot S_{t-1,r-1} = R\cdot(1+s)^{r-1-e}S_{t-1,e} \tag{9.3}$$

式中 R——养老金替代率；

$S_{y,x}$——y 年 x 岁参保人的缴费工资；

s——工龄工资增长率。

2)未来应付“退休中人”统筹账户养老金的精算现值

“退休中人”是指国发〔1997〕26 号文件实施前参加工作,到测算时点已退休的参保人员。在 t 时“退休中人”的年龄区间为 $[r,\ r+t-z-1]$。用 $B_{t,x}^{RMB}$ 和 $B_{t,x}^{RMT}$ 分别表示 t 年 x 岁“退休中人”应得的基础养老金和过渡养老金,设其 y 年度的增长率都为 ρ_y。参照图 9.1,以男性“退休中人”为例,2015 年年初其年龄区间为[60,77]。对 77 岁男性“退休中人”未来应付统筹账户养老金的精算现值为

$$L_{2015,77}^{M}(B_{2015,77}^{RMB}+B_{2015,77}^{RMT})\cdot\left(1+p_{77}V_{2015}+{}_2p_{77}V_{2015}V_{2016}+\cdots+{}_{28}p_{77}\prod_{k=0}^{27}V_{2015+k}\right)$$

以此类推,可得 t 年年初对 x 岁“退休中人”未来应付统筹账户养老金的精算现值为

$$\begin{aligned}&L_{t,x}(B_{t,x}^{RMB}+B_{t,x}^{RMT})\cdot\left(1+p_xV_t+{}_2p_xV_tV_{t+1}+\cdots+{}_{\omega-x}p_x\prod_{k=0}^{\omega-x-1}V_{t+k}\right)\\&=L_{t,x}(B_{t,x}^{RMB}+B_{t,x}^{RMT})\sum_{n=0}^{\omega-x}\frac{{}_np_x}{V_{t-1}}\prod_{k=0}^{n}V_{t-1+k}\end{aligned}$$

t 年年初对所有“退休中人”未来应付统筹账户养老金的精算现值为

$$PVB_t^{RM}=\sum_{x=r}^{r+t-z-1}\left[L_{t,x}(B_{t,x}^{RMB}+B_{t,x}^{RMT})\sum_{n=0}^{\omega-x}\frac{{}_np_x}{V_{t-1}}\prod_{k=0}^{n}V_{t-1+k}\right]\tag{9.4}$$

“退休中人”每年领取的统筹账户养老金以其退休当年统筹账户养老金为基础,每年随养老金增长率调整。其中,基础养老金以上年度在岗职工平均缴费工资 $\bar{S}$ 和本人指数化平均缴费工资的平均值为基数,缴费每满 1 年发给 1%。过渡养老金等于指数化平均缴费工资、计发系数、缴费年限的乘积。计发系数 ε 按规定控制在 1% ~1.4%,本书取 1.2%,故 2015 年 77 岁男性“退休中人”的基础养老金、过渡养老金分别为

$$B_{2015,77}^{RMB}=B_{1998,60}^{RMB}\prod_{k=1998}^{2014}(1+\rho_k)=\frac{\bar{S}_{1997}}{2}\left(1+\frac{1}{1998-1997}\cdot\frac{S_{1997,59}}{\bar{S}_{1997}}\right)(1998-1997)\%\prod_{k=1998}^{2014}(1+\rho_k)$$

$$B_{2015,77}^{RMT}=B_{1998,60}^{RMT}\prod_{k=1998}^{2014}(1+\rho_k)=\varepsilon[(60-16)-(1998-1997)]\frac{\bar{S}_{1997}}{1998-1997}\frac{S_{1997,59}}{\bar{S}_{1997}}\prod_{k=1998}^{2014}(1+\rho_k)$$

以此类推,2015 年 60 岁男性“退休中人”的基础养老金、过渡养老金分别为

$$B_{2015,60}^{RMB}=\frac{\bar{S}_{2014}}{2}\left(1+\frac{1}{2015-1997}\sum_{k=1}^{2015-1997}\frac{S_{2015-k,60-k}}{\bar{S}_{2015-k}}\right)(2015-1997)\%$$

$$B_{2015,60}^{RMT}=\varepsilon[(60-16)-(2015-1997)]\frac{\bar{S}_{2014}}{2015-1997}\sum_{k=1}^{2015-1997}\frac{S_{2015-k,60-k}}{\bar{S}_{2015-k}}$$

因此,t 年 x 岁“退休中人”的基础养老金、过渡养老金分别为

$$B_{t,x}^{RMB} = B_{t-(x-r),r}^{RMB} \prod_{k=t-(x-r)}^{t} \frac{1+\rho_k}{1+\rho_t}$$
$$= \frac{\bar{S}_{t-(x-r)-1}}{2}\left(1 + \frac{1}{t-(x-r)-z}\sum_{k=1}^{t-(x-r)-z}\frac{S_{t-(x-r)-k,r-k}}{\bar{S}_{t-(x-r)-k}}\right)[t-(x-r)-z]\% \prod_{k=t-(x-r)}^{t}\frac{1+\rho_k}{1+\rho_t} \tag{9.5}$$

$$B_{t,x}^{RMT} = B_{t-(x-r),r}^{RMT} \prod_{k=t-(x-r)}^{t} \frac{1+\rho_k}{1+\rho_t}$$
$$= \varepsilon\{r-e-[t-(x-r)-z]\}\frac{\bar{S}_{t-(x-r)-1}}{t-(x-r)-z}\sum_{k=1}^{t-(x-r)-z}\frac{S_{t-(x-r)-k,r-k}}{\bar{S}_{t-(x-r)-k}}\prod_{k=t-(x-r)}^{t}\frac{1+\rho_k}{1+\rho_t} \tag{9.6}$$

3）未来应付“在职中人”统筹账户养老金的精算现值

“在职中人”是指国发〔1997〕26 号文件实施前参加工作，测算时点之后退休的参保人员。t 时“退休中人”的年龄区间为$[e+t-(z-1),\ r-1]$。对“在职中人”退休时应付的统筹账户养老金也包括基础养老金和过渡养老金，分别用 $B_{t+(r-x),r}^{WMB}$ 和 $B_{t+(r-x),r}^{WMT}$ 表示。参照图 9.1，男性“在职中人”在 2015 年年初的年龄区间为[35,59]。对 59 岁男性“在职中人”未来应付统筹账户养老金的精算现值为

$$L_{2015,59}^{M}\cdot p_{59}v_{2015}(B_{2016,60}^{WMB}+B_{2016,60}^{WMT})\left(1+p_{60}V_{2016}+{}_2p_{60}V_{2016}V_{2017}+\cdots+{}_{45}p_{60}\prod_{k=0}^{44}V_{2016+k}\right)$$
$$= L_{2015,59}^{M}\cdot p_{59}v_{2015}(B_{2016,60}^{WMB}+B_{2016,60}^{WMT})\sum_{n=0}^{45}\frac{{}_np_{60}}{V_{2015}}\prod_{k=0}^{n}V_{2015+k}$$

以此类推，可得 t 年年初对 x 岁“在职中人”未来应付统筹账户养老金的精算现值为

$$L_{t,x}\cdot{}_{(r-x)}p_x\prod_{j=0}^{(r-x)-1}v_{t+j}\cdot(B_{t+(r-x),r}^{WMB}+B_{t+(r-x),r}^{WMT})\cdot\sum_{n=0}^{\omega-r}\frac{{}_np_r}{V_{t+r-x-1}}\prod_{k=0}^{n}V_{t+r-x-1+k}$$

t 年年初对所有“在职中人”未来应付统筹账户养老金的精算现值为

$$PVB_t^{WM} = \sum_{x=e+t-(z-1)}^{r-1}\left[L_{t,x}\cdot{}_{(r-x)}p_x\prod_{j=0}^{r-x-1}v_{t+j}\cdot(B_{t+(r-x),r}^{WMB}+B_{t+(r-x),r}^{WMT})\cdot\sum_{n=0}^{\omega-r}\frac{{}_np_r}{V_{t+(r-x)-1}}\prod_{k=0}^{n}V_{t+(r-x)-1+k}\right] \tag{9.7}$$

“在职中人”退休时应得基础养老金、过渡养老金计发办法与“退休中人”一致。类似于“退休中人”的情况，t 年 x 岁“在职中人”退休当年应得基础养老金和过渡养老金分别为

$$B_{t+(r-x),r}^{WMB} = \frac{\bar{S}_{t+(r-x)-1}}{2}\left(1+\frac{1}{t+(r-x)-z}\sum_{k=1}^{t+(r-x)-z}\frac{S_{t+(r-x)-k,r-k}}{\bar{S}_{t+(r-x)-k}}\right)[t+(r-x)-z]\% \tag{9.8}$$

$$B_{t+(r-x),r}^{WMT} = \varepsilon[(r-e)-(t+r-x-z)]\frac{\bar{S}_{t+r-x-1}}{t+(r-x)-z}\sum_{k=1}^{t+(r-x)-z}\frac{S_{t+(r-x)-k,r-k}}{\bar{S}_{t+(r-x)-k}} \tag{9.9}$$

4）未来应付“新人”统筹账户养老金的精算现值

“新人”是指国发〔1997〕26 号文件实施后入职参保的人员，t 时“新人”的年龄区间为$[e,\ e+t-z]$。“新人”退休后应得的统筹账户养老金只有基础养老金，用 $B_{t+(r-x),r}^{NB}$ 表示。参照

图9.1,2015 年年初 34 岁男性“新人”将在 2041 年达到退休年龄,未来应付其统筹账户养老金的精算现值为

$$L_{2015,34}^{M}\cdot {}_{26}p_{34}\prod_{j=0}^{26-1}v_{2015+j}B_{2041,60}^{NB}\left(1+p_{60}V_{2041}+{}_{2}p_{60}V_{2041}V_{2042}+\cdots+{}_{45}p_{60}\prod_{k=0}^{44}V_{2041+k}\right)$$

以此类推,t 年年初对 x 岁“新人”未来应付统筹账户养老金的精算现值为

$$L_{t,x}\cdot {}_{(r-x)}p_{x}\prod_{j=0}^{(r-x)-1}v_{t+j}\cdot B_{t+(r-x),r}^{NB}\cdot\sum_{n=0}^{\omega-r}\frac{{}_{n}p_{r}}{V_{t+r-x-1}}\prod_{k=0}^{n}V_{t+r-x-1+k}$$

t 年年初对所有“新人”未来应付统筹账户养老金的精算现值为

$$PVB_{t}^{N}=\sum_{x=e}^{e+t-z}\left[L_{t,x\,(r-x)}p_{x}\prod_{j=0}^{r-x-1}v_{t+j}B_{t+(r-x),r}^{NB}\sum_{n=0}^{\omega-r}\frac{{}_{n}p_{r}}{V_{t+r-x-1}}\prod_{k=0}^{n}V_{t+r-x-1+k}\right]\tag{9.10}$$

2015 年 34 岁男性“新人”退休时应得统筹账户养老金为

$$B_{2041,60}^{NB}=\frac{\bar{S}_{2040}}{2}\left(1+\frac{1}{60-16}\sum_{k=1}^{60-16}\frac{S_{2041-k,60-k}}{\bar{S}_{2041-k}}\right)(60-16)\%$$

以此类推,t 年 x 岁“新人”退休当年应得统筹账户养老金为

$$B_{t+(r-x),r}^{NB}=\frac{\bar{S}_{t+(r-x)-1}}{2}\left(1+\frac{1}{r-e}\sum_{k=1}^{r-e}\frac{S_{t+(r-x)-k,r-k}}{\bar{S}_{t+(r-x)-k}}\right)(r-e)\%\tag{9.11}$$

5)**未来应收企业缴费的精算现值**

企业只为“在职中人”和“新人”缴纳养老保险费,基数是上年工资,设缴费率为 c。参照图9.1,对 2015 年年初 59 岁男性参保人,政府未来应收企业缴费的精算现值为 $L_{2015,59}^{M}\cdot cS_{2014,58}$。对 2015 年年初 58 岁男性参保人,企业为其缴纳当年养老保险费后,还需在 2016 年职工 59 岁时为其缴纳当年养老保险费,故未来应收企业缴费的精算现值为

$$L_{2015,58}^{M}\cdot cS_{2014,57}\left(1+p_{58}\frac{1+g_{2014}}{1+i_{2015}}\right)=L_{2015,58}^{M}\cdot cS_{2014,57}(1+p_{58}U_{2015})$$

以此类推,对 2015 年年初 16 岁男性参保人,未来应收企业缴费的精算现值为

$$L_{2015,16}^{M}\cdot cS_{2014,15}\left(1+p_{16}U_{2015}+\cdots+{}_{43}p_{16}\prod_{k=0}^{43-1}U_{2015+k}\right)=L_{2015,16}^{M}\cdot cS_{2014,15}\sum_{n=0}^{43}\frac{{}_{n}p_{16}}{U_{2014}}\prod_{k=0}^{n}U_{2014+k}$$

因此,对 t 年年初 x 岁在职参保人,未来应收企业缴费的精算现值为

$$L_{t,x}\cdot cS_{t-1,x-1}\cdot\sum_{n=0}^{r-1-x}\frac{{}_{n}p_{x}}{U_{t-1}}\prod_{k=0}^{n}U_{t-1+k},\ x\in[e,\ r-1]$$

在 t 年年初对所有在职参保人,未来应收企业缴费的精算现值为

$$PVC_{t}=\sum_{x=e}^{r-1}\left[L_{t,x}\cdot cS_{t-1,x-1}\sum_{n=0}^{r-x-1}\frac{{}_{n}p_{x}}{U_{t-1}}\prod_{k=0}^{n}U_{t-1+k}\right]\tag{9.12}$$

其中,$S_{t,x}=(1+s)^{x-e}S_{t,e}$。从而,统筹账户养老金的财政负担为

$$FB_{t}=PVB_{t}^{O}+PVB_{t}^{RM}+PVB_{t}^{WM}+PVB_{t}^{N}-PVC_{t}$$

9.1.3 精算基础

1)工龄工资增长率

以往的研究(王晓军,2002;周渭兵,2009)是假设工龄工资增长率为1%,本书根据平均工资和新入职人员工资以及分年龄性别在职人员分布情况来计算。2014 年在职人员平均缴费工资等于当年所有在职人员缴费工资之和除以在职人员总数,即

$$\bar{S}_{2014} = \frac{L_{2014,16}S_{2014,16} + L_{2014,17}S_{2014,17} + \cdots + L_{2014,51}S_{2014,51} + L^{M}_{2014,52}S_{2014,52} + \cdots + L^{M}_{2014,59}S_{2014,59}}{L_{2014,W}}$$

$$\frac{\bar{S}_{2014}}{S_{2014,16}} = l_{16/w} + l_{17/w}(1+s) + \cdots + l_{51/w}(1+s)^{35} + l^{M}_{52/w}(1+s)^{36} + \cdots + l^{M}_{59/w}(1+s)^{43} \quad (9.13)$$

其中,52 ~59 岁的在职人员只有男性。$l_{x/w}$ 是2014 年 x 岁在职人数占在职人员总数的比例,$l^{M}_{x/w}$ 是男性在职人数占在职人员总数的比例。假设城镇职工参保人分年龄性别人口分布与全国城镇分年龄性别人口分布相同。$l_{x/w}$ 和 $l^{M}_{x/w}$ 可依据《中国人口与就业统计年鉴 2014》中的全国城市、镇分年龄性别人口分布求出。工资成分中有些计入了统计工资而没纳入缴费工资。为估计 $\bar{S}_{2014}$,设相邻两年的平均缴费工资占统计平均工资(《中国统计年鉴》里的平均工资)的比例相同,则

$$\frac{2014\text{ 年平均缴费工资}}{2014\text{ 年统计平均工资}} = \frac{2013\text{ 年平均缴费工资}}{2013\text{ 年统计平均工资}}$$

《中国统计年鉴 2015》披露,城镇在岗职工平均工资 2013 年为52 388 元,2014 年为57 361 元,因

$$2014\text{ 年养老金替代率} = \frac{2014\text{ 年平均养老金}}{2013\text{ 年平均缴费工资}}$$

而企业退休人员养老金已连续 11 年每年提高 10%,故

$$2014\text{ 年平均养老金} = 2013\text{ 年平均养老金} \times 110\%$$

《中国人力资源和社会保障年鉴 2014》披露 2013 年企业退休人员平均月退休费 1 856 元,《中国社会保险发展年度报告 2014》披露 2014 年企业退休人员养老金替代率为 67.5%,故 2013 年平均缴费工资约为 36 295 元。从而 2014 年平均缴费工资 $\bar{S}_{2014} \approx 39\,740$ 元。新入职员工是以起薪当月工资为缴费基数,智联招聘披露 2014 年职场新手工资大多集中在 2 500 ~3 500 元/月,设其为 2 600 元,则 $S_{2014,16} = 31\,200$ 元。将相关参数值代入式(9.13),通过 Excel 计算得工龄工资增长率 $s \approx 1.363\%$。

2)同年度养老金随年龄增长率

设 $B^{M}_{2015,x}$ 和 $B^{F}_{2015,x}$ 分别是 2015 年 x 岁男女退休人员领取的养老金,$l^{M}_{x/r}$ 和 $l^{F}_{x/r}$ 分别是 2015 年 x 岁男女退休人数占退休人员总数的比例。2015 年退休人员人均养老金等于 2015 年各年龄退休人员领取养老金之和除以退休人员总数,即

$$\bar{B}_{2015} = \frac{L^{F}_{2015,52}B^{F}_{2015,52} + \cdots + L^{F}_{2015,105}B^{F}_{2015,105} + L^{M}_{2015,60}B^{M}_{2015,60} + \cdots + L^{M}_{2015,105}B^{M}_{2015,105}}{L_{2015,r}}$$

且

$$\frac{B^M_{2015,60}}{B^F_{2015,52}} = \frac{R \cdot S_{2014,59}}{R \cdot S_{2014,51}} = (1+s)^8$$

整理可得

$$\frac{\bar{B}_{2015}}{B^F_{2015,52}} = l^F_{\frac{52}{r}} + \cdots + l^F_{\frac{105}{r}}(1+b)^{53} + (1+s)^8\left[l^M_{\frac{60}{r}} + \cdots + l^M_{\frac{105}{r}}(1+b)^{45}\right] \tag{9.14}$$

假设2015年城镇职工参保人员分年龄性别分布情况与2014年相同,可根据《中国人口和就业统计年鉴》中分年龄性别人口数计算 $l^M_{x/r}$ 和 $l^F_{x/r}$。《中国人力资源和社会保障年鉴2014》披露2013年企业退休人员平均月退休费1 856元,而企业退休人员养老金已连续11年每年提高10%,则2015年城镇企业退休人员平均养老金 $\bar{B}_{2015}$ = 26 949元。根据王晓军(2009)测算,养老金替代率 R 为44%,计算得2015年52岁女退休人员养老金 $B^F_{2015,52}$ = 22 351元。将相关参数值代入式(9.14),通过Excel计算得同年度养老金随年龄增长率 $b \approx 1.260\%$。

3)其他参数的设定

某年龄参保缴费职工数等于该年龄的城镇人口数、劳动参与率和养老保险覆盖率的乘积,某年龄参保的退休人员数等于该年龄城镇人口数与养老保险覆盖率的乘积。根据《中国人口与就业统计年鉴2014》的全国城市和镇分年龄性别人口分布、分年龄劳动参与率(郑秉文,2012)、养老保险覆盖率、《中国统计年鉴2015》的参保职工25 531.0万人和参保离退休人员8 593.4万人,可估计2015年年初分年龄性别的参保人数 $L_{2015,x}$[①],其中,95岁及以上年龄人口基于94岁人数和《中国人寿保险业经验生命表(2000—2003)》非养老金业务表估计得出。分年龄加总得2015年年初我国"老人""退休中人""在职中人""新人"男性分别为4 838 552人、26 331 107人、69 538 874人、65 273 043人,女性分别为14 304 704人、40 459 636人、53 456 005人、63 157 033人。为方便列缴费精算现值通式,这里用假想的新入职者上年度工资为缴费基数。其值按工龄工资增长率递减1岁,即

$$S_{2014,15} = \frac{S_{2014,16}}{1+s} = 30\,780\text{ 元}$$

参考魏吉漳(2014)等,实际利率 i 取20年期国债平均收益率4.08%。世界银行测算中国GDP实际增长率在2016—2020年为7%,2021—2025年为5.9%,2026—2030年为5%,以后各年保持不变。我国经济进入新常态后,世界银行测算中国经济增长率2016年降至

---

① 设 N 是 $e \sim r$ 岁的城镇人口数,l_x 为 $x \in [e,r]$ 岁分性别人口占 N 的比例,P_x 为 x 岁人口的劳动参与率,u 为企业职工养老保险覆盖率,则 x 岁参保缴费职工数为 $l_x NP_x u$,$e \sim r$ 岁参保缴费职工总数为 $\sum_{x=e}^{r} l_x NP_x u$。于是,$x$ 岁参保缴费职工数占参保缴费职工总数的比例为 $l_x NP_x u / \sum_{x=e}^{r} l_x NP_x u = l_x P_x / \sum_{x=e}^{r} l_x P_x$。将《中国统计年鉴2015》的参保职工数代入该式左边分母,l_x 和 P_x 代入右边,估计出参保缴费职工分年龄性别人数。同理,用《中国统计年鉴2015》的参保离退休人员数,可估计出分年龄性别的参保退休人员数。

6.7%，2017 年为 6.5%。根据世界银行的测算，参考王晓军和任文东（2013）假设工资增长率为经济增长率基础上加 1% 的办法，本书假设城镇职工未来实际工资增长率在 2015 年为 7.9%，2016—2020 年为 7.7%，2021—2025 年为 6.6%，2026—2030 年为 5.7%，以后各年保持不变。养老金随工资的增长率通常为平均工资增长率的 40% ~80%，本书取 60%。国发〔2005〕38 号文件规定，企业缴费率 c 为 20%。

9.1.4 财政负担规模及其敏感性

1）统筹账户养老金财政负担的规模

根据式（9.3）求得 $B^{M}_{2015,60}=24\ 908$ 元，$B^{F}_{2015,52}=22\ 351$ 元。将相关参数值代入式（9.1）、式（9.4）—式（9.12），算得未来应付统筹账户养老金和应收企业缴费的精算现值，进而算出 2015 年统筹账户养老金的财政负担。其结果见表 9.1。

表 9.1 未来来应付统筹账户养老金、应收企业缴费的精算现值及财政负担/元

性别	未来应付统筹账户养老金的精算现值				未来应收企业缴费的精算现值	财政负担
	“老人”	“退休中人”	“在职中人”	“新人”		
男性	1.08	4.40	27.04	27.43	33.41	26.54
女性	4.74	9.30	23.31	29.43	20.12	46.66
合计	5.82	13.70	50.35	56.86	53.53	73.20

2015 年年初企业职工统筹账户养老金财政负担约为 73.2 万亿元，占国家统计局公布的 2014 年国内生产总值 63.6 万亿元的 115.09%。其中，男性统筹账户养老金财政负担约为 26.54 万亿元，女性约为 46.66 万亿元。女性统筹账户养老金财政负担占总额的 63.74%。统筹账户养老金财政负担存在的性别差异既反映在总量上，也反映在同类参保人群中。未来应付女性“老人”人均统筹账户养老金的精算现值约为男性的 1.48 倍，女性“退休中人”人均统筹账户养老金精算现值是男性的 1.38 倍。“在职中人”统筹账户养老金财政负担也存在明显的性别差异，因为女性“在职中人”人均统筹账户养老金的精算现值是男性的 1.14 倍，而未来应收企业缴费中为女性人均缴费的精算现值只是男性的 0.58 倍。同理，“新人”的统筹账户养老金财政负担也存在明显的性别差异。

由于男女参保缴费人数比约为 0.97 : 1，无明显差异。因此，造成统筹账户养老金财政负担性别差异的主要因素是男女退休年龄的不同。女性退休年龄低于男性，而退休后余命长于男性，致使女性未来领取养老金的精算现值大于男性的，而缴费少于男性的。随着预期寿命的延长，因退休年龄不同而引起的统筹账户养老金财政负担性别差异将更加明显。“在职中人”和“新人”的统筹账户养老金财政负担占总额的 73.34%。当在职人员达到退休年龄后，政府将面临更严重的养老金支付压力。

2）敏感性分析

分别考察退休年龄、缴费率等 7 个因素对统筹账户养老金财政负担影响的敏感性，结果

见表9.2。可见,统筹账户养老金财政负担与退休年龄、缴费率、利率呈反向变动;与工资增长率、计发系数、替代率、同年度养老金随年龄增长率呈同向变动。各因素对统筹账户养老金财政负担的影响程度由强到弱依次是退休年龄、工资增长率、缴费率、利率、计发系数、替代率、同年度养老金随年龄增长率。

表9.2　各因素对统筹账户养老金财政负担的影响程度

参数	r	c	i	g	ε	R	b
弹性	-3.52	-0.73	-0.41	2.61	0.30	0.07	0.02

延迟退休将延长参保人的缴费期、缩短养老金领取期,降低老年人口抚养比,降低统筹账户养老金财政负担。虽然提高工资增长率会同时增加统筹账户养老金精算现值和未来缴费的精算现值,但因养老保险缴费是以上年度工资为缴费基数,而养老金是直接随年度递增的,相对而言养老金的增长快于养老保险缴费的增长,因此,工资增长率的提高会增加统筹账户养老金财政负担。利率主要影响贴现率,其效果与养老保险基金收益率相同,因此,统筹账户养老金财政负担对养老保险基金收益率的弹性应与其对利率的弹性相同。养老保险基金收益率的提高会降低养老保险财政负担。提高计发系数、替代率、同年度养老金随年龄增长率直接增加未来应得统筹账户养老金的精算现值,提高缴费率直接增加未来缴费的精算现值,因此,提高计发系数、替代率、同年度养老金随年龄增长率会增加统筹账户养老金的财政负担,提高缴费率会减少财政负担。

9.1.5　结论及建议

本书将养老金测算的平行四边形框架扩展为一般型,以形象易懂的方式测得2015年年初我国企业职工基本养老保险统筹账户养老金的财政负担约为73万亿元。未来应付统筹账户养老金和应收企业缴费的精算现值及财政负担均存在性别差异,说明社会统筹账户内存在性别间再分配。在职人员积累的养老金权益占统筹账户养老金财政负担的73%。只有提前采取措施,才能避免在职人员达到退休年龄时出现养老金支付危机。敏感性分析发现,提高退休年龄、缴费率和养老保险基金收益率都会减小统筹账户养老金的财政负担,提高工资增长率、计发系数、替代率及同年度养老金随年龄增长率都会增加统筹账户养老金的财政负担。统筹账户养老金财政负担对退休年龄、工资增长率、缴费率及养老基金收益率更为敏感。为减轻未来养老金负担,避免出现支付困难,缩小统筹账户内存在的性别差异,可采取以下措施:

1)适时推出适度延迟退休的政策

敏感性分析显示,退休年龄对财政负担的反向影响最大,因此,提高退休年龄是控制统筹账户养老金财政负担规模的最有效方法。考虑我国养老保险碎片化等复杂情况,刚性延迟退休政策不易实施,并且极可能导致不稳定因素。因此,可采用弹性延迟退休的办法实现平稳过渡。

2)延迟退休政策应重点和优先考虑女职工

测算结果显示,企业职工基本养老保险存在明显的男性基础养老金向女性基础养老金转移的再分配效应。主要是由于我国女性参保人退休年龄低于男性而平均余命长于男性,使女性未来领取养老金的精算现值高于男性而缴费低于男性。因此,延迟退休政策应重点和优先考虑女职工退休年龄的提高。

3)提高养老保险基金的投资收益率

收益率低不仅制约养老保险财务可持续性,而且会降低人们参保积极性。2015 年国务院印发的《基本养老保险基金投资管理办法》允许我国养老保险基金投入资本市场。《中共中央关于制定国民经济和社会发展第十三个五年规划的建议》同样提出拓宽社会保险基金投资渠道,加强风险管理,提高投资回报率。

4)养老保险缴费率可适当下调而替代率可适当上调

敏感性分析显示,工资增长率、计发系数、替代率等对统筹账户养老金财政负担的同向影响程度之和,远不及延迟退休的反向影响程度。若延迟退休政策能适时适度推出、养老保险基金收益率能逐步提高,则适当下调缴费率不会导致统筹账户养老金财政负担增大,养老金替代率也适当上调。

5)统筹把握各参数的调整力度,健全养老金的调整机制

综合考虑统筹账户养老金财政负担对各因素的敏感程度以及各因素间的逻辑关系、变量的可调整性,通过渐进式延迟退休、增收节支等多种方式相结合,建立与经济发展水平、收入水平、物价水平相适应的养老金调整机制。

9.2 企业职工个人账户养老金的财政负担与替代率[①]

9.2.1 引 言

2016 年政府工作报告提出财政赤字率提高到 3%,首次触碰欧盟所谓“3% 的国际警戒线”。自中国的机关事业单位基本养老保险与企业职工基本养老保险制度实行并轨,政府高度关注财政负担,社会舆论也广泛关心财政承受能力。2014 年城镇职工基本养老保险个人账户累计记账额达到 40 974 亿元,远高于 2014 年城镇职工基本养老保险基金累计结余额 9 174 亿元。也就是说,即使将城镇职工基本养老保险基金积累的所有资金填补个人账户,个人账户仍存在大额亏空[②]。自 1997 年建立统一的企业职工基本养老保险制度以来,个

① 本节内容选自杨再贵和石晨曦发表在《财政研究》2016 年第 7 期上的文章(略有改动)。

② 数据来源:郑秉文主编的《中国养老金发展报告 2015——“第三支柱”商业养老保险顶层设计》。

人账户"空账"、基金收不抵支、养老金替代率低等问题不断引起学界讨论和社会议论，而人口寿命的延长进一步加重了未来个人账户养老金的支付负担。那么，企业职工基本养老保险个人账户养老金的财政负担究竟指的是什么？个人账户养老金到底会给财政带来多大的负担？现行养老金替代率究竟是多少？利用精算方法测算养老保险的收支情况，明确个人账户养老金未来支出及财政负担，有利于分析个人账户养老金的长期财务状况，便于发现潜在风险、制定财务可持续的保证公平性的政策方案。

以往学者对个人账户养老金测算的研究主要集中于个人账户收支平衡和支付能力的分析。邱菀华和高建伟(2012)建立养老金给付的精算模型，认为现行政策中个人账户养老金发放标准偏高。张勇(2007)构建精算模型分析了个人账户支付能力，认为长期内个人账户不具有财务可持续性。周渭兵(2009)认为现行基本养老保险利率制度使个人账户存在收不抵支的风险，提高个人账户收益率有利于实现个人账户基金收支平衡、提高退休人员待遇水平。曾益(2013)等分职工类别建立精算模型，分析了不同延迟退休方案下个人账户养老金财政补助变动情况，认为延迟退休只能短时期降低政府补助。金赟(2014)通过构建精算模型对个人账户未来每期收支情况进行了测算，认为虽然未来 10 年个人账户具有财务可持续性，但做实比例较低。以往关于个人账户的研究还存在一定局限性。首先，这些研究多是针对个人账户当期或未来某个时点的收支情况进行分析，缺少对个人账户养老金财政负担的研究。其次，在以往的测算研究中计算式的出现比较突然，缺少引入过程，算式比较抽象，不便思考。最后，我国经济进入"新常态"后经济系列因素已改变，测算个人账户收支的基准精算假设应符合这些新变化。

本书基于企业职工基本养老保险制度和养老金测算的平行四边形框架，充分考虑各年龄参保人群适用的养老金计发方式，针对不同参保人群建立未来个人账户养老金支出、财政负担及替代率的精算模型，形象地展现参保人员退休期养老金领取及存在的超支情况，列式更为直观，便于理解。另外，通过养老金与缴费工资间的关系及人口的性别年龄分布计算出工龄工资增长率，提高了测算精度。本书以一种形象的方式来测算个人账户养老金财政负担和替代率，并分析个人账户养老金财政负担、替代率对主要影响因素的敏感程度，提出相关的政策建议。

9.2.2 基于平行四边形框架的模型设计

养老金测算的平行四边形框架是以年度为横轴、年龄为纵轴建立二维坐标系[①]。该平行四边形框架清楚地将每个人的一生划分为工作期和退休期。基于此框架，本书进行城镇企业职工个人账户养老金财政负担的测算。按企业职工基本养老保险的制度设计，参保人个人缴费的积累额仅够用于发放计发月数内的个人账户养老金或遗产继承。因此，个人账户养老金在测算时点的财政负担是参保人员退休后余命超过计发月数后领取的个人账户养老金在该时点的精算现值。

---

① 养老金测算的平行四边形框架详见杨再贵和石晨曦(2016)。

根据《劳动法》有关退休年龄的规定，并参考郑秉文(2014)、United Nations Population Fund(2010)、高建伟和高明(2006)有关劳动年龄人口的选择，本书假设职工入职参保年龄为18岁，男女退休年龄分别为60岁和52岁，终极年龄为105岁。$L_{t,x}$ 表示 t 年年初 x 岁的参保人数，其中，男、女人数分别为 $L_{t,x}^{M}$ 和 $L_{t,x}^{F}$。${}_{n}p_{x}$ 表示 x 岁的人活过 n 年的概率。j_t, i_t, v_t, g_t 分别表示 t 年的记账利率、市场利率、折现因子、工资增长率，其中，$v_t=1/(1+i_t)$。令 $J_t=(1+g_{t-1})/(1+j_t)$。

《国务院关于建立统一的企业职工基本养老保险制度的决定》(国发〔1997〕26号)统一了企业职工基本养老保险制度，开始全面实施个人账户积累，因此，将个人账户建立的年份 z 定为1997年年初。本书将参保人员分为"老人""退休中人""在职中人"和"新人"，划分标准及所属年龄区间见表9.3。

表9.3 参保人群划分标准及年龄区间

类　别	划分标准	所属年龄区间
"老人"	国发〔1997〕26号文件实施前已经退休	$[r+t-z,\omega]$
"退休中人"	国发〔1997〕26号文件实施前参加工作，到测算时点已经退休的参保人员	$[r,r+t-z-1]$
"在职中人"	国发〔1997〕26号文件实施前参加工作，测算时点之后退休的参保人员	$[e+t-(z-1),r-1]$
"新人"	国发〔1997〕26号文件实施后参加工作	$[e,e+t-z]$

由于"老人"在国发〔1997〕26号文件实施前已经退休，没有建立个人账户。因此，只有"退休中人""在职中人"和"新人"个人账户养老金会导致财政负担。用 PVI_t^{RM}, PVI_t^{WM}, PVI_t^{N} 分别表示未来应付"退休中人""在职中人"和"新人"个人账户老金在 t 时的精算现值，PVI_t 表示未来应付 t 时全体参保人个人账户养老金的精算现值，FB_t 表示 t 时个人账户养老金财政负担。

1)**未来个人账户养老金精算现值模型**

(1)未来应付"退休中人"个人账户养老金的精算现值

假设养老保险缴费、养老金领取都发生在每年年初。以男性"退休中人"为例，在2015年年初其年龄区间为[60,77]。用 $I_{t,x}^{RM}$ 表示 t 年 x 岁"退休中人"年领个人账户养老金，则对于77岁男性"退休中人"，未来应付其个人账户养老金的精算现值为

$$L_{2015,77}^{M} I_{2015,77}^{RM} \cdot \left(1 + p_{77} v_{2015} + {}_{2}p_{77} v_{2015} v_{2016} + \cdots + {}_{28}p_{77} \prod_{k=0}^{27} v_{2015+k}\right)$$

2015年年初对60岁男性"退休中人"未来应付个人账户养老金的精算现值为

$$L_{2015,60}^{M} I_{2015,60}^{RM} \cdot \left(1 + p_{60} v_{2015} + {}_{2}p_{60} v_{2015} v_{2016} + \cdots + {}_{45}p_{60} \prod_{k=0}^{44} v_{2015+k}\right)$$

因此，t 年年初对 x 岁的"退休中人"未来应付个人账户养老金的精算现值为

$$L_{t,x}I_{t,x}^{RM}\cdot\left(1+p_x v_t+{}_2p_x v_t v_{t+1}+\cdots+{}_{\omega-x}p_x\prod_{k=0}^{\omega-x-1}v_{t+k}\right)=L_{t,x}I_{t,x}^{RM}\sum_{n=0}^{\omega-x}\frac{{}_np_x}{v_{t-1}}\prod_{k=0}^{n}v_{t-1+k}$$

则测算时点对所有"退休中人"未来应付个人账户养老金的精算现值为

$$PVI_t^{RM}=\sum_{x=r}^{r+t-z-1}\left[L_{t,x}\cdot I_{t,x}^{RM}\sum_{n=0}^{\omega-x}\frac{{}_np_x}{v_{t-1}}\prod_{k=0}^{n}v_{t-1+k}\right] \tag{9.15}$$

《国务院关于完善企业职工基本养老保险制度的决定》(国发〔2005〕38 号文件)规定对于缴费满 15 年的人员退休时领取的个人账户养老金月标准为个人账户储存额除以计发月数。参保人在职期间缴纳养老保险费是以上年工资为基数,设缴费率为 c, m_x 表示个人账户养老金计发月数,根据国发〔2005〕38 号文件附件,退休年龄为 60 岁的计发月数为 139 个月。

2015 年 77 岁男"退休中人"个人账户养老金是其退休当年应得个人账户养老金,即

$$I_{2015,77}^{RM}=I_{1998,60}^{RM}=\frac{12cS_{1996,58}(1+j_{1997})}{139}$$

以此类推,2015 年 60 岁男"退休中人"个人账户养老金为

$$\begin{aligned}I_{2015,60}^{RM}&=\frac{12}{139}\Big[cS_{2013,58}(1+j_{2014})+cS_{2012,57}(1+j_{2013})(1+j_{2014})+\cdots+\\&\quad cS_{1996,41}\prod_{h=0}^{2015-1997-1}(1+j_{1997+h})\Big]\\&=\frac{12}{139}cS_{1996,41}\prod_{h=0}^{2015-1997-1}(1+j_{1997+h})(J_{1997}J_{1998}\cdot\cdots\cdot J_{2013}+\\&\quad J_{1997}J_{1998}\cdot\cdots\cdot J_{2012}+\cdots+1)\\&=\frac{12}{139}cS_{1996,41}\prod_{h=0}^{2015-1997-1}(1+j_{1997+h})\sum_{k=0}^{17}\frac{1}{J_{1996}}\prod_{n=0}^{k}J_{1996+n}\end{aligned}$$

因此,t 年 x 岁"退休中人"个人账户养老金是其退休当年应得个人账户养老金,即

$$I_{t,x}^{RM}=I_{t+r-x,r}^{RM}=\frac{12}{m_x}cS_{z-1,r-(t+r-x-z)-1}\prod_{h=0}^{t+r-x-z-1}(1+j_{z+h})\sum_{k=0}^{t+r-x-z-1}\frac{1}{J_{z-1}}\prod_{n=0}^{k}J_{z-1+n} \tag{9.16}$$

(2)未来应付"在职中人"个人账户养老金的精算现值

以男性"在职中人"为例,在 2015 年年初其年龄区间为[37,59]。用 $I_{t,x}^{WM}$ 表示 t 年 x 岁"在职中人"退休后年领个人账户养老金。对 59 岁男性"在职中人"未来应付个人账户养老金的精算现值为

$$L_{2015,59}^{M}\cdot p_{59}v_{2015}I_{2016,60}^{WM}\left(1+p_{60}v_{2016}+{}_2p_{60}v_{2016}v_{2017}+\cdots+{}_{45}p_{60}\prod_{k=0}^{44}v_{2016+k}\right)$$

以此类推,2015 年年初对 37 岁男性"在职中人"未来应付个人账户养老金的精算现值为

$$\begin{aligned}&L_{2015,37}^{M}\cdot{}_{23}p_{37}\prod_{j=0}^{23-1}v_{2015+j}I_{2038,60}^{WM}\left(1+p_{60}v_{2038}+{}_2p_{60}v_{2038}v_{2039}+\cdots+{}_{45}p_{60}\prod_{k=0}^{44}v_{2038+k}\right)\\&=L_{2015,37}^{M}\cdot{}_{23}p_{37}\prod_{j=0}^{23-1}v_{2015+j}I_{2038,60}^{WM}\sum_{n=0}^{45}\frac{{}_np_{60}}{v_{2014+23}}\prod_{k=0}^{n}v_{2014+23+k}\end{aligned}$$

t 年年初对 x 岁的“在职中人”未来应付个人账户养老金的精算现值为

$$L_{r,x}\cdot{}_{(r-x)}p_x\prod_{j=0}^{(r-x)-1}v_{t+j}I^{WM}_{t+(r-x),r}\cdot\sum_{n=0}^{\omega-r}\frac{{}_np_r}{v_{t+r-x-1}}\prod_{k=0}^{n}v_{t+r-x-1+k}$$

则测算时点对所有“在职中人”未来应付个人账户养老金的精算现值为

$$PVI^{WM}_t=\sum_{x=e+t-(z-1)}^{r-1}\left[L_{t,x}\cdot{}_{r-x}p_x\prod_{j=0}^{r-x-1}v_{t+j}I^{WM}_{t+(r-x),r}\sum_{n=0}^{\omega-r}\frac{{}_np_r}{v_{t+r-x-1}}\prod_{k=0}^{n}v_{t+r-x-1+k}\right]\tag{9.17}$$

“在职中人”退休后个人账户养老金计算方法与“退休中人”个人账户养老金计算方法相似，因此，t 年 x 岁“在职中人”退休后年领个人账户养老金为

$$I^{WM}_{t,x}=I^{WM}_{t+r-x,r}=\frac{12}{m_x}cS_{z-1,r-(t+r-x-z)-1}\prod_{h=0}^{t+r-x-z-1}(1+j_{z+h})\sum_{k=0}^{t+r-x-z-1}\frac{1}{J_{z-1}}\prod_{n=0}^{k}J_{z-1+n}\tag{9.18}$$

(3)未来应付“新人”个人账户养老金的精算现值

用 $I^N_{t,x}$ 表示 t 年 x 岁“新人”退休后年领个人账户养老金。以男性“新人”为例，2015 年年初 36 岁男性“新人”将在 2041 年达到退休年龄，则未来应付其个人账户养老金的精算现值为

$$L^M_{2015,36}\cdot{}_{24}p_{36}\prod_{j=0}^{24-1}v_{2015+j}I^N_{2039,60}\left(1+p_{60}v_{2039}+{}_2p_{60}v_{2039}v_{2040}+\cdots+{}_{45}p_{60}\prod_{k=0}^{44}v_{2039+k}\right)$$

因此，t 年对 x 岁“新人”未来应付个人账户养老金的精算现值为

$$L_{t,x}\cdot{}_{(r-x)}p_x\prod_{j=0}^{(r-x)-1}v_{t+j}\cdot I^N_{t+(r-x),r}\cdot\sum_{n=0}^{\omega-r}\frac{{}_np_r}{v_{t+r-x-1}}\prod_{k=0}^{n}v_{t+r-x-1+k}$$

则测算时点对所有“新人”未来应得个人账户养老金的精算现值为

$$PVI^N_t=\sum_{x=e}^{e+t-z}\left[L_{t,x(r-x)}p_x\prod_{j=0}^{r-x-1}v_{t+j}\cdot I^N_{t+(r-x),r}\cdot\sum_{n=0}^{\omega-r}\frac{{}_np_r}{v_{t+r-x-1}}\prod_{k=0}^{n}v_{t+r-x-1+k}\right]\tag{9.19}$$

2015 年 36 岁“新人”退休当年应得个人账户养老金为

$$\begin{aligned}I^N_{2039,60}&=\frac{12}{139}\Big[cS_{2037,58}(1+j_{2038})+cS_{2036,57}(1+j_{2037})(1+j_{2038})+\cdots+\\&\quad cS_{1996,17}\prod_{h=0}^{2039-1997-1}(1+j_{1997+h})\Big]\\&=\frac{12}{139}cS_{1996,17}\prod_{h=0}^{2039-1997-1}(1+j_{1997+h})(J_{1997}\cdot\cdots\cdot J_{2037}+J_{1997}\cdot\cdots\cdot J_{2036}+\cdots+1)\\&=\frac{12}{139}cS_{1996,17}\prod_{h=0}^{2039-1997-1}(1+j_{1997+h})\sum_{k=0}^{41}\frac{1}{J_{1996}}\prod_{n=0}^{k}J_{1996+n}\end{aligned}$$

以此类推，t 年 x 岁“新人”退休当年应得个人账户养老金为

$$I^N_{t,x}=I^N_{t+r-x,r}=\frac{12}{m_x}cS_{t-(x-e)-1,e-1}\prod_{h=0}^{r-e-1}(1+j_{t-(x-e)+h})\sum_{k=0}^{r-e-1}\frac{1}{J_{t-(x-e)-1}}\prod_{n=0}^{k}J_{t-(x-e)-1+n}\tag{9.20}$$

未来应付个人账户养老金的精算现值为

$$PVI_t=PVI^{RM}_t+PVI^{WM}_t+PVI^N_t$$

2)个人账户养老金财政负担模型

参保人员退休后余命超过 m_x 个月后领取的个人账户养老金构成个人账户养老金的财

政负担。$[m_x/12]$表示不大于 $m_x/12$ 的最大整数，$I_{t+r-x,r}$ 表示参保人退休当年应得的个人账户养老金，对应不同年龄区间参保人在退休当年应得的个人账户养老金。

以男性为例，对 72 岁及以上退休人员，由于其余命已经超过计发月数，故其未来领取的个人账户养老金均为个人账户的财政负担。因此，t 时对于退休已满计发月数的参保人，其个人账户养老金财政负担为

$$L_{t,x} \cdot I_{t+r-x,r} \sum_{n=0}^{\omega-x} \frac{{}_n p_x}{v_{t-1}} \prod_{k=0}^{n} v_{t-1+k}, x \in [y, r+t-z-1]$$

其中

$$y = \left[\frac{m_x}{12}\right] + r$$

2015 年 71 岁退休人员，其个人账户养老金财政负担为

$$L_{2015,71} I_{2004,60}^{RM} \left\{ \left[\frac{m_x}{12}\right] + 1 - \frac{m_x}{12} + \left(p_{71} v_{2015} + {}_2p_{71} v_{2015} v_{2016} + \cdots + {}_{34}p_{71} \prod_{k=0}^{33} v_{2015+k} \right) \right\}$$

以此类推，2015 年 18 岁男性在职人员，其个人账户养老金财政负担为

$$\begin{aligned} & L_{2015,18} \cdot {}_{53}p_{18} \cdot \prod_{j=0}^{53-1} v_{2015+j} I_{2057,60}^{N} \left\{ \left[\frac{m_x}{12}\right] + 1 - \frac{m_x}{12} + \left(p_{71} v_{2068} + {}_2p_{71} v_{2068} v_{2069} + \cdots + \right.\right. \\ & \left.\left. {}_{34}p_{71} \prod_{k=0}^{33} v_{2068+k} \right) \right\} \\ & = L_{2015,18} \cdot {}_{53}p_{18} \cdot \prod_{j=0}^{53-1} v_{2015+j} I_{2057,60}^{N} \left\{ \left[\frac{m_x}{12}\right] + 1 - \frac{m_x}{12} + \sum_{n=1}^{34} {}_n p_{71} \prod_{k=0}^{n-1} v_{2068+k} \right\} \end{aligned}$$

对 t 时退休未满计发月数的参保人和未退休的参保人，其个人账户养老金财政负担为

$$L_{t,x} \cdot {}_{y-x}p_x \prod_{j=0}^{y-x-1} v_{t+j} I_{t+r-x,r} \left\{ \left[\frac{m_x}{12}\right] + 1 - \frac{m_x}{12} + \sum_{n=1}^{\omega-y} {}_n p_y \prod_{k=0}^{n-1} v_{t+y-x+k} \right\}, x \in [e, y]$$

则测算时点对所有参保人，个人账户养老金财政负担为

$$\begin{aligned} FB_t = & \sum_{x=e}^{y} L_{t,x} \cdot {}_{y-x}p_x \prod_{j=0}^{y-x-1} v_{t+j} I_{t+r-x,r} \left\{ \left[\frac{m_x}{12}\right] + 1 - \frac{m_x}{12} + \sum_{n=1}^{\omega-y} {}_n p_y \prod_{k=0}^{n-1} v_{t+y-x+k} \right\} + \\ & \sum_{x=y}^{r+t-z-1} \left[L_{t,x} \cdot I_{t,x} \sum_{n=0}^{\omega-x} \frac{{}_n p_x}{v_{t-1}} \prod_{k=0}^{n} v_{t-1+k} \right] \end{aligned} \quad (9.21)$$

3）**个人账户养老金替代率模型**

个人账户养老金替代率是参保人员退休后个人账户养老金与退休前一年平均工资的比值，是反映退休人员待遇水平的指标之一。根据式(9.16)、式(9.18)、式(9.20)及各年平均工资间的关系，可得“退休中人”“在职中人”“新人”个人账户养老金替代率分别为

$$IR^{RM} = \frac{12c}{m_x \prod_{h=0}^{t+r-x-z-1} J_{z+h}} \sum_{k=0}^{t+r-x-z-1} \frac{1}{J_{z-1}} \prod_{m=0}^{k} J_{z-1+n} \quad (9.22)$$

$$IR^{WM} = \frac{12c}{m_x \prod_{h=0}^{t+r-x-z-1} J_{z+h}} \sum_{k=0}^{t+r-x-z-1} \frac{1}{J_{z-1}} \prod_{n=0}^{k} J_{z-1+n} \quad (9.23)$$

$$IR^N = \frac{12c}{m_x \prod_{h=0}^{r-e-1} J_{t-(x-e)+h}} \sum_{k=0}^{r-e-1} \frac{1}{J_{t-(x-e)-1}} \prod_{n=0}^{k} J_{t-(x-e)-1+n} \quad (9.24)$$

9.2.3 精算基础

1)工龄工资增长率

不同年度同年龄工资之间受年度工资增长率消除工龄工资增长率后的因素影响,则

$$S_{t+m,x} = \left[\frac{1+g}{1+s}\right]^m S_{t,x} \quad (9.25)$$

同年度不同年龄工资之间只存在工龄或绩效差别,则

$$S_{t.\,x+n} = (1+s)^n S_{t,x} \quad (9.26)$$

根据式(9.25)、式(9.26)将式(9.16)、式(9.18)、式(9.20)分别化简为

$$I^{RM}_{t-(x-r),r} = (12/m_x)c(1+s)^{x-e-1} S_{t-1,e} \sum_{k=1}^{t+r-x-z} (1+g)^{r-x-k}(1+j)^k \quad (9.16')$$

$$I^{WM}_{t+r-x,r} = (12/m_x)c(1+s)^{x-e-1} S_{t-1,e} \sum_{k=1}^{t+r-x-z} (1+g)^{r-x-k}(1+j)^k \quad (9.18')$$

$$I^{N}_{t+r-x,r} = (12/m_x)c(1+s)^{x-e-1} S_{t-1,e} \sum_{k=1}^{r-e} (1+g)^{r-x-k}(1+j)^k \quad (9.20')$$

以往的研究(王晓军,2002;周渭兵,2009)是假设工龄工资增长率为 1%,本书根据平均工资和新入职人员工资以及分年龄性别在职人员分布情况来计算。2014 年在职人员平均缴费工资等于当年所有在职人员缴费工资之和除以在职人员总数,其中,男女退休年龄差异使 52 ~59 岁的在职人员只有男性,则

$$\bar{S}_{2014} = \frac{L_{2014,18}S_{2014,18} + L_{2014,19}S_{2014,19} + \cdots + L_{2014,51}S_{2014,51} + L^M_{2014,52}S_{2014,52} + \cdots + L^M_{2014,59}S_{2014,59}}{L_{2014,w}}$$

$$\frac{\bar{S}_{2014}}{S_{2014,18}} = l_{\frac{18}{w}} + l_{\frac{19}{w}}(1+s) + \cdots + l_{\frac{51}{w}}(1+s)^{33} + l^M_{\frac{52}{w}}(1+s)^{34} + \cdots + l^M_{\frac{59}{w}}(1+s)^{41} \quad (9.27)$$

式中 $l_{\frac{x}{w}}$——2014 年 x 岁在职人数占在职人员总数的比例;

$l^M_{\frac{x}{w}}$——2014 年 x 岁男性在职人数占在职人员总数的比例。

假设城镇职工参保人员分年龄性别人口分布情况与全国城镇分年龄性别人口分布情况相同。$l_{x/w}$ 和 $l^M_{x/w}$ 可由《中国人口与就业统计年鉴 2015》中的全国城市、镇分年龄性别人口分布情况求出。根据《中国统计年鉴 2015》城镇在岗职工 2013 年平均工资为 52 388 元,缴费工资约为统计年鉴里平均工资的 69. 3%①。《中国统计年鉴 2015》披露 2014 年在岗职工平均工资为 57 361 元,假设缴费工资占统计平均工资的比例各年相同,则 2014 年平均缴费工资 $\bar{S}_{2014} \approx 39\,751$ 元。新入职员工是以起薪当月工资为缴费基数,2014 年职场新手工资大多

① 2013 年企业退休人员月均退休费为 1 856 元(《中国人力资源和社会保障年鉴 2014》),考虑政府连续 11 年以 10% 的增长率提高了企业退休人员基本养老金水平,则 2014 年月均退休费约为 2042 元。由于基本养老金等于上年平均工资乘以养老金替代率,《中国社会年度发展报告 2014》披露 2014 年养老金替代率为 67. 5%,因此,2013 年平均工资约为 36 295 元,占统计年鉴里 2013 年在岗职工平均工资的 69. 3%。

集中在 2 500 ~3 500 元/月[①],设其为 2 600 元,则 $S_{2014,18}$ =31 200 元。将相关参数值代入式(9. 21)通过 Excel 计算得到的工龄工资增长率 s 约为 1. 29% 。

2)其他参数设置

参考杨再贵和石晨曦(2016),根据全国城市和镇分年龄性别人口分布、分年龄劳动参与率、养老保险覆盖率及参保职工、参保离退休人员人数,估计 2015 年年初分年龄性别的参保人数 $L_{2015,x}$。由于统计年鉴中未提供 95 岁及以上人口分布情况,因此,根据 94 岁人数和《中国人寿保险业经验生命表(2000—2003)》非养老金业务表估计出。世界银行测算中国 GDP 实际增长率在 2016—2020 年为 7% , 2021—2025 年为 5. 9% , 2026—2030 年为 5% ,以后各年保持不变。我国经济进入新常态后,世界银行测算中国经济增长率 2016 年下调至 6. 7% (低于 2015 年的 6. 9%),2017 年降为 6. 5% 。因此,设工资增长率高出经济增长率 0% ~1% ,城镇职工未来实际工资增长率在 2015 年为 7. 9% , 2016—2020 年为 7. 7% , 2021—2025 年为 6. 6% , 2026—2030 年为 5. 7% ,以后各年保持不变。为方便计算, 2014 年之前工资增长率用不变的复合年均值为 7. 13% 。实际利率 i 取 20 年期国债平均收益率 4. 08% 。按以往实际做法,个人账户的名义记账利率为一年期银行存款利率。根据中国人民银行发布的金融机构人民币一年期存款基准利率,算得 1995 年年末至 2015 年年末的名义年利率复合值约为 3. 27% 。根据国家统计局网站里的数据算得这 20 年居民消费价格指数年复合值约为 2. 22%[②]。则实际记账利率约为 1. 05% 。根据国发〔2005〕38 号文件,个人缴费率为 8% 。测算时点为 2015 年年初,即 t=2015。

9.2.4 个人账户养老金的财政负担和替代率

1)个人账户养老金的财政负担

将相关参数值代入式(9. 15)、式(9. 16′)、式(9. 17)、式(9. 18′)、式(9. 19)、式(9. 20′),可得应付个人账户养老金在 2015 年年初的精算现值;根据式(9. 21)及相关参数值,可测算出在 2015 年年初的个人账户养老金财政负担。其结果见表 9. 4。

表 9. 4 未来个人账户养老金支出及财政负担

参保人员类别	应付个人账户养老金的精算现值		财政负担	
	男性	女性	男性	女性
“退休中人”	7. 392E+11	8. 614E+11	3. 568E+11	4. 050E+11
“在职中人”	5. 693E+12	3. 370E+12	1. 995E+12	1. 158E+12
“新人”	6. 776E+12	5. 453E+12	2. 374E+12	1. 870E+12
合计	1. 321E+13	9. 685E+12	4. 726E+12	3. 433E+12
	2. 289E+13		8. 159E+12	

① 数据来源:智联招聘发布的《2014 年高校 10 大专业就业“钱”景报告》。

② 根据国家统计局《2015 年 12 月份居民消费价格同比上涨 1. 6% 》报道,由于 2015 年全国居民消费价格总水平比上年上涨 1. 4% ,因此, 2015 年居民消费价格指数为 101. 4(上年为 100)。

由表 9.4 可知,未来应付城镇企业职工个人账户养老金在 2015 年年初的精算现值约为 22.89 万亿元,其中,财政负担约为 8.16 万亿元。政府负担的个人账户养老金占参保人员缴费负担的个人账户养老金的 55.37%①。说明,现行个人账户养老金计发办法中计发月数偏低,个人账户未来支付负担中很大一部分是由参保人员退休后余命超过计发月数造成的,这部分养老金支出没有养老保险缴费收入与之对应,构成个人账户养老金财政负担。在职人员个人账户的财政负担占个人账户养老金财政负担的 90.66%。当现阶段在职人员达到退休年龄后,个人账户超支现象将更加明显。在长寿风险、人口老龄化的趋势下,若保持现有养老保险制度不变,随着退休后余命超过个人账户计发月数的参保人数增加,将加重个人账户财政负担。若不提前采取措施,将严重影响未来个人账户基金财务可持续性。

2)个人账户养老金替代率

根据式(9.22)—式(9.24)及相关参数值,可计算各年龄参保人员个人账户养老金替代率。其结果见表 9.5。

表 9.5 分年龄性别参保人个人账户养老金替代率/%

年龄	男性	女性	年龄	男性	女性	年龄	男性	女性
18	12.59	8.67	34	11.81	7.83	50	9.17	5.90
19	12.56	8.64	35	11.73	7.75	51	8.98	5.78
20	12.53	8.61	36	11.65	7.66	52	8.79	5.61
21	12.50	8.57	37	10.97	7.76	53	8.58	5.53
22	12.47	8.54	38	11.51	7.51	54	8.45	5.32
23	12.43	8.50	39	11.35	7.33	55	8.32	5.09
24	12.39	8.45	40	11.18	7.26	56	8.17	4.82
25	12.35	8.41	41	11.00	7.10	57	8.02	4.59
26	12.30	8.36	42	10.82	6.89	58	7.86	4.35
27	12.25	8.31	43	10.62	6.75	59	7.70	4.09
28	12.20	8.25	44	10.42	6.60	60	7.47	3.82
29	12.15	8.19	45	10.21	6.44	61	7.36	3.53
30	12.09	8.13	46	9.99	6.35	62	7.08	3.28
31	12.02	8.06	47	9.76	6.25	63	6.78	2.94
32	11.96	7.99	48	9.66	6.14	64	6.41	2.58
33	11.89	7.91	49	9.45	6.03	65	6.11	2.19

① 等于个人账户养老金财政负担与扣除财政负担后的个人账户养老金精算现值的比值,即(8.159E+12)/(2.289E+13−8.159E+12)=55.37%。

续表

年龄	男性	女性	年龄	男性	女性	年龄	男性	女性
66	5.79	1.80	70	4.31		74	2.39	
67	5.44	1.39	71	3.87		75	1.85	
68	5.08	0.95	72	3.40		76	1.27	
69	4.69	0.49	73	2.91		77	0.65	

可见,随着参保人员年龄的增加,个人账户养老金替代率递减;同年龄参保人员中男性的个人账户养老金替代率高于女性。个人账户养老金是由缴费积累额与计发月数决定,因此,参保人员缴费期越长、工作期缴费越多,其退休后领取的个人账户养老金越多。另外,对于“新人”而言,虽然其缴费期长度相同,但各年龄个人账户养老金替代率仍存在差异,并且均低于目标替代率①。18 岁的男性职工退休后个人账户养老金替代率可达到 12.59%,女性约为 8.67%;36 岁的男性职工退休后个人账户养老金替代率约为 11.65%,女性约为 7.66%。缴费期相同时,个人账户养老金替代率的差异主要是由缴费工资不同引起的。

9.2.5　敏感性分析

1)个人账户养老金财政负担的敏感性分析

在其他参数不变的前提下,分别对退休年龄、缴费率、记账利率、工资增长率及计发月数 5 个参数变动对个人账户养老金财政负担的影响进行敏感性分析,以反映其影响程度。各因素对个人账户养老金财政负担的影响程度见表 9.6。可见,个人账户养老金财政负担与缴费率、工资增长率、记账利率呈同向变动;与退休年龄、计发月数呈反向变动。各因素的影响程度由强到弱依次是退休年龄、缴费率、计发月数、工资增长率、记账利率。

表 9.6　各因素对个人账户养老金财政负担的影响程度

参数变动	参数变动率/%	财政负担变动/亿元	财政负担变动率	弹性
退休年龄:$\Delta r=1$	1.795	−2.945E+11	−0.036	−2.011
计发月数:$\Delta m_x=12$	7.56	−5.845E+11	−0.072	−0.948
缴费率:$\Delta c=0.8\%$	10.00	8.159E+11	0.100	1.000
工资增长率:$g=1\%$	14.59	8.342E+11	0.102	0.706
记账利率:$\Delta j=0.105\%$	10.00	1.037 9E+11	0.013	0.127

延迟退休将减少超计发月数,因此,会降低个人账户养老金财政负担。增加计发月数,会减少超计发月数,降低个人账户养老金财政负担。提高缴费率将增加个人账户积累额和

① 根据人民网《养老新举措“新”在哪儿》报道,对于缴费 35 年的职工,新办法下其个人账户养老金替代率为 24.2%。

养老金待遇水平,若其退休后余命超过计发月数,个人账户养老金财政负担将增长得更快。提高工资增长率,将提高缴费基数导致个人账户积累额的增加,退休后个人账户养老金增加。提高记账利率,将使个人账户累积额增大,个人账户养老金增加,导致超过计发月数的养老金支出增加,从而个人账户养老金财政负担增大。

2)个人账户养老金替代率的敏感性分析

在保持其他参数不变的前提下,以25岁加入养老保险的职工为例,分别考察退休年龄、缴费率、记账利率、计发月数、工资增长率5个因素对个人账户养老金替代率的影响。其结果见表9.7。可见,个人账户养老金替代率与退休年龄、缴费率、记账利率呈同向变动;与计发月数、工资增长率呈反向变动。因男女参保人员现行退休年龄存在差异,故各参数变动对个人账户养老金替代率的影响不尽相同。各因素对男性个人账户养老金替代率的影响程度由强到弱依次为缴费率、计发月数、工资增长率、退休年龄、记账利率;对女性的影响程度由强到弱依次为缴费率、计发月数、退休年龄、工资增长率、记账利率。

表9.7 各因素对个人账户养老金替代率的影响程度

参数变动	替代率变动/%		弹性	
	男性	女性	男性	女性
退休年龄:$\Delta r=1$	0.12	0.13	0.530	0.839
缴费率:$\Delta c=0.8\%$	1.23	0.84	1.000	1.000
记账利率:$\Delta j=0.3\%$	0.19	0.11	0.154	0.133
计发月数:$\Delta m_x=12$	-0.98	-0.51	-0.921	-0.939
工资增长率:$g=1\%$	-1.53	-0.92	-0.858	-0.753

延迟退休将延长养老保险缴费期,增加退休时个人账户积累额,若计发月数不变,将增加退休人员个人账户养老金,提高个人账户养老金替代率。提高缴费率将直接增加养老保险缴费额,增加退休时个人账户积累额。相同缴费额的情况下,提高记账利率将增加个人账户积累额。因此,提高缴费率、记账利率均会提高个人账户养老金替代率。在缴费期、缴费额等因素保持不变时,提高计发月数将直接降低退休后年领个人账户养老金,降低个人账户养老金替代率。因工资增长率对工资的直接影响程度大于对养老金的间接影响程度,故提高工资增长率则会降低养老金替代率。

9.2.6 结论与建议

本书基于平行四边形框架建立精算模型,测算了我国城镇企业职工个人账户养老金的财政负担和替代率。结果表明,2015年年初个人账户养老金的财政负担约为8.16万亿元,占参保人员缴费负担的个人账户养老金的55.37%,即个人账户未来应付养老金里有55.37%的支出没有相应的缴费收入与之对应,将严重影响个人账户基金财务可持续性。个人账户养老金替代率低于目标替代率,并且男性职工退休后个人账户养老金替代率普遍高于女性。敏感性分析发现,提高缴费率、工资增长率、记账利率会增加个人账户养老金财政负担;提高退休年龄、计发月数会减少个人账户养老金财政负担。提高退休年龄、缴费率、记账利率会提高养老金替代率;提高计发月数、工资增长率会降低养老金替代率。为避免人口老龄化趋势下个人账户养老金出现支付危机,健全个人账户多缴多得、长缴多得的激励机制,可采取以下措施:

①为减轻财政负担,可"联动调整"退休年龄和计发月数。敏感性分析显示,提高退休年龄、增加计发月数均能减少财政负担,并且退休年龄对财政负担的影响最强。因此,提高退休年龄是减轻财政负担的最有效方法。我国现行计发月数是国发〔2005〕38 号文件制定的,但是目前我国人口平均预期寿命已由 2005 年的 73 岁提高到目前的 76.34 岁[①]。人口老龄化加重的趋势下,现行退休年龄及个人账户养老金计发月数均有待调整。因计发月数对财政负担的影响也比较强,故在推出适度延迟退休政策的同时,增加计发月数能更大程度地减轻财政负担。

②为提高养老金替代率,可延迟退休、上调个人缴费率和记账利率,因为提高退休年龄、个人缴费率和记账利率均能提高养老金替代率。由于女性职工的个人账户养老金替代率低于男性、平均寿命却高于男性,而且退休年龄对女性养老金替代率的影响强于对男性的,因此,延迟退休政策应优先考虑女性,以缩小养老金替代率间的性别差异。

③至于缴费率和计发月数对财政负担或养老金替代率具有的负面影响,应本着两利相权取其重、两害相权取其轻的原则适时适度调整。例如,若减轻财政负担更紧迫和重要,就可适当降低缴费率、较多增加计发月数。若提高养老金替代率更紧要,则可适当提高个人缴费率。

④应提高个人账户的记账利率和工资增长率。敏感性分析显示,记账利率对财政负担的不利影响很弱,对养老金替代率还有正面影响。因此,在延迟退休、增加计发月数的情况下,提高记账利率不但不会加重财政负担,而且有利于提高养老金替代率及个人账户基金的保值增值。适当提高工资增长率,对财政负担和养老金替代率的负面影响都可被延迟退休的正面影响所覆盖;还有利于产出分配中劳动所得份额的提高,这是中国目前的产出在资本与劳动间分配所追求的目标。

---

① 数据来源:《2003—2007 年我国卫生发展情况简报》和《中华人民共和国 2015 年国民经济和社会发展统计公报》。

9.3 城镇企业职工个人账户财政补贴与偿付能力分析①

9.3.1 引 言

近年来，我国城镇职工基本养老保险基金收入增速放缓，支出增速加快，导致虽然基金累计结余继续增长，但当期结余却大幅减少。2014 年城镇企业职工基本养老保险基金支出增长率为 18.55%，高出收入增长率 6.77%。个人账户累计记账额已高出当年基金累计结余额 3.18 万亿元，意味着个人账户存在大额空账②。自《国务院关于建立统一的企业职工基本养老保险制度的决定》(国发〔1997〕26 号)施行近 20 年来，个人账户"空账"、基金收不抵支等问题不断引起社会的关注。面对人口老龄化、长寿风险的冲击，个人账户基金的支付负担进一步加重。那么，企业职工基本养老保险个人账户未来需要多少财政补贴才能持续运行？其自身偿付能力如何？现行个人账户养老金计发月数是否有待调整？基于精算方法研究养老保险制度，既可测算制度运行在短期内的变化，又可分析中长期的发展趋势，便于发现潜在问题并制定科学的改革方案。

国内关于个人账户的精算研究主要以基金收支、结余及替代率的测算与分析为主。薛惠元(2014)构建了基金收支平衡的精算模型，模拟并测算了 2010—2054 年我国新农保个人账户未来收支情况，认为短期内个人账户基金收支盈余，但在长期仍存在基金缺口的风险。金赟(2014)分析了养老保险个人账户动态平衡情况，认为未来 10 年，虽然个人账户能够持续运行，但缺口规模较大。杨再贵和石晨曦(2016)通过构建精算模型对城镇职工个人账户未来收支及替代率进行了测算，认为个人账户基金未来将支出 22.89 万亿元，并且养老金替代率偏低。胡玉琴和郑学东(2010)基于个人账户的生存年金模型，对改革前后个人账户支付能力进行了分析。以往的相关研究仍存在一些不足。首先，个人账户基金实行基金积累制度，从存量角度对未来收支进行测算相对更有意义。其次，以往的测算，缺少细分资金承担主体，分别对财政需补贴个人账户规模及由个人账户基金自负支出规模的测算。最后，以往的测算研究中，算式的出现往往缺少引入过程，不便思考。

本书基于现行城镇企业职工基本养老保险政策及精算方法，充分考虑各年龄参保人群适用的养老金计发办法、参保人员缴费及养老金领取情况，构建基本养老保险个人账户财政补贴、偿付能力及计发月数的精算模型。这些模型列式清晰、直观，便于理解。另外，为了提高测算精度，本书通过 Lee-Carter 模型测算人口死亡率，并基于人口的年龄别分布情况及各年龄缴费工资间关系估计出工龄工资增长率。从存量角度测算个人账户财政补贴、资产和

---

① 本节内容选自石晨曦发表在《江西财经大学学报》2017 年第 1 期上的文章(略有改动)。

② 数据来源：郑秉文主编的《中国养老金发展报告 2015——"第三支柱"商业养老保险顶层设计》。

负债规模，并对其偿付能力、动态预期寿命下各退休年龄对应的计发月数进行分析，提出相关政策建议。

9.3.2　个人账户财政补贴及偿付能力的精算模型

根据《劳动法》规定的法定退休年龄，男职工为 60 岁，女干部为 55 岁，女工人为 50 岁。我国法定成人年龄为 18 岁。因此，假设入职年龄为 18 岁，用 e 表示。郑秉文(2014)假设职工退休年龄分别为男 60 岁和女 51 岁。王晓军(2002)假设企业职工 60 岁退休。考虑我国的法定退休年龄、企业女干部与女工人的大体比例，本书假设男性职工退休年龄为 60 岁、女性为 52 岁，用 r 表示，用 ω 表示职工的终极寿命，令其等于中国人寿公布的经验生命表中的终极年龄 105 岁。用 $L_{t,x}$，$L_{t,x}^{M}$ 和 $L_{t,x}^{F}$ 分别表示 t 年年初年龄为 x 岁的总参保人数、男性和女性参保人数。$B_{t,x}$ 表示 t 年年初 x 岁参保人领取的个人账户养老金；${}_{n}p_{x}$ 表示 x 岁的人存活至 $n+x$ 岁的概率。用 j_y，i_y 分别表示 y 年的记账利率和市场利率；v_y 表示 y 年的折现因子，其值等于 $1+i_y$ 的倒数；g_y 表示 y 年的工资增长率。

国务院于 1991 年发文初步确定了我国企业职工养老保险费由国家、企业、个人三方共同负担的基本框架，直至 1997 年颁布的国发〔1997〕26 号文件才明确了个人账户的功能，因此，将 1997 年视为个人账户建立的年份，用 z 表示，则在评估时点 t，只有年龄为$[e,\ r+t-z-1]$的参保人员退休时可领取个人账户养老金。

1)个人账户财政补贴的精算模型

(1)个人账户财政补贴

m_x 表示退休年龄为 x 岁时所对应的个人账户养老金计发月数。若参保人员退休后余命超过 m_x 个月，个人账户将出现超支现象。因超计发月数后参保人员领取的个人账户养老金没有与之对应的养老保险缴费，故这部分支出将由财政进行补贴。假设参保人员死亡年龄为 d 岁$(d>r)$；$[m_x/12]$表示不大于 $m_x/12$ 的最大整数；$A_{t,x}$ 表示 t 年年初 x 岁的参保人退休后领取的个人账户养老金中需由财政补贴的金额。PVA_t 表示个人账户财政补贴在 t 年年初的精算现值，则每年年初领取的个人账户养老金与财政补贴的关系可表示为

$$d-r \leqslant \left[\frac{m_x}{12}\right] \text{ 时}, A_{t,x}=0$$

$$d-r = \left[\frac{m_x}{12}\right] \text{ 时}, A_{t,x}=B_{t+r-x,r}\left\{\left[\frac{m_x}{12}\right]+1-\frac{m_x}{12}\right\}$$

$$d-r > \left[\frac{m_x}{12}\right] \text{ 时}, A_{t,x}=\mathrm{B}_{t+r-x,r}$$

假设退休人员每年年初领取个人账户养老金。以男性参保人员为例，在 2015 年年初年龄区间在[72,77]的退休人员，其未来领取的个人账户养老金均来自财政补贴，则对于 77 岁男性退休人员，未来财政补贴其个人账户养老金的精算现值为

$$L_{2015,77}^{M}B_{2015,77}\cdot\left(1+p_{77}v_{2015}+{}_{2}p_{77}v_{2015}v_{2016}+\cdots+{}_{28}p_{77}\prod_{k=0}^{27}v_{2015+k}\right)$$

同理，对于72岁男性退休人员，未来财政补贴其个人账户养老金的精算现值为

$$L^{M}_{2015,77}B_{2015,77}\cdot\left(1+p_{77}v_{2015}+{}_2p_{77}v_{2015}v_{2016}+\cdots+{}_{28}p_{77}\prod_{k=0}^{27}v_{2015+k}\right)$$

令 $y=[m_x/12]+r$，则对于 t 年 $x\in[e,\ y]$ 岁的参保人员，未来财政补贴其个人账户养老金的精算现值为

$$L_{t,x}\cdot{}_{y-x}p_x\prod_{j=0}^{y-x-1}v_{t+j}B_{t+r-x,r}\left\{\left[\frac{m_x}{12}\right]+1-\frac{m_x}{12}+\sum_{n=1}^{\omega-y}{}_np_y\prod_{k=0}^{n-1}v_{t+y-x+k}\right\}$$

在2015年年初，年龄为[18,71]岁的参保人员，只有其71岁及以后领取的个人账户养老金均需由财政补贴，则对于71岁退休人员，未来财政补贴其个人账户养老金的精算现值为

$$L_{2015,71}B_{2004,60}\left\{\left[\frac{m_x}{12}\right]+1-\frac{m_x}{12}+(p_{71}v_{2015}+{}_2p_{71}v_{2015}v_{2016}+\cdots+{}_{34}p_{71}\prod_{k=0}^{33}v_{2015+k}\right\}$$

同理，对于2015年18岁的在职人员，未来财政补贴其个人账户养老金的精算现值为

$$L_{2015,18}\cdot{}_{53}p_{18}\cdot\prod_{j=0}^{53-1}v_{2015+j}B_{2057,60}\left\{\left[\frac{m_x}{12}\right]+1-\frac{m_x}{12}+\left(p_{71}v_{2068}+{}_2p_{71}v_{2068}v_{2069}+\cdots+\right.\right.$$

$$\left.\left.{}_{34}p_{71}\prod_{k=0}^{33}v_{2068+k}\right)\right\}$$

$$=L_{2015,18}\cdot{}_{53}p_{18}\cdot\prod_{j=0}^{53-1}v_{2015+j}B_{2057,60}\left\{\left[\frac{m_x}{12}\right]+1-\frac{m_x}{12}+\sum_{n=1}^{34}{}_np_{71}\prod_{k=0}^{n-1}v_{2070+k}\right\}$$

归纳可得，对于 t 年 $x\in(y,\ r+t-z-1]$ 岁的参保人员，未来财政补贴其个人账户养老金的精算现值为

$$L_{t,x}\cdot B_{t+r-x,r}\sum_{n=0}^{\omega-x}\frac{{}_np_x}{v_{t-1}}\prod_{k=0}^{n}v_{t-1+k}$$

则在评估时点 t，财政补贴所有参保人员个人账户养老金的精算现值为

$$PVA_t=\sum_{x=e}^{y}L_{t,x}\cdot{}_{y-x}p_x\prod_{j=0}^{y-x-1}v_{t+j}B_{t+r-x,r}\left\{\left[\frac{m_x}{12}\right]+1-\frac{m_x}{12}+\sum_{n=1}^{\omega-y}{}_np_y\prod_{k=0}^{n-1}v_{t+y-x+k}\right\}+$$

$$\sum_{x=y}^{r+t-z-1}\left[L_{t,x}\cdot B_{t,x}\sum_{n=0}^{\omega-x}\frac{{}_np_x}{v_{t-1}}\prod_{k=0}^{n}v_{t-1+k}\right]\tag{9.28}$$

(2)个人账户养老金

根据《国务院关于完善企业职工基本养老保险制度的决定》(国发〔2005〕38号文件)，参保人员退休后领取的个人账户养老金金额是由其个人账户缴费积累额与退休时对应的计发月数决定。用 c 表示个人账户养老保险缴费率，其值等于8%。

根据国发〔2005〕38号文件的附件，退休年龄为60岁的计发月数为139个月。以男性参保人员为例，2015年77岁的男性退休人员，其当年领取的个人账户养老金为

$$B_{2015,77}=B_{1998,60}=\frac{cS_{1996,58}(1+j_{1997})}{\frac{139}{12}}$$

2015 年 60 岁男性退休人员,其当年领取的个人账户养老金为

$$B_{2015,60}=\frac{cS_{2013,58}(1+j_{2014})+cS_{2012,57}(1+j_{2013})(1+j_{2014})+\cdots+cS_{1996,41}\prod_{h=0}^{2015-1997-1}(1+j_{1997+h})}{\frac{139}{12}}$$

将 t 年 $x\in[r,\ r+t-z-1]$ 岁的退休人员定义为“退休中人”,则其当年领取的个人账户养老金为

$$B_{t,x}=B_{t+r-x,r}=\frac{c\cdot\sum_{k=1}^{t+r-x-z}S_{t+r-x-k-1,r-k-1}\cdot\prod_{h=0}^{k-1}(1+j_{t+r-x-k+h})}{\frac{m_x}{12}}\tag{9.29}$$

将 t 年 $x\in[e+t-(z-1),\ r-1]$ 岁的在职人员定义为“在职中人”,同理,可归纳出其退休时领取的个人账户养老金为

$$B_{t+r-x,r}=\frac{c\cdot\sum_{k=1}^{t+r-x-z}S_{t+r-x-k-1,r-k-1}\cdot\prod_{h=0}^{k-1}(1+j_{t+r-x-k+h})}{\frac{m_x}{12}}\tag{9.30}$$

将 t 年 $x\in[e,\ e+t-z]$ 岁的在职人员定义为“新人”,则其退休时领取的个人账户养老金为

$$B_{t+r-x,r}=\frac{c\cdot\sum_{k=1}^{r-e}S_{t+r-x-k-1,r-k-1}\cdot\prod_{h=0}^{k-1}(1+j_{t+r-x-k+h})}{\frac{m_x}{12}}\tag{9.31}$$

2)个人账户偿付能力的精算模型

从存量角度分析个人账户偿付能力,即通过测算评估时点参保人员已积累个人账户养老金、未来个人账户缴费及当期结余情况,分析其偿付能力。根据资产负债法,将参保人员未来缴费收入和现期结余归为个人账户的资产,将未来应付参保人员的养老金归为个人账户的负债,其中,个人账户的负债包括对退休者的负债和对缴费者的负债。若个人账户的资产大于等于负债,认为其具有偿付能力;反之,认为个人账户基金偿付能力不足。用 PVL_t^R 和 PVL_t^W 分别表示在评估时点 t,个人账户对退休者和缴费者负债的精算现值。用 F_t 和 PVC_t 分别表示在评估时点 t,个人账户基金的累计结余及未来缴费收入的精算现值。用 SR_t 表示个人账户基金在评估时点 t 的偿付能力。

(1)个人账户对退休者负债的精算现值

对退休者的负债指评估时点及以后,退休人员未来领取的个人账户养老金的精算现值。以男性为例,在 2015 年年初,年龄为[60,77]岁的退休人员可领取个人账户养老金,则对于 77 岁男性退休人员,未来领取的个人账户养老金精算现值为

$$L_{2015,77}^{M}B_{2015,77}\cdot\left(1+p_{77}v_{2015}+{}_2p_{77}v_{2015}v_{2016}+\cdots+{}_{28}p_{77}\prod_{k=0}^{27}v_{2015+k}\right)$$

2015 年年初对 60 岁男性退休人员，未来领取的个人账户养老金精算现值为

$$L^{M}_{2015,60}B_{2015,60}\cdot\left(1+p_{60}v_{2015}+{}_{2}p_{60}v_{2015}v_{2016}+\cdots+{}_{45}p_{60}\prod_{k=0}^{44}v_{2015+k}\right)$$

因此，t 年年初对 $x\in[r,\ r+t-z-1]$ 岁的退休人员，其未来领取的个人账户养老金精算现值为

$$L_{t,x}B_{t,x}\cdot\left(1+p_{x}v_{t}+{}_{2}p_{x}v_{t}v_{t+1}+\cdots+{}_{\omega-x}p_{x}\prod_{k=0}^{\omega-x-1}v_{t+k}\right)=L_{t,x}B^{MI}_{t,x}\sum_{n=0}^{\omega-x}{}_{n}p_{x}\prod_{k=0}^{n}\frac{v_{t-1+k}}{v_{t-1}}$$

则在评估时点 t，个人账户对退休者的负债为

$$PVL^{R}_{t}=\sum_{x=r}^{r+t-z-1}\left[L_{t,x}\cdot B^{RMI}_{t,x}\sum_{n=0}^{\omega-x}{}_{n}p_{x}\prod_{k=0}^{n}\frac{v_{t-1+k}}{v_{t-1}}\right],x\in[r,r-15+t-z]\tag{9.32}$$

（2）个人账户对缴费者负债的精算现值

对缴费者的负债是指评估时点缴费者已积累的养老金权益现值和因未来缴费产生的养老金权益现值之和。

对 59 岁男性在职人员，未来应付其个人账户养老金的精算现值为

$$L^{M}_{2015,59}\cdot p_{59}v_{2015}B_{2016,60}\left(1+p_{60}v_{2016}+{}_{2}p_{60}v_{2016}v_{2017}+\cdots+{}_{45}p_{60}\prod_{k=0}^{44}v_{2016+k}\right)$$

同理，对 18 岁男性在职人员，未来应付其个人账户养老金的精算现值为

$$L^{M}_{2015,18}\cdot{}_{42}p_{18}\prod_{j=0}^{42-1}v_{2015+j}B_{2057,60}\left(1+p_{60}v_{2057}+{}_{2}p_{60}v_{2057}v_{2058}+\cdots+{}_{45}p_{60}\prod_{k=0}^{44}v_{2057+k}\right)$$

因此，t 年对 x 岁在职人员，未来应付其个人账户养老金的精算现值为

$$L_{r,x}\cdot{}_{(r-x)}p_{x}\prod_{j=0}^{(r-x)-1}v_{t+j}B_{t+(r-x),r}\cdot\sum_{n=0}^{\omega-r}\frac{{}_{n}p_{r}}{v_{t+r-x-1}}\prod_{k=0}^{n}v_{t+r-x-1+k}$$

则在评估时点 t，个人账户对缴费者的负债为

$$PVL^{w}_{t}=\sum_{x=e}^{r-1}L_{r,x}\cdot{}_{(r-x)}p_{x}\prod_{j=0}^{(r-x)-1}v_{t+j}B_{t+(r-x),r}\cdot\sum_{n=0}^{\omega-r}\frac{{}_{n}p_{r}}{v_{t+r-x-1}}\prod_{k=0}^{n}v_{t+r-x-1+k}\tag{9.33}$$

（3）个人账户的资产

由于目前我国基本养老保险统筹账户实行现收现付制，在实践中入不敷出且透支个人账户，因此，将城镇职工基本养老保险累计结余视为个人账户基金的累计结余。

个人账户未来缴费收入指评估时点年龄在$[e,\ r-1]$的参保人员，当前直至退休所缴纳养老保险费的精算现值。假设参保人员每年年初缴纳个人账户养老保险费，以男性为例，对于 2015 年年初 59 岁男性在职人员，只需基于上年工资缴纳个人账户养老保险费，其未来缴费精算现值为 $L^{M}_{2015,59}\cdot cS_{2014,58}$。对于 2015 年年初 58 岁男性在职人员，需缴纳当年及 2016 年（在职人员 59 岁）的个人账户养老保险费。为简化算式，令 $U_{y}=(1+g_{y-1})/(1+i_{y})$，则其未来缴费的精算现值为

$$L^{M}_{2015,58}\cdot cS_{2014,57}\left(1+p_{58}\frac{1+g_{2014}}{1+i_{2015}}\right)=L^{M}_{2015,58}\cdot cS_{2014,57}(1+p_{58}U_{2015})$$

同理，2015 年年初 18 岁男性在职人员未来缴费的精算现值为

$$L_{2015,18}^{M}\cdot cS_{2014,17}\left(1+p_{16}U_{2015}+\cdots+{}_{43}p_{16}\prod_{k=0}^{43-1}U_{2015+k}\right)=L_{2015,18}^{M}\cdot cS_{2014,17}\sum_{n=0}^{43}\frac{{}_{n}p_{16}}{U_{2014}}\prod_{k=0}^{n}U_{2014+k}$$

因此，t 时 $x\in[e,\ r-1]$ 岁的在职人员，其未来缴费精算现值为

$$L_{t,x}\cdot cS_{t-1,x-1}\cdot\sum_{n=0}^{r-1-x}\frac{{}_{n}p_{x}}{U_{t-1}}\prod_{k=0}^{n}U_{t-1+k}$$

个人账户未来缴费收入在评估时点 t 的精算现值为

$$PVC_{t}=\sum_{x=e}^{r-1}\left[L_{t,x}\cdot cS_{t-1,x-1}\cdot\sum_{n=0}^{r-x-1}\frac{{}_{n}p_{x}}{U_{t-1}}\prod_{k=0}^{n}U_{t-1+k}\right]\tag{9.34}$$

其中

$$S_{t,x}=(1+s)^{x-e}S_{t,e}$$

(4)偿付能力比率

本书用个人账户基金资产与负债的比值来衡量其偿付能力。比值大于等于1时，说明个人账户基金具有偿付能力，反之说明偿付能力不足，即

$$SR_{t}=\frac{F_{t}+PVC_{t}}{PVL_{t}^{R}+FVL_{t}^{w}}\tag{9.35}$$

3)动态预期寿命计发月数

个人账户的"自我保障"功能是通过实现在计发月数内收支的相对平衡，降低其未来支付风险。若个人账户养老金发放时段小于等于个人账户养老金计发月数，则个人账户基金能够自负未来支出，不需财政补贴。因此，保证个人账户达到收支平衡的最小计发月数可表示为

$$\begin{aligned}m_{r}&=12\cdot\left(1+v_{t+r-x}p_{r}+v_{t+r-x}v_{t+r-x+1\,2}p_{r}+\cdots+\prod_{h=0}^{\omega-r-1}v_{t+r-x+h\,\omega-r}p_{r}\right)\\&=12\cdot\sum_{n=0}^{\omega-r}\frac{{}_{n}p_{r}}{v_{t+r-x-1}}\prod_{k=0}^{n}v_{t+r-x-1+k}\end{aligned}\tag{9.36}$$

9.3.3　精算基础

1)死亡率测算

(1)Lee-Carter 模型

经典的 Lee-Carter 模型可表示为

$$\ln(m_{x,t})=\alpha_{x}+\beta_{x}k_{t}+\varepsilon_{x,t}$$

式中　$m_{x,t}$——t 年 x 岁人的中心死亡率；

α_{x}——死亡率随年龄 x 的变化；

β_{x}——年龄 x 对于死亡率变动的敏感程度；

k_{t}——死亡率随时间 t 的变动程度；

$\varepsilon_{x,t}$——残差项，且 $\varepsilon_{x,t}\sim N(0,\delta^{2})$。

为保证最终结果的唯一性，假定 $\sum_{t}^{T}k_{t}=0,\ \sum_{x}^{\omega}\beta_{x}=1$，则

$$\hat{\alpha}_x = \bar{m}_{x,t} = \sum_{t_0}^{t_n} \ln(m_{x,t})/t_n - t_0 + 1 \tag{9.37}$$

$$\hat{k}_t = \sum_{x}^{\omega} [\ln(m_{x,t}) - \hat{\alpha}_x] \tag{9.38}$$

对 Lee-Carter 模型参数估计的方法主要有奇异值分解法、最小二乘法、加权最小二乘法及极大似然法。其中,奇异值分解法和最小二乘法对不同年龄人群的死亡率赋予了相同的权重,但在现实情况下,各年龄别人口死亡率存在差异,因此,当死亡率很低时这两种方法拟合效果较差。李志生和刘恒甲(2010)通过比较这 4 种方法,实验证明了加权最小二乘法测算 Lee-Carter 模型中参数具有最佳的拟合效果。因此,本书基于 Lee-Carter 模型,采用加权最小二乘法对未来人口死亡率进行测算。由于死亡人数的倒数与中心死亡率对数的方差近似(Wilmoth, 1996),因此,可将死亡人数 $d_{x,t}$ 作为残差平方和的权重,则

$$\beta_x = \frac{\sum_{t_0}^{t_n} d_{x,t} k_t (\ln m_{x,t} - \alpha_x)}{\sum_{t_0}^{t_n} d_{x,t} k_t^2} \tag{9.39}$$

国内外许多学者的研究已经证实时间项 k_t 服从带漂移的随机游走过程(Girosi et al., 2007)。而漂移项的随机波动对死亡率测算有着显著的影响,尤其在样本量少的情况下,更不应被忽略(韩猛 等, 2010)。因此,本书用双随机过程对时间项 k_t 进行拟合,则 $\hat{k}_t = \hat{k}_{t-1} + \theta + \varepsilon_x$,其中,$\theta = (\hat{k}_T - \hat{k}_1)/(T-1)$,$\varepsilon_x$ 服从均值为 0,方差为 $\sum_{t=1}^{T-1} (\hat{k}_{t+1} - \hat{k}_t - \theta)^2/(T-1)$ 的正态分布。通过双随机过程对时间项的拟合,可归纳出

$$\begin{aligned} \hat{k}_{T+\Delta t} &= \hat{k}_T + (\Delta t)\theta + \sum_{t=1}^{\Delta t} \eta_{T+1} + \sum_{t=1}^{\Delta t} \varepsilon_{T+1} \\ &= \hat{k}_T + (\Delta t)\theta + \sqrt{\Delta t}\,\eta + \sqrt{\Delta t}\,\varepsilon \end{aligned} \tag{9.40}$$

则未来各年龄人的死亡率可表示为

$$\ln \hat{m}_{T+\Delta t} = \ln \hat{m}_T + \beta_x (\hat{k}_{T+\Delta t} - \hat{k}_T) \tag{9.41}$$

男性、女性死亡率模型中的参数估计值见表 9.8—表 9.11。

表 9.8　男性死亡率模型中 α_x 和 β_x 的估计值

x	α_x	β_x	x	α_x	β_x	x	α_x	β_x
0	-4.390	0.036	6	-7.668	0.014	12	-7.999	0.015
1	-6.439	0.018	7	-7.550	0.013	13	-7.623	0.005
2	-6.942	0.034	8	-7.529	0.011	14	-7.682	0.008
3	-6.908	0.019	9	-7.697	-0.005	15	-7.634	0.016
4	-7.162	0.020	10	-7.638	0.012	16	-7.539	0.021
5	-7.419	0.031	11	-7.974	0.028	17	-7.355	0.029

续表

x	α_x	β_x	x	α_x	β_x	x	α_x	β_x
18	-7.191	0.029	42	-5.928	0.003	66	-3.766	0.008
19	-7.115	0.024	43	-5.862	0.007	67	-3.707	0.009
20	-7.016	0.024	44	-5.822	0.007	68	-3.590	0.008
21	-6.702	0.012	45	-5.744	0.005	69	-3.485	0.009
22	-6.900	0.015	46	-5.597	0.006	70	-3.350	0.011
23	-7.118	0.024	47	-5.581	0.012	71	-3.242	0.010
24	-6.964	0.021	48	-5.435	0.009	72	-3.186	0.007
25	-6.976	0.022	49	-5.396	0.010	73	-3.087	0.008
26	-6.846	0.021	50	-5.276	0.001	74	-3.028	0.006
27	-6.943	0.013	51	-5.201	0.009	75	-2.902	0.006
28	-6.788	0.021	52	-5.164	0.001	76	-2.791	0.008
29	-6.664	0.008	53	-5.084	0.005	77	-2.669	0.007
30	-6.604	0.017	54	-4.996	0.003	78	-2.620	0.008
31	-6.468	0.014	55	-4.844	0.009	79	-2.517	0.006
32	-6.613	0.009	56	-4.759	0.005	80	-2.462	0.007
33	-6.510	0.015	57	-4.797	0.008	81	-2.260	0.009
34	-6.397	0.011	58	-4.555	0.006	82	-2.268	0.007
35	-6.263	0.007	59	-4.453	0.008	83	-2.153	0.008
36	-6.390	0.015	60	-4.377	0.006	84	-2.063	0.008
37	-6.402	0.007	61	-4.284	0.009	85	-2.015	0.014
38	-6.323	0.023	62	-4.137	0.013	86	-1.895	0.004
39	-6.101	0.006	63	-4.069	0.010	87	-1.830	0.009
40	-5.984	0.007	64	-4.001	0.011	88	-1.761	0.007
41	-6.027	0.009	65	-3.913	0.005	89	-1.671	0.009

表9.9　男性死亡率模型中 k_t 的估计值

t	1995	1996	1997	1998	1999	2001
k_t	22.057	25.718	23.133	22.839	13.175	10.980
t	2002	2003	2004	2005	2006	2007
k_t	9.625	5.349	0.980	4.974	-12.517	-12.121
t	2008	2009	2011	2012	2013	2014
k_t	-3.203	-22.229	-20.320	-20.542	-22.724	-25.173

表 9.10　女性死亡率模型中 α_x 和 β_x 的估计值

x	α_x	β_x	x	α_x	β_x	x	α_x	β_x
0	-4.233	0.030	30	-7.137	0.018	60	-4.881	0.010
1	-6.683	0.024	31	-7.324	0.011	61	-4.906	0.010
2	-6.896	0.024	32	-7.249	0.015	62	-4.657	0.010
3	-7.189	0.016	33	-7.109	0.010	63	-4.516	0.007
4	-7.535	0.020	34	-7.197	0.012	64	-4.484	0.008
5	-7.808	0.025	35	-7.222	0.016	65	-4.346	0.010
6	-8.164	0.014	36	-7.183	0.010	66	-4.248	0.008
7	-8.060	0.014	37	-6.983	0.007	67	-4.221	0.007
8	-8.051	0.014	38	-7.011	0.015	68	-4.011	0.008
9	-8.254	0.002	39	-6.636	0.011	69	-3.876	0.007
10	-7.984	0.009	40	-6.769	0.009	70	-3.790	0.009
11	-7.990	0.011	41	-6.614	0.014	71	-3.702	0.007
12	-8.044	0.017	42	-6.665	0.004	72	-3.573	0.009
13	-8.143	0.024	43	-6.510	0.009	73	-3.516	0.008
14	-8.063	0.011	44	-6.392	0.008	74	-3.412	0.009
15	-7.961	0.026	45	-6.396	0.014	75	-3.251	0.009
16	-8.087	0.002	46	-6.209	0.004	76	-3.213	0.007
17	-7.893	0.020	47	-6.163	0.003	77	-3.026	0.005
18	-7.563	0.016	48	-6.121	0.015	78	-2.962	0.006
19	-7.538	0.019	49	-5.957	0.011	79	-2.878	0.004
20	-7.789	0.021	50	-5.908	0.006	80	-2.725	0.005
21	-7.751	0.017	51	-5.748	0.009	81	-2.626	0.008
22	-7.626	0.027	52	-5.695	0.009	82	-2.580	0.006
23	-7.269	0.024	53	-5.665	0.011	83	-2.410	0.007
24	-7.659	0.027	54	-5.500	0.004	84	-2.390	0.006
25	-7.432	0.024	55	-5.451	0.008	85	-2.264	0.007
26	-7.434	0.016	56	-5.356	0.006	86	-2.213	0.005
27	-7.462	0.027	57	-5.244	0.008	87	-2.174	0.002
28	-7.423	0.021	58	-5.053	0.011	88	-2.057	-0.001
29	-7.330	0.020	59	-5.037	0.007	89	-1.910	0.001

表 9.11　男性死亡率模型中 k_t 的估计值

t	1995	1996	1997	1998	1999	2001
k_t	41.801	34.752	30.114	25.226	26.481	10.397
t	2021	2022	2023	2024	2025	2026
k_t	7.619	13.371	5.650	−1.661	−10.623	−15.383
t	2027	2028	2029	2030	2031	2032
k_t	−16.664	−25.299	−27.612	−30.258	−33.252	−34.660

(2)高龄死亡率测算模型

因《中国统计年鉴》及《中国人口与就业统计年鉴》公布的死亡率数据中缺失 90 岁及以上的数据，故对缺失数据采用 Coale-Kister 方法进行扩展。该方法假设 85 岁及以上死亡率的增加是呈线性下降的，令 $k(x)=\ln(m_x)-\ln(m_{x-1})$，则

$$k(x)=k(x-1)-R,\ x\geqslant 85 \tag{9.42}$$

其中

$$R=\frac{21\,k(84)\ +\ln m_{84}\ -\ln m_{105}}{231}$$

为减少个别数据波动的影响，令 m_{84} 等于 82 ~ 86 岁中心死亡率的平均值，$k(84)=[\ln(m_{87}/m_{80})]/7$。由于终极年龄为 105 岁，因此，假设 $m_{105}=1$。

(3)参数估计与拟合结果

本书选取 1995—2014 年的《中国人口统计年鉴》《中国人口与就业统计年鉴》中公布的 0 ~ 89 岁分年龄死亡率数据。由于 2000 年和 2010 年数据丢失，因此，共 18 年的数据。对缺失数据，通过加权平均缺失数据前后一年该年龄数据估计得。

根据式(9.37)—式(9.39)及样本数据，分别对男女死亡率模型中 α_x，β_x 和 k_t 进行估计。基于参数估计值及式(9.40)、式(9.41)可估计出 2015 年分年龄性别死亡率。其结果见表 9.12。

表 9.12　2015 年分年龄性别死亡率

年龄	男性	女性	年龄	男性	女性	年龄	男性	女性
0	0.004 50	0.004 49	8	0.000 40	0.000 18	16	0.000 29	0.000 28
1	0.000 96	0.000 49	9	0.000 53	0.000 24	17	0.000 28	0.000 17
2	0.000 37	0.000 40	10	0.000 35	0.000 24	18	0.000 33	0.000 28
3	0.000 59	0.000 40	11	0.000 16	0.000 22	19	0.000 42	0.000 25
4	0.000 44	0.000 24	12	0.000 22	0.000 17	20	0.000 46	0.000 18
5	0.000 25	0.000 15	13	0.000 43	0.000 11	21	0.000 88	0.000 22
6	0.000 31	0.000 16	14	0.000 37	0.000 21	22	0.000 67	0.000 17
7	0.000 36	0.000 18	15	0.000 31	0.000 13	23	0.000 41	0.000 28

续表

年龄	男性	女性	年龄	男性	女性	年龄	男性	女性
24	0.000 53	0.000 17	46	0.003 18	0.001 72	68	0.022 06	0.013 08
25	0.000 50	0.000 23	47	0.002 71	0.001 85	69	0.023 87	0.015 67
26	0.000 60	0.000 32	48	0.003 41	0.001 22	70	0.025 60	0.016 04
27	0.000 66	0.000 20	49	0.003 43	0.001 69	71	0.029 79	0.018 52
28	0.000 63	0.000 26	50	0.005 03	0.002 17	72	0.033 61	0.020 10
29	0.001 03	0.000 30	51	0.004 29	0.002 25	73	0.036 55	0.022 04
30	0.000 85	0.000 39	52	0.005 54	0.002 36	74	0.040 97	0.022 99
31	0.001 06	0.000 43	53	0.005 37	0.002 22	75	0.046 75	0.027 48
32	0.001 04	0.000 40	54	0.006 14	0.003 48	76	0.049 61	0.030 63
33	0.000 98	0.000 54	55	0.006 15	0.003 15	77	0.057 21	0.039 60
34	0.001 21	0.000 47	56	0.007 46	0.003 76	78	0.057 55	0.041 18
35	0.001 55	0.000 40	57	0.006 63	0.003 81	79	0.067 70	0.048 83
36	0.001 09	0.000 52	58	0.008 79	0.004 14	80	0.069 23	0.053 10
37	0.001 35	0.000 71	59	0.009 18	0.005 01	81	0.081 09	0.053 09
38	0.000 94	0.000 51	60	0.010 56	0.005 22	82	0.085 58	0.060 01
39	0.001 91	0.000 85	61	0.010 79	0.005 00	83	0.092 82	0.068 02
40	0.002 04	0.000 80	62	0.011 10	0.006 40	84	0.100 45	0.073 27
41	0.001 89	0.000 78	63	0.013 10	0.008 33	85	0.091 28	0.078 61
42	0.002 43	0.001 09	64	0.013 48	0.008 25	86	0.135 78	0.089 44
43	0.002 34	0.001 03	65	0.017 18	0.008 75	87	0.125 09	0.105 06
44	0.002 42	0.001 22	66	0.018 26	0.010 26	88	0.140 41	0.130 84
45	0.002 78	0.000 98	67	0.019 25	0.011 11	89	0.147 10	0.140 83

为提高测算精度，对 85 岁及以上年龄的死亡率根据式(9.42)重新拟合。其结果见表 9.13。

表 9.13　85 岁及以上分年龄性别死亡率

年龄	男性	女性	年龄	男性	女性	年龄	男性	女性
85	0.109 55	0.080 96	89	0.158 50	0.123 69	93	0.237 65	0.196 41
86	0.119 75	0.089 69	90	0.174 80	0.138 35	94	0.264 45	0.221 82
87	0.131 19	0.099 59	91	0.193 21	0.155 11	95	0.294 93	0.251 12
88	0.144 03	0.110 85	92	0.214 04	0.174 34	96	0.329 66	0.284 98

续表

年龄	男性	女性	年龄	男性	女性	年龄	男性	女性
97	0.369 30	0.324 19	100	0.526 213	0.484 221	103	0.765 022	0.739 153
98	0.414 64	0.369 68	101	0.594 788	0.556 192	104	0.870 534	0.855 192
99	0.466 587	0.422 584	102	0.673 803	0.640 405	105	1.000 000	1.000 000

将表9.12中18~84岁分性别死亡率与表9.13中85~105岁分性别死亡率汇总,即为城镇参保人员分年龄、性别的死亡率水平。

2)工龄工资增长率

工龄工资增长率作为养老金测算中的重要指标之一,以往学者通常赋其值等于1%(王晓军,2002;周渭兵,2009)。为提高结果准确度,本书通过平均工资、各年龄缴费工资与在职人员分年龄性别分布情况三者之间的关系,计算得到工龄工资增长率为

$$\bar{S}_{2014}=\frac{L_{2014,16}S_{2014,16}+L_{2014,17}S_{2014,17}+\cdots+L_{2014,51}S_{2014,51}+L^{M}_{2014,52}S_{2014,52}+\cdots+L^{M}_{2014,59}S_{2014,59}}{L_{2014,w}}$$

令 $l_{x/w}=L_{2014,x}/L_{2014,w}$,$l^{M}_{x/w}=L^{M}_{2014,x}/L_{2014,w}$,则上式可化简为

$$\frac{\bar{S}_{2014}}{S_{2014,16}}=l_{16/w}+l_{17/w}(1+s)+\cdots+l_{51/w}(1+s)^{35}+l^{M}_{52/w}(1+s)^{36}+\cdots+l^{M}_{59/w}(1+s)^{43}$$

根据《中国人口与就业统计年鉴2015》公布的全国城市、镇分年龄性别人口分布情况,可得到全国城镇分年龄性别人口分布情况。假设其与城镇参保人口分年龄性别分布情况相同,据此,可求出 $l_{x/w}$ 和 $l^{M}_{x/w}$。2013年平均缴费工资约占统计平均工资(《中国统计年鉴》里的平均工资)的69.28%①。设相邻两年的平均缴费工资占统计平均工资的比例相同,则根据《中国统计年鉴2015》公布的城镇在岗职工平均工资,可计算得2014年城镇在岗职工的平均缴费工资约为39 740元。新入职员工是以起薪当月工资为缴费基数,设2014年新入职者的月薪为2 600元。将上述参数值代入上式,可计算得到工龄工资增长率 s 约为1.196%。

3)其他参数设置

2015年年初城镇参保人员分年龄性别的分布情况可通过全国城市和镇分年龄性别人口分布情况、分年龄劳动参与率、养老保险覆盖率和参保职工、离退休人数估计得到(杨再贵等,2016)。我国GDP实际增长率在2016—2020年约为7%,在2021—2025年约为5.9%,在2026—2030年约为5%。在过去20年,我国工资增长率整体快于GDP增长率,因此,假设未来工资增长率仍快于GDP增长率,高出比例约为0.7%,则城镇职工工资增长率在2016—2020年为7.7%,在2021—2025年为6.6%,在2026—2030年为5.7%,以后各年保

① 《中国人力资源和社会保障年鉴2014》披露2013年企业退休人员平均月退休费为1 856元,并且养老金已连续11年每年提高10%,可计算得2014年月平均养老金约为2041.6元。《中国社会保险发展年度报告2014》披露2014年企业退休人员养老金替代率为67.5%。当年养老金替代率=当年平均养老金÷上年平均缴费工资,则2013年平均缴费工资约为236 295元,占当年城镇在岗职工平均工资的69.28%。

持不变。为方便计算,对于2014年及以前的工资增长率水平,取过去20年实际工资增长率的复合年均值7.13%①。个人账户实际记账利率可根据名义利率及通货膨胀率计算得到。1995年年末至2015年年末名义利率的年复合值约为3.27%,该时期内的居民消费价格指数的年复合值约为2.22%,因此,这20年的实际记账利率约为1.05%②。取20年期国债平均收益率4.08%作为实际利率。评估起点时间为2015年1月1日,即$t=2\,015$。

4)**算式化简**

对于不同年度、相同年龄参保人员的工资的差异是由工资增长率剔除工龄工资增长率后的因素产生的。因此,不同年度、同年龄工资水平存在关系为

$$S_{t+m,x}=\left[\frac{1+g}{1+s}\right]^{m}S_{t,x} \tag{9.43}$$

同年度不同年龄工资之间只存在工龄或绩效差别,即

$$S_{t,x+n}=(1+s)^{n}S_{t,x} \tag{9.44}$$

根据式(9.42)、式(9.43)将式(9.29)—式(9.31)分别化简为

$$B^{R}_{t-(x-r),r}=\frac{12}{m_x}c(1+s)^{x-e-1}S_{t-1,e}\sum_{k=1}^{t+r-x-z}(1+g)^{r-x-k}(1+j)^{k} \tag{9.29'}$$

$$B^{W}_{t+r-x,r}=\frac{12}{m_x}c(1+s)^{x-e-1}S_{t-1,e}\sum_{k=1}^{t+r-x-z}(1+g)^{r-x-k}(1+j)^{k} \tag{9.30'}$$

$$B^{N}_{t+r-x,r}=\frac{12}{m_x}c(1+s)^{x-e-1}S_{t-1,e}\sum_{k=1}^{r-e}(1+g)^{r-x-k}(1+j)^{k} \tag{9.31'}$$

9.3.4 赋值实验

1)**财政补贴个人账户的精算现值**

将相关参数值代入式(9.28)、式(9.29′)、式(9.30′)、式(9.31′),测得未来个人账户财政补贴在2015年年初的精算现值。其结果见表9.14。

表9.14 未来个人账户财政补贴的精算现值/元

性别	"退休中人"	"在职中人"	"新人"	合计
男性	3.657E+11	2.020E+12	2.400E+12	4.785E+12
女性	4.216E+11	1.205E+12	1.947E+12	3.574E+12
合计	7.873E+11	3.225E+12	4.347E+12	8.359E+12

① 1995—2014年全国年度居民消费价格指数的平均数约为3.03%作为通货膨胀指标,根据10.16%名义工资增长率,可得平均实际工资增长率为7.13%。

② 名义利率年复合值是根据中国人民银行发布的金融机构人民币一年期存款基准利率计算得到;居民消费价格指数的年复合值是根据国家统计局网站公布的数据得到,其中,2015年居民消费价格指数约为101.4(上年为100),详见国家统计局《2015年12月份居民消费价格同比上涨1.6%》一文。

由表9.14可知，2015年年初城镇企业职工个人账户财政补贴的精算现值约为8.36万亿元，其中，财政补贴在职人员个人账户养老金占补贴总额的90.58%。说明，当在职人员达到退休年龄时，财政补贴个人账户养老金的支出将大幅上升。若保持现有养老保险制度不变，随着平均预期寿命提高，个人账户养老金超支现象将更为严重。

2）个人账户偿付能力

根据《中国社会保险发展年度报告（2014）》，2014年年底城镇职工基本养老保险累计结余为31 800亿元。根据式（9.35）测得个人账户的偿付能力比率。其结果见表9.15。

表9.15　个人账户的偿付能力比率

类别	男性	女性	合计
对退休者的负债	7.48E+11	8.79E+11	1.63E+12
对缴费者的负债	1.26E+13	8.95E+12	2.15E+13
缴费收入	1.19E+13	7.15E+12	1.90E+13
累计结余资金	3.18E+12		—
偿付能力比率	0.96		

由表9.15可知，个人账户的偿付能力比率小于1，说明在现有计发办法下，个人账户基金不具有自负发放参保人员个人账户养老金的能力。目前，个人账户基金的累计结余高于对退休者的负债，说明短期内，个人账户基金具有偿还负债的能力，但随着退休人数的增加，个人账户基金将出现偿付能力不足。

根据表9.14、表9.15的结果，可算得未来财政补贴个人账户养老金的精算现值约占个人账户基金负债总额的36.11%①，若扣除参保人员超计发月数领取的个人账户养老金，个人账户基金的负债将减少8.36万元，此时个人账户偿付能力比率为1.5②，偿付能力显著提高。可见，参保人员领取的超计发月数个人账户养老金是造成个人账户基金偿付能力不足的重要因素。

3）计发月数

根据式（9.36）测得动态预期寿命下，各退休年龄对应的个人账户养老金计发月数。表9.16主要列示了退休年龄在50~70岁时，男女参保人员对应的个人账户养老金计发月数。

① 由表9.14可知，未来财政补贴个人账户养老金的精算现值为8.359E+12元。由表9.15可知，个人账户基金的负债总额为2.315E+13元（1.63E+12+2.15E+13）。两者之比约为36.11%。

② 由表9.14可知，超计发月数后领取的个人账户养老金的精算现值为8.359E+12元。扣除此部分后，个人账户基金的负债总额约为1.479E+13元，此时偿付能力比率约为1.5。

表 9.16　各退休年龄对应的个人账户养老金计发月数/月

年龄	男性	女性	年龄	男性	女性	年龄	男性	女性
50	208.92	218.34	57	184.72	194.39	64	156.65	165.74
51	205.65	215.22	58	180.88	190.56	65	152.25	161.35
52	202.25	211.99	59	177.09	186.61	66	147.90	156.81
53	199.01	208.64	60	172.98	182.65	67	143.38	152.28
54	195.48	205.12	61	169.03	178.55	68	139.13	147.65
55	192.03	201.70	62	164.95	174.21	69	134.78	143.05
56	188.39	198.07	63	160.89	169.92	70	130.30	138.57

由表 9.16 可知,各退休年龄男女参保人员对应的个人账户养老金计发月数均高于现行计发月数,并且当退休年龄相同时,女性参保人员对应的计发月数高出男性 8 ~ 10 月。退休年龄为 60 岁的男性,其计发月数应为 173 月,高出原计发月数 2.83 年。退休年龄为 52 岁的女性,其计发月数应为 212 月,高出原计发月数 2.25 年。个人账户计发月数是由平均预期寿命、退休年龄、利息等因素确定的。因此,随着经济、人口等结构的变化,现行个人账户养老金计发月数有待调整。

9.3.5　结　语

本书基于现行养老保险制度及精算方法,对城镇企业职工个人账户建立财政补贴、偿付能力及计发月数的精算模型。基于相关精算基础,测得 2015 年年初城镇企业职工个人账户财政补贴的精算现值约为 8.36 万亿元,其中,90.58% 来自在职人员。从存量角度,通过精算方法测算了个人账户基金资产、负债及累计结余的规模。结果显示,短期内个人账户基金具有偿付能力,但若要维持其长期的偿付能力,则需较大程度依靠财政补贴。现行个人账户养老金计发月数过低是造成个人账户基金偿付能力不足的重要因素。为避免人口老龄化趋势下个人账户基金偿付能力不足,缩小个人账户内存在的性别差异,可采取以下措施:

1)适度提高个人账户养老金计发月数

目前,实行的个人账户养老金计发月数是国发〔2005〕38 号文件公布的,当时我国平均预期寿命为 73 岁,比目前预期寿命降低了 3.34 岁①。本书基于动态预期寿命,测算的个人账户养老金计发月数高出现行制度规定的个人账户养老金计发月数 2 ~ 3 年。进一步说明,人口老龄化的冲击下,个人账户养老金计发月数应适度提高。

2)重点提高女职工的个人账户养老金计发月数

测算结果显示,相同退休年龄的女性参保人员对应的计发月数高出男性 8 ~ 10 月。考

① 根据《2003—2007 年我国卫生发展情况简报》,2005 年我国平均预期寿命为 73 岁;根据《中华人民共和国 2015 年国民经济和社会发展统计公报》,2015 年我国平均预期寿命为 76.34 岁。

虑女性职工退休年龄低于男性，而女性人口平均预期寿命高于男性，并且其提高速度快于男性①。因此，为避免人口老龄化趋势下，个人账户基金超支额的不断增加，缩小个人账户内存在的性别差异，政府应重点提高女性职工的个人账户养老金计发月数。

3）适度提高退休年龄

退休年龄的提高可延长参保人员的缴费年限、缩短养老金的领取年限。当个人账户计发月数一定时，缩短养老金领取年限会减少个人账户养老金的超计发月数。考虑我国养老保险碎片化等复杂情况，刚性地延迟退休政策不易实施，并且极可能产生不稳定因素。因此，在正式改革方案实施前，先采用弹性延迟退休制度作为平缓过渡期，即允许退休者根据自身情况，在领取部分养老金的同时从事非全职工作或重新就业，再适时推出适度的渐进式延迟退休政策，可增强养老金计发方式的灵活性，避免过度调整退休年龄可能产生的不稳定因素。

4）加强养老保险基金的投资运作以有效保值增值

提高养老保险基金收益率不仅有利于财务持续性，而且会提高人们的参保积极性。在过去10年，我国养老保险基金平均收益率约为2%，远低于通货膨胀率。基金结余额虽每年不断增加，但实际处于缩水状态。随着《基本养老保险基金投资管理办法》的施行，基金管理机构应拓宽养老保险基金投资渠道，将养老保险基金的投资运营参与国民经济建设中。不仅能有效避免社保基金的隐性损失，而且会实现基金增值与经济发展的良性循环。

5）加强养老保险基金的预算管理

养老保险基金的预算管理直接影响基金制度的有效实施。目前，我国养老保险基金还未实现全国统筹，多以省级、地市级统筹为主，一定程度降低了养老保险基金预算管理的规范性、科学性与准确性。在这种碎片化的情况下，应进一步细化养老保险基金预算管理各项条例，完善相关法律体系。

6）划转部分国有资本充实社保基金

近年来养老保险支出高于收入，依靠财政补贴才能维持收支平衡。测算结果可见，即使是基金积累制的个人账户，其持续运营也将依靠财政补贴。面对养老保险的收支失衡，政府应划转部分国有资本充实社保基金。这样，不仅为进一步深化社保制度改革创造条件，同时有利于增强人们对社保制度的信心。

---

① 2010年我国男性人口平均预期寿命为72.38岁，比2000年提高2.75岁；女性2010年为77.37岁，比2000年提高4.04岁。男女平均预期寿命之差与10年前相比，由3.7岁扩大到4.99岁。

第 10 章　多层次养老保险体系完善及衔接研究的案例

10.1　个人税收递延型商业养老保险的经济效应[①]

10.1.1　引　言

2018 年出台的《关于开展个人税收递延型商业养老保险试点的通知》(以下简称“财税〔2018〕22 号”),标志着我国个人税收递延型商业养老保险迈出了具有里程碑意义的一步。

该文件明确规定了个人工作期购买商业养老保险税前扣除比例、扣除额度,以及退休期领取商业养老金征税方式、比例税率。在老龄化、城镇化以及人口流动等因素影响下,养老保险制度参数的改革并无法避免基金赤字的产生(刘威 等,2018;石晨曦 等,2017)。制度供给作为社会制度的创新关键点,关系进一步深化改革的效果(马庆钰,2017),会影响政府、企业、个人的支出结构,而社会经济增长质量又受到各类支出结构的影响(詹新宇 等,2017)。那么,财税〔2018〕22 号文件的实施对于宏观主体、微观主体产生的经济效应如何?商业养老保险与个人福利间存在何种关系?不同微观主体缴纳相同商业养老保险费是否会产生不同的效用水平?

由于个人税收递延型商业养老保险政策刚出台,国内已有关于社会养老保险的世代交叠模型中很少有文章考虑商业养老保险。鉴于此,本书从个人一生效用水平最大化的角度,将研究人群分为两类:一类是仅参加基本养老保险的群体,另一类是同时参加基本养老保险和企业年金的群体。同时,分别对两类群体购买商业养老保险后的经济体建立一般均衡模型,分析不同商业养老保险缴费对资本产出、个人福利、储蓄等经济变量的影响,并比较特定效用水平下,基本养老保险缴费率与商业养老保险缴费率之间的关系。

10.1.2　文献回顾

由于国外税收递延型养老保险计划的实施早于我国,因此,相关的研究也较深入,主要集中于制度与储蓄、消费等个体行为,以及经济指标之间的关系的研究及对制度本身有效性

① 本节内容选择石晨曦发表在《江西财经大学学报》2018 年第 6 期上的文章(略有改动)。

的研究。但是,关于税收递延功能的养老保险对个人储蓄、消费等行为的影响这方面的研究结论并不统一,Engen(1994)等、Attanasio 和 DeLeire(2002)认为税收递延功能的401(k)计划、个人退休账户并不能增加个人储蓄;但 Venti 和 Wise(1990)、Poterba(1995)等、Gelber(2011)认为税收递延功能的401(k)计划、个人退休账户有利于增加个人储蓄。产生研究结论分歧的主要原因在于,将税收递延养老保险缴费列入消费支出还是个人潜在储蓄资产。由于计税基数、税率等参数指标体现在税收递延功能养老保险计划中,而这些参数指标与个人消费、储蓄等行为决策存在联系。因此,不同目标下应存在影响个人行为的指标最优值。基于此,Choi(2002)等、Kruse(1995)、Kitao(2010)针对具有税收递延功能养老保险中个人缴费率、企业缴费率、储蓄率等指标之间关系以及税收递延功能养老保险计划中指标最优值进行研究。Beshears(2017)考虑个人退休期养老金领取方式、退休期跨度的影响,进一步分析了不同条件下个人最优的投资决策。可见,税收递延型养老保险计划会对个人行为决策产生影响,具体的影响程度取决于制度参数的设定水平。

国内关于税收递延型养老保险的研究以制度构建、合理性的分析居多,实证研究多是关于税收优惠模式、税率设定的研究。王莹(2010)、洪娟(2010)认为当前我国基本养老保险体系发展现状下,有必要发展个人税收递延型商业养老保险,并提出相关政策建议。涂东阳(2013)等通过对历史数据的分析认为,个人税收递延型商业养老保险的推行对于提高养老保险替代率具有现实意义,并分析了不同替代率水平下所对应的缴费额。马宁和刘玮(2015)通过分析个人效用、政府税收支出对个人税收递延型商业养老保险税率敏感性,认为税收优惠政策对商业养老保险发展的作用是双面的,不同的税收优惠模式会带来不同的效果。张晶和黄本笑(2014)、马宁(2014)从不同视角对个人税收递延型养老保险的税收优惠模式进行分析。赵春红(2017)以企业年金税收优惠为对照,基于公平性的视角分析了个人税收递延型商业养老保险抵扣额度。这些研究存在的局限性有:首先,这些研究以税收优惠政策中税率设定合理性及影响为主,而关于税收递延型养老保险对经济、个人行为的影响,尚未有学者进行研究。其次,现有文献关于个人税收递延型商业养老保险制度定量研究较少,多集中于定性层面,并且基于一般均衡世代交叠模型的研究中,未同时考虑基本养老保险、企业年金的影响。因此,在个人税收递延型商业养老保险试点之际,量化研究财税〔2018〕22 号文件规定的税收优惠模式将带来的经济效应以及在不同情境下对不同群体个人福利的影响,对于个人税收递延型商业养老保险制度的完善、个人最优决策的选择具有现实意义。

10.1.3　一般均衡模型

本书首先对仅参加基本养老保险的人群购买商业养老保险后的经济体建立一般均衡的世代交叠模型,求得均衡状态下各经济变量的最优解;然后加入企业年金的影响,建立"三层次"养老保险体系下一般均衡的世代交叠模型并求得最优解。比较拥有基本养老保险、企业年金人群购买商业养老保险对其个人福利的影响,以及不同基本养老保险个人缴费率、商业养老保险缴费率对个人福利的影响①。

假设每个人的一生都可分为工作期和退休期。假设 $N_{1,t}$ 表示第 t 期处于工作期的人数，n 为人口增长率，则存在 $N_{1,t}=(1+n)N_{1,t-1}$。令 $N_{2,t}$ 表示第 t 期处于退休期的人数，则第 t 期的总人数 $N_t=N_{1,t}+N_{2,t}$。每个人在工作期通过提供劳动获得工资，工资用于缴纳基本养老保险费、商业养老保险费、所得税、储蓄，其余部分用于消费。当其进入退休期后，将获得工作期储蓄的积累额、基本养老保险个人账户养老金、统筹账户养老金、扣除所得税后的商业养老金用于消费。

1）已参加基本养老保险人群

本书考虑封闭人口下一般均衡的世代交叠模型。

（1）个人

每个人一生的效用水平由其工作期消费、退休期消费影响。个人通过选择储蓄、工作期消费、退休期消费使其个人福利达到最大化，可通过一般效用函数表示为

$$\max U=\ln C_{1,t}+\theta\ln C_{2,t+1} \tag{10.1}$$

$$\text{s.t. } C_{1,t}=[1-a_1-a_3-\tau_1(1-a_1-a_3)]w_t-S_t \tag{10.2}$$

$$C_{2,t+1}=(1+r_{t+1})S_t+(1+r_{t+1})a_1w_t+P_{t+1}+(1-\tau_2)BP_{t+1} \tag{10.3}$$

式中　U——一生的效用水平；

$C_{1,t}$——第 t 期人口在工作期的消费；

$C_{2,t+1}$——其达到退休期时的消费；

a_1——基本养老保险个人缴费率；

a_3——个人缴纳商业养老保险费占其工资的比例；

τ_1,τ_2——工作期个人所得税率和商业养老金适用税率；

w_t,S_t,r_{t+1}——工资水平、储蓄额及利率水平；

P_{t+1}——退休后领取的基本养老保险统筹账户养老金。

基本养老保险统筹账户属于现收现付制，根据现行政策规定企业缴纳的基本养老保险费计入统筹账户，假设缴费率为 η，存在 $P_{t+1}N_{2,t+1}=\eta w_{t+1}N_{1,t+1}$，则

$$P_{t+1}=(1+n)\eta w_{t+1} \tag{10.4}$$

BP_{t+1} 表示退休时领取的税前商业养老保险账户累计额，则

$$BP_{t+1}=(1+r_{t+1})a_3w_t \tag{10.5}$$

可求得平衡两期消费的欧拉方程为

$$\frac{C_{2,t+1}}{C_{1,t}}=\theta(1+r_{t+1}) \tag{10.6}$$

（2）企业

在完全竞争的市场中，各企业提供同质产品。企业的目标是实现利润最大化，将生产函数用柯布-道格拉斯形式表示，即

---

① 本书中提到的商业养老保险缴费率是指个人购买商业养老保险支出占工资的比例。

$$Y_t = AK_t^{\alpha} N_{1,t}^{1-\alpha}$$

式中,产出劳动比 $y_t = Y_t/N_{1,t}$,资本劳动比 $K_t = K_t/N_{1,t}$。

假设资本在一期内完全折旧,由产出的分配可得

$$Y_t = AK_t^{\alpha} N_{1,t}^{1-\alpha} = r_t K_t + (1+\eta) w_t N_{1,t}$$

根据 Euler 定理,可得

$$r_t = \alpha A k_t^{\alpha-1} \tag{10.7}$$

$$w_t = \frac{(1-\alpha)Ak_t^{\alpha}}{1+\eta} \tag{10.8}$$

(3)政府

政府的职责是保持财政平衡,假设政府初始财富为零且不发行债权,则财政收入等于财政支出。第 t 期财政收入 T_t 来自 t 期工作人员、退休人员缴纳的个人所得税,G_t 表示第 t 期财政支出,则

$$T_t = (1-a_1-a_3)\tau_1 w_t N_{1,t} + \tau_2 BP_t N_{2,t} = G_t \tag{10.9}$$

根据国民收入恒等式 $Y_t = C_t + I_t + G_t$,假设折旧率为0,则当期的投资等于资本增量,即 $I_t = \Delta K_t = K_{t+1} - K_t$,可得到均衡条件下,下期的资本等于上期储蓄和个人账户养老保险缴费之和。

将

$$Y_t = AK_t^{\alpha} N_{1,t}^{1-\alpha} = r_t K_t + (1+\eta) w_t N_{1,t}$$

$$C_t = C_{1,t} N_{1,t} + C_{2,t} N_{2,t}$$

$$I_t = \Delta K_t = K_{t+1} - K_t$$

$$G_t = (1-a_1-a_3)\tau_1 w_t N_{1,t} + \tau_2 BP_t N_{2,t}$$

代入国民收入恒等式,其中

$$C_{1,t} = [1-a_1-a_3-\tau_1(1-a_1-a_3)]w_t - S_t$$

$$C_{2,t} = (1+r_t)S_{t-1} + (1+r_t)a_1 w_{t-1} + P_t + (1-\tau_2)BP_t$$

$$P_t = (1+n)\eta w_t, BP_t = (1+r_t)a_3 w_{t-1}$$

则

$$\begin{aligned} K_{t+1} - K_t = r_t K_t + (1+\eta)w_t N_{1,t} - \{[1-a_1-a_3-\tau_1(1-a_1-a_3)]w_t - S_t\}N_{1,t} - \\ \{(1+r_t)S_{t-1} + (1+r_t)a_1 w_{t-1} + P_t + (1-\tau_2)BP_t\}N_{2,t} - \\ (1-a_1-a_3)\tau_1 w_t N_{1,t} - \tau_2 BP_t N_{2,t} \end{aligned}$$

等式两边除以 $N_{1,t}$,整理可得

$$(1+n)k_{t+1} - S_t - (a_1+a_3)w_t = \frac{1+r_t}{1+n}[(1+n)k_t - S_{t-1} - (a_1+a_3)w_{t-1})]$$

令 $X_t = (1+n)k_t - S_{t-1} - (a_1+a_3)w_{t-1}$,则

$$X_{t+1} = \frac{(1+r_t)X_t}{1+n}$$

上式稳定解的均衡条件为 $X_{t+1} = 0$,即 $(1+n)k_{t+1} = S_t + (a_1+a_3)w_t$,等式两边同乘

$N_{1,t}$,则

$$K_{t+1} = S_t N_{1,t} + (a_1 + a_3) w_t N_{1,t}$$

单位资本可表示为

$$(1 + n) k_{t+1} = S_t + (a_1 + a_3) w_t \tag{10.10}$$

(4)动态均衡

将式(10.2)—式(10.5)、式(10.7)、式(10.8)、式(10.10)代入式(10.6),整理后可得差分方程的动态均衡系统

$$\begin{aligned}&(1+\eta)(1+\alpha A k_{t+1}^{\alpha-1})(1+n)(1+\theta)k_{t+1} + (1+n)\eta(1-\alpha)A k_{t+1}^{\alpha}\\&= (1-\alpha)A k_t^{\alpha}(1+\alpha A k_{t+1}^{\alpha-1})\{[1-\tau_1(1-a_1-a_3)]\theta + \tau_2 a_3\}\end{aligned} \tag{10.11}$$

为求得稳态条件,将式(10.11)在 k 处线性化展开,得 $\beta_1(k_{t+1} - \bar{k}) + \beta_2(k_t - \bar{k}) = 0$, 则

$$\begin{aligned}&(1+\eta)(1+\alpha A k_{t+1}^{\alpha-1})(1+n)(1+\theta)k_{t+1} + (1+n)\eta(1-\alpha)A k_{t+1}^{\alpha} -\\&(1-\alpha)A k_t^{\alpha}(1+\alpha A k_{t+1}^{\alpha-1})\{[1-\tau_1(1-a_1-a_3)]\theta + \tau_2 a_3\} = 0\end{aligned}$$

令

$$\begin{aligned}&M = k_{t+1}(1+n)(1+\theta)(1+\eta) + \alpha A k_{t+1}^{\alpha}(1+n)(1+\theta)(1+\eta)\\&N = (1+n)\eta(1-\alpha)A k_{t+1}^{\alpha}\\&Q = \{\tau_2 a_3 + \theta[1-\tau_1(1-a_1-a_3)]\}\alpha A k_{t+1}^{\alpha-1}(1-\alpha)A k_t^{\alpha} +\\&\qquad (1-\alpha)A k_t^{\alpha}\{\tau_2 a_3 + \theta[1-\tau_1(1-a_1-a_3)]\}\end{aligned}$$

分别对 M, N, Q 求导,可得

$$M' = (1+n)(1+\theta)(1+\eta) + \alpha^2 A k_{t+1}^{\alpha-1}(1+n)(1+\theta)(1+\eta)\Big|_{k_{t+1}=\bar{k}}(k_{t+1} - \bar{k})$$

$$N' = \alpha(1+n)\eta(1-\alpha)A k_{t+1}^{\alpha-1}\Big|_{k_{t+1}=\bar{k}}(k_{t+1} - \bar{k})$$

$$\begin{aligned}Q' = &\{\tau_2 a_3 + \theta[1-\tau_1(1-a_1-a_3)]\}\alpha A k_{t+1}^{\alpha-1}(1-\alpha)A k_t^{\alpha-1}(1+\alpha)\Big|_{k_{t+1}=\bar{k},k_t=\bar{k}}(k_t - \bar{k}) +\\&\{\tau_2 a_3 + \theta[1-\tau_1(1-a_1-a_3)]\}\alpha(\alpha-1)A k_{t+1}^{\alpha-2}(1-\alpha)A k_t^{\alpha}\Big|_{k_{t+1}=\bar{k},k_t=\bar{k}}(k_{t+1} - \bar{k})\end{aligned}$$

由于 $M' + N' - Q' = 0$, 可得

$$\begin{aligned}&\left\{\begin{matrix}(1+n)(1+\theta)(1+\eta) + [\alpha + \alpha\theta + \alpha\theta\eta + \eta]\alpha(1+n)A k_{t+1}^{\alpha-1}\\ - \{\tau_2 a_3 + \theta[1-\tau_1(1-a_1-a_3)]\}\alpha(\alpha-1)A k_{t+1}^{\alpha-2}(1-\alpha)A k_t^{\alpha}\end{matrix}\right\}(k_{t+1} - \bar{k}) +\\&A k_t^{\alpha-1}(\alpha-1)\{\tau_2 a_3 + \theta[1-\tau_1(1-a_1-a_3)]\}(\alpha^2 A k_{t+1}^{\alpha-1} + \alpha)(k_t - \bar{k}) = 0\end{aligned}$$

因此

$$\beta_1 = \left\{\begin{matrix}(1+n)(1+\theta)(1+\eta) + [\alpha + \alpha\theta + \alpha\theta\eta + \eta]\alpha(1+n)A k_{t+1}^{\alpha-1}\\ - \{\tau_2 a_3 + \theta[1-\tau_1(1-a_1-a_3)]\}\alpha(\alpha-1)A k_{t+1}^{\alpha-2}(1-\alpha)A k_t^{\alpha}\end{matrix}\right\}$$

$$\beta_2 = A k_t^{\alpha-1}(\alpha-1)\{\tau_2 a_3 + \theta[1-\tau_1(1-a_1-a_3)]\}(\alpha^2 A k_{t+1}^{\alpha-1} + \alpha) < 0$$

稳态条件为

$$0 < \frac{k_{t+1} - \bar{k}}{k_t - \bar{k}} = -\frac{\beta_2}{\beta_1} < 1$$

即 $\beta_1 + \beta_2 > 0$。

一般均衡时，资本劳动比满足

$$(1 + n)(1 + \alpha A\bar{k}^{\alpha-1})\bar{k}(1 + \theta)(1 + \eta) + (1 + n)\eta(1 - \alpha)A\bar{k}^{\alpha} - \{\tau_2 a_3 + \theta[1 - \tau_1(1 - a_1 - a_3)]\}(1 + \alpha A\bar{k}^{\alpha-1})(1 - \alpha)A\bar{k}^{\alpha} = 0 \quad (10.12)$$

联立式(10.2)—式(10.5)、式(10.7)、式(10.8)、式(10.10)，可求得各变量的均衡解

$$\bar{C}_1 = \frac{[1 - \tau_1(1 - a_1 - a_3)](1 - \alpha)A\bar{k}^{\alpha}}{1 + \eta} - (1 + n)\bar{k} \quad (10.13)$$

$$\bar{C}_2 = (1 + \alpha A\bar{k}^{\alpha-1})(1 + n)\bar{k} + (1 - \alpha)A\bar{k}^{\alpha}\frac{(1 + n)\eta - \tau_2 a_3(1 + \alpha A\bar{k}^{\alpha-1})}{1 + \eta} \quad (10.14)$$

$$\bar{r} = \alpha A\bar{k}^{\alpha-1} \quad (10.15)$$

$$\bar{w} = \frac{(1 - \alpha)A\bar{k}^{\alpha}}{1 + \eta} \quad (10.16)$$

$$\bar{S} = (1 + n)\bar{k} - \frac{(a_1 + a_3)(1 - \alpha)A\bar{k}^{\alpha}}{1 + \eta} \quad (10.17)$$

$$\bar{U} = \ln \bar{C}_1 + \theta \ln \bar{C}_2 \quad (10.18)$$

(5)比较静态分析

对式(10.12)在稳态 k 处，对税率、基本养老保险缴费率、商保缴费率、资本劳动比求微分得

$$\varphi_1 \mathrm{d}\tau_1 + \varphi_2 \mathrm{d}\tau_2 + \varphi_3 \mathrm{d}a_1 + \varphi_4 \mathrm{d}\eta + \varphi_5 \mathrm{d}a_3 + \varphi_6 \mathrm{d}\bar{k} = 0$$

可求得

$$\varphi_3 = (1 - \alpha)A\bar{k}^{\alpha}[(1 + \alpha A\bar{k}^{\alpha-1})\theta(1 - \tau_1) - 1]$$

$$\varphi_5 - (\tau_2 + 1)(\alpha - 1)A\bar{k}^{\alpha}(1 + \alpha A\bar{k}^{\alpha-1}) + \theta(1 - \tau_1)(1 - \alpha)A\bar{k}^{\alpha}(1 + \alpha A\bar{k}^{\alpha-1}) < 0$$

$$\varphi_6 = (1+n)(1+\eta)(2+\alpha^2 A\bar{k}^{\alpha-1}) - (1-\alpha)\alpha A\bar{k}^{\alpha-1}\{(1+\alpha A)[\tau_2 a_3+\theta(1-\tau_1)(1-a_1-a_3)] - (1+n)\eta + (a_1 + a_3)\}$$

$$\frac{\mathrm{d}\bar{k}}{\mathrm{d}a_1} = -\frac{\varphi_3}{\varphi_6}, \qquad \frac{\mathrm{d}\bar{k}}{\mathrm{d}a_3} = -\frac{\varphi_5}{\varphi_6}$$

基本养老保险缴费率、商业养老保险缴费率对于资本劳动比的影响取决于 φ_3,φ_6 的符号，而 φ_3,φ_6 的符号受有关变量参数值的影响，无法直接判定，后文将对数值模拟进行分析。

2)已参加基本养老保险和企业年金人群

目前，我国对企业年金存在税收优惠政策，根据《关于企业年金职业年金个人所得税有关问题的通知》(以下简称“财税〔2013〕103 号”)规定，对于不超过工资基数一定比例的年金缴付可享受个人所得税递延。对于已参加基本养老保险、企业年金的人群，其购买商业保

险后个人效用最大化问题可表示为

$$\max U = \ln C_{1,t} + \theta \ln C_{2,t+1} \tag{10.19}$$

$$\text{s.t. } C_{1,t} = [1 - a_1 - a_2 - a_3 - \tau_1(1 - a_1 - a_2 - a_3)]w_t - S_t \tag{10.20}$$

$$C_{2,t+1} = (1 + r_{t+1})S_t + (1 + r_{t+1})a_1 w_t + P_{t+1} + (1 - \tau_2^1)A_{t+1} + (1 - \tau_2)BP_{t+1} \tag{10.21}$$

$$A_{t+1} = (1 + r_{t+1})(a_2 + b)w_t \tag{10.22}$$

式中　a_2, b——个人、企业缴纳企业年金占其工资基数的比例；

A_{t+1}——企业年金账户累计额；

τ_2^1——企业年金适用税率。

企业的目标依旧是选择最优的产量以实现利润最大化，此时

$$Y_t = AK_t^{\alpha} N_{1,t}^{1-\alpha} = r_t K_t + (1 + \eta + b) w_t N_{1,t}$$

根据 Euler 定理，可得

$$r_t = \alpha A k_t^{\alpha-1} \tag{10.23}$$

$$w_t = \frac{(1-\alpha)Ak_t^{\alpha}}{1+\eta+b} \tag{10.24}$$

政府的职责不变，此时的个人所得税收入受企业年金缴费率的影响，则

$$T_t = (1 - a_1 - a_2 - a_3)\tau_1 w_t N_{1,t} + \tau_2^1 A_t N_{2,t} + \tau_2 BP_t N_{2,t} = G_t$$

可得到单位资本为

$$K_{t+1} = N_{1,t} s_t + (a_1 + a_2 + b + a_3) w_t N_{1,t} \tag{10.25}$$

$$k_{t+1}(1+n) = S_t + (a_1 + a_2 + a_3 + b) w_t \tag{10.26}$$

将上述约束条件代入效用最大化一阶条件，可得到动态均衡系统为

$$(1+\theta)(1+\alpha A\bar{k}^{\alpha-1})\bar{k}(1+n) + (1+n)\eta\frac{(1-\alpha)A\bar{k}^{\alpha}}{1+\eta+b} -$$

$$\{\tau_2^1(a_2+b) + \tau_2 a_3 + \theta[1-\tau_1(1-a_1-a_2-a_3)]\}(1+\alpha A\bar{k}^{\alpha-1})\frac{(1-\alpha)A\bar{k}^{\alpha}}{1+\eta+b} -$$

$$b\theta(1+\alpha A\bar{k}^{\alpha-1})\frac{(1-\alpha)A\bar{k}^{\alpha}}{1+\eta+b} = 0 \tag{10.27}$$

$$\bar{C}_1 = [1-\tau_1(1-a_1-a_2-a_3)]\frac{(1-\alpha)A\bar{k}^{\alpha}}{1+\eta+b} - \bar{k}(1+n) + b\frac{(1-\alpha)A\bar{k}^{\alpha}}{1+\eta+b} \tag{10.28}$$

$$\bar{C}_2 = (1+\alpha A\bar{k}^{\alpha-1})\bar{k}(1+n) + \{(1+n)\eta - [\tau_2^1(a_2+b) + \tau_2 a_3]$$

$$(1+\alpha A\bar{k}^{\alpha-1})\}\frac{(1-\alpha)A\bar{k}^{\alpha}}{1+\eta+b} \tag{10.29}$$

$$\bar{S} = \bar{k}(1+n) - (a_1+a_2+a_3+b)\frac{(1-\alpha)A\bar{k}^{\alpha}}{1+\eta+b} \tag{10.30}$$

$$w_t = \frac{(1-\alpha)Ak_t^{\alpha}}{1+\eta+b} \tag{10.31}$$

对式(10.27)在稳态 k 处,对税率、基本养老保险缴费率、商保缴费率、资本劳动比求微分得

$$\varphi_1 \mathrm{d}\tau_1 + \varphi_2 \mathrm{d}\tau_2 + \varphi_3 \mathrm{d}\tau_2^1 + \varphi_4 \mathrm{d}a_1 + \varphi_5 \mathrm{d}\eta + \varphi_6 \mathrm{d}a_2 + \varphi_7 \mathrm{d}a_3 + \varphi_8 \mathrm{d}\bar{k} = 0$$

可求得

$$\varphi_4 = -\tau_1\theta(1 + \alpha A\bar{k}^{\alpha-1})\frac{(1-\alpha)A\bar{k}^{\alpha}}{1+\eta+b} < 0$$

$$\varphi_7 = (\theta\tau_1 - \tau_2)(1 + \alpha A\bar{k}^{\alpha-1})\frac{(1-\alpha)A\bar{k}^{\alpha}}{1+\eta+b}$$

$$\varphi_8 = (1+\theta)(1+\alpha^2 A\bar{k}^{\alpha-1})(1+n) + (1+n)\eta\frac{(1-\alpha)\alpha A\bar{k}^{\alpha-1}}{1+\eta+b} - \{\tau_2^1(a_2+b) + \tau_2 a_3 + \theta[1-\tau_1(1-a_1-a_2-a_3)] + b\theta\}[\alpha A\bar{k}^{\alpha-1} + \alpha(2\alpha-1)A\bar{k}^{2\alpha-2}]\frac{1-\alpha}{1+\eta+b}$$

$$\frac{\mathrm{d}\bar{k}}{\mathrm{d}a_1} = -\frac{\varphi_4}{\varphi_8}, \qquad \frac{\mathrm{d}\bar{k}}{\mathrm{d}a_3} = -\frac{\varphi_7}{\varphi_8}$$

加入企业年金后,基本养老保险缴费率、商业养老保险缴费率对于资本劳动比的影响取决于 φ_7,φ_8 的符号,而 φ_7,φ_8 的符号受有关变量参数值的影响,无法直接判定,后文将进行数值模拟进行分析。

10.1.4　数值模拟

1)参数赋值

世代交叠模型中一期的时间跨度通常在25~30年,本书选定以30年为一期跨度。假设个人效用一年的折现因子为0.98,则一个跨度期的贴现率为 $\theta = 0.98^{30} \approx 0.545\,484$。因参加基本养老保险、企业年金的人员多为城镇人口,故根据国家统计局公布城镇人口数据可知,1986年城镇人口约为26 366万人,2016年城镇人口约为79 298万人,30年间城镇人口增长率约为 $n = (79\,298/26\,366) - 1 \approx 2.007\,59$。参考Kan和Wang(2013)关于我国资本收入份额的测算,本书取 α 为0.67。根据《关于完善企业职工基本养老保险制度的决定》规定,取基本养老保险个人缴费率为8%,企业缴费率为20%。财税〔2013〕103号文件规定,企业年金最高的递延比例是4%,因此,本书假设个人缴纳企业年金的比例为4%,企业按同等比例为员工缴纳。根据《关于开展个人税收递延型商业养老保险试点的通知》规定,领取的商业养老金中75%的部分需按照10%的比例税率计算缴纳个人所得税,相当于退休后税率为7.5%。考虑目前城镇单位就业人员月平均工资水平,假定个人所得税率为10%的档次,参考李国璋和刘津汝(2011)关于全要素生产率的测算结果,取 A 为1.9。

2)情境设计

(1)“两层次”情境设计

“两层次”养老保险体系是指个人参加的养老保险,包括基本养老保险和商业养老保险

两个层次。为分析不同商业养老保险缴费水平对个人福利、资本产出等影响，设计4种情境。情境A为对照组，个人只参加基本养老保险，没有购买商业养老保险；情境B、情境C、情境D中个人在参加基本养老保险的同时，分别按工资的2%，4%，6%购买商业养老保险。考虑目前社保信息化体系建设并不健全，参保人员存在少缴社保的可能性。为分析以少缴基本养老保险为"代价"，购买商业养老保险是否有利于提高个人福利，设计情境E、情境F、情境G为当基本养老保险个人缴费率降低2%后，分别按工资的2%，4%，6%购买商业养老保险。

(2)"三层次"情境设计

"三层次"养老保险体系是指个人参加的养老保险，包括基本养老保险、企业年金和商业养老保险3个层次。为分析加入企业年金后，不同个人商业养老保险缴费水平对个人福利、资本产出等影响，设计4种情境。情境A'为基础组，个人只参加基本养老保险和企业年金，没有购买商业养老保险；情境B'、情境C'、情境D'中个人在参加基本养老保险和企业年金的基础上，分别以工资的2%，4%，6%购买商业养老保险。为分析已拥有企业年金账户群体，若少缴基本养老保险，多买商业养老保险是否有利于提高个人福利，设计情境E'、情境F'、情境G'为当基本养老保险个人缴费降低2%后，分别按工资的2%，4%，6%购买商业养老保险。

3)模拟结果

(1)"两层次"情境模拟结果

将参数值及情境A至情境G下的缴费率代入式(10.12)—式(10.18)，可得到当参保人员在参加基本养老保险基础上按不同工资比例购买商业养老保险，达到动态均衡状态时各变量的均衡值。其模拟结果见表10.1[①]。

表10.1　情境A至情境D的模拟结果及变化率

经济变量		情境A	情境B		情境C		情境D	
			模拟结果	变化率/%	模拟结果	变化率/%	模拟结果	变化率/%
资本产出	K	0.000 14	0.000 14	0.71	0.000 14	1.42	0.000 14	2.13
	Y	0.004 88	0.004 90	0.47	0.004 92	0.95	0.004 95	1.42
要素价格	R	12.647 48	12.618 10	−0.23	12.588 85	−0.46	12.559 72	−0.69
	W	0.001 34	0.001 35	0.47	0.001 35	0.95	0.001 36	1.42
储蓄	S	0.000 30	0.000 28	−8.14	0.000 25	−16.37	0.000 23	−24.67
个人福利	C_1	0.000 81	0.000 81	0.69	0.000 82	1.38	0.000 83	2.07
	C_2	0.011 05	0.011 05	0.02	0.011 05	0.05	0.011 05	0.07
	U	−9.577 57	−9.570 58	0.07	−9.563 60	0.15	−9.556 65	0.22

① 本书表10.1、表10.2中的变化率各情境模拟结果是相对情境A模拟结果的变化率；表10.3、表10.4中的变化率是各情境相对情境A'模拟结果的变化率。

由表 10.1 可知,情境 B 下购买商业养老保险的缴费率为 2% 时,工作期消费、退休期消费分别增加 0.69% 和 0.02% ,一生效用水平提高 0.07% ;当购买商业养老保险的缴费率提高 1 倍时(即情境 C),工作期消费、一生效用水平的变化率约提高了 1 倍,而退休期消费的变化率提高幅度约为 0.963,略小于 1 倍[①]。当购买商业养老保险的缴费率提高 2 倍时(即情境 D),退休期消费提高幅度约为 1.888。可见,情境 B、情境 C、情境 D 下个人两期消费、一生效用水平均高于情境 A 的模拟结果。说明,购买商业保险,可提高个人福利,但购买行业养老保险对于个人工作期消费和一生效用水平的改善程度高于对退休期消费的改善程度。由表 10.1 可知,资本劳动比、产出劳动比、工资与商业养老保险缴费率呈同向变动,与利率、储蓄呈反向变动。若个人在降低实际基本养老保险缴费率基础上购买商业养老保险,模拟结果见表 10.2。

表 10.2　情境 E 至情境 G 的模拟结果及变化率

经济变量		情境 E		情境 F		情境 G	
		模拟结果	变化率/%	模拟结果	变化率/%	模拟结果	变化率/%
资本产出	K	0.000 14	0.04	0.000 14	0.74	0.000 14	1.46
	Y	0.004 88	0.02	0.004 90	0.50	0.004 93	0.97
要素价格	R	12.645 94	−0.01	12.616 57	−0.24	12.587 32	−0.48
	W	0.001 34	0.02	0.001 35	0.50	0.001 35	0.97
储蓄	S	0.000 30	0.04	0.000 28	−8.10	0.000 25	−16.33
个人福利	C_1	0.000 81	0.02	0.000 81	0.71	0.000 82	1.40
	C_2	0.011 00	−0.43	0.011 00	−0.41	0.011 00	−0.38
	U	−9.579 74	−0.02	−9.572 75	0.05	−9.565 78	0.12

由表 10.2 可知,情境 E 下个人工作期消费相对情境 A 有所提高,但退休期消费和一生效用水平降低。说明,面对具有税收优惠的商业养老保险,个人应在保证目前基本养老保险缴费水平的基础上,另外购买商业养老保险,而以"挪用"缴纳基本养老保险的钱来购买商业养老保险将降低一生的效用水平,并非理性的决策。在情境 E、情境 F 下个人两期消费、一生效用水平相对情境 E 均有所提高,但是退休期消费仍低于情境 A。当购买商业保险的比例提高至 4% 时,个人效用才提高 0.05% 。说明,对于只参加基本养老保险的个人,若以降低基本养老保险缴费为"代价",需要购买更多的商业养老保险才能保证效用水平的提高,而即使个人基本养老保险和商业养老保险缴费率之和提高,但对于个人一生效用水平的改善程度却较低。

① 情境 B 下退休期消费变化率约为 0.024 85%,情境 C 下退休期消费变化率约为 0.048 77%,相对情境 B 增长率 0.963 = (0.048 77% − 0.024 85%)/0.024 85% 倍。限于篇幅,本书变化率取小数点后两位。

(2)“三层次”模拟结果

将参数值及情境 A' 至情境 G' 的缴费率代入式(10.15)、式(10.18)、式(10.27)—式(10.31)可得到当参保人员在参加基本养老保险基础上按不同工资比例购买商业养老保险,达到动态均衡状态时各变量的均衡值。其模拟结果见表 10.3。

表 10.3 情境 A' 至情境 D' 的模拟结果及变化率

经济变量		情境 A'	情境 B'		情境 C'		情境 D'	
			模拟结果	变化率/%	模拟结果	变化率/%	模拟结果	变化率/%
资本产出	K	0.000 150	0.000 152	1.50	0.000 154	3.01	0.000 156	4.54
	Y	0.005 199	0.005 252	1.00	0.005 304	2.01	0.005 356	3.02
要素价格	R	12.255 965	12.195 921	−0.49	12.136 463	−0.98	12.077 843	−1.45
	W	0.001 430	0.001 444	1.00	0.001 459	2.01	0.001 473	3.02
储蓄	S	0.000 229	0.000 205	−10.25	0.000 181	−20.72	0.000 157	−31.42
个人福利	C_1	0.000 867	0.000 877	1.07	0.000 886	2.14	0.000 895	3.21
	C_2	0.011 491	0.011 559	0.59	0.011 627	1.18	0.011 695	1.77
	U	−9.486 291	−9.472 465	0.15	−9.458 702	0.29	−9.445 059	0.43

由表 10.3 可知,情境 B' 购买商业养老保险的缴费率为 2% 时,工作期消费、退休期消费分别增加 1.07% 和 0.59%,一生效用水平提高 0.15%;当购买商业养老保险的缴费率提高 1 倍时(情境 C'),两期消费约提高 1 倍,而效用水平提高幅度约为 0.995,略小于 1 倍。当购买商业养老保险的缴费率提高 2 倍时(情境 D'),退休期消费提高幅度约为 1.982。可见,情境 B'、情境 C'、情境 D' 下个人两期消费、一生效用水平均高于情境 A' 的模拟结果。说明,购买商业保险,可提高个人福利,但购买行业养老保险对于个人两期消费改善程度略高于对效用水平的改善程度。对比表 10.1 可见,购买商业养老保险对于已参加基本养老保险人员消费、效用水平的改善程度大于对仅参加基本养老保险的参保人员消费、效用水平的改善程度。从表 10.3 可见,资本劳动比、产出劳动比、工资与商业养老保险缴费率呈同向变动,与利率、储蓄呈反向变动,但“三层次”情境下个人税收递延型商业养老保险对资本产出、要素价格的影响程度大于“两层次”情境下个人税收递延型商业养老保险对资本产出、要素价格的影响程度。对于已参加基本养老保险、企业年金的人员,若其在降低实际基本养老保险缴费率基础上购买商业养老保险后。其模拟结果见表 10.4。

表 10.4 情境 E' 至情境 G' 的模拟结果及变化率

经济变量		情境 E'		情境 F'		情境 G'	
		模拟结果	变化率/%	模拟结果	变化率/%	模拟结果	变化率/%
资本产出	K	0.000 151	0.87	0.000 150	0.58	0.000 153	2.08
	Y	0.005 230	0.58	0.005 220	0.39	0.005 272	1.39

续表

经济变量		情境 E'		情境 F'		情境 G'	
		模拟结果	变化率/%	模拟结果	变化率/%	模拟结果	变化率/%
要素价格	R	12. 221 132	-0. 28	12. 232 721	-0. 19	12. 172 904	-0. 68
	W	0. 001 438	0. 58	0. 001 435	0. 39	0. 001 450	1. 39
储蓄	S	0. 000 231	1. 14	0. 000 230	0. 76	0. 000 207	-9. 53
个人福利	C_1	0. 000 871	0. 43	0. 000 870	0. 29	0. 000 879	1. 35
	C_2	0. 011 509	0. 16	0. 011 503	0. 10	0. 011 571	0. 70
	U	-9. 481 135	0. 05	-9. 482 851	0. 04	-9. 469 048	0. 18

由表 10. 4 可知，情境 E' 下两期消费、一生效用水平高于情境 A' 下两期消费、一生效用水平，但退休期消费低于情境 A' 下的退休期消费。当商业养老保险缴费率增加，即情境 F'、情境 G' 下，两期消费、个人一生效用水平相对情境 A' 均能得到提高，储蓄也能提高。说明，对于拥有企业年金、基本养老保险参保人员，其以降低基本养老保险缴费率增加商业养老保险缴费率能一定程度提高其效用水平，且增加储蓄。对比表 10. 2“两层次”情境下的模拟结果可见，“三层次”下降低基本养老保险缴费，购买商业养老保险不会对个人福利造成负面影响。对比情境 E'、情境 F'、情境 G' 可见，当商业养老保险缴费率提高 1 倍时，个人一生效用水平提高 0. 04%；商业养老保险缴费率提高 2 倍时，个人一生效用水平提高 0. 18%。可见，降低基本养老保险缴费率后个人税收递延型商业养老保险对个人福利的改善程度降低。

10. 1. 5　主要结论

本书基于一般均衡的世代交叠模型，分析了在个人税收递延型商业养老保险试点政策下，已参加基本养老保险、企业年金的人员，若购买商业养老保险对其个人福利、储蓄、资本产出等影响，求解了不同基本养老保险个人缴费率、商业养老保险缴费率下经济体中各指标的最优解。

本书测算结果说明，个人税收递延型商业养老保险制度的建立有利于资本劳动比、产出劳动比等宏观经济变量的提高；对生产要素价格的影响，有利于拉动经济的增长、刺激个人的消费与投资。“三层次”情境下个人税收递延型商业养老保险对资本产出、要素价格的影响程度大于“两层次”情境下个人税收递延型商业养老保险对资本产出、要素价格的影响程度。购买商业养老保险能提高个人一生效用和两期消费；同等比例的商业养老保险缴费率下，购买商业养老保险对同时参加基本养老保险、企业年金人员一生效用的改善程度优于对仅参加基本养老保险人员一生效用的改善程度。对于仅参加基本养老保险的人员，若“挪用”缴纳基本养老保险费的钱用于购买商业养老保险，虽可增加其工作期消费，却降低了退休期消费和一生效用水平，因此，这不是理性的决策行为。若一定程度缩减基本养老保险缴费，则需以更大工资占比购买商业养老保险才能保证个人福利水平提高。相同经济环境下，对已参加基本养老保险且拥有企业年金的人员,缩减基本养老保险缴费购买商业养老保险,不会对个人福利造成负面影响,但是增加商业养老保险缴费对个人福利的改善程度却相对降低。

10.2 征缴机构改革能否降低养老金财政负担

10.2.1 引 言

我国自基本养老保险实行“统账结合”模式以来,因管理过程中权责划分不清、监督不到位,现收现付制的统筹账户在发放养老金时,存在“挪用个账”的现象,致使个人账户存在严重的“资产不实”①。2018 年 3 月中共中央印发《深化党和国家机构改革方案》,将社保费和法定的非税收入逐步划由税务部门征收,此项改革不仅有利于降低社保费和非税收入征收成本,同时有利于促进缴费遵从、提高实际征缴率。改革方案缩减了正部级机构减少 8 个,副部级机构减少 7 个,但涉及民生和社会建设的部门未减反增,可见,决策层对于民生问题的重视。那么,对相关养老保险征缴机构改革能否解决养老保险基金实际管理运营和历史遗留问题呢?在人口老龄化的不断冲击下,养老保险征缴机构改革对于缓解养老金财政负担的效用如何?不同生育水平下,目标征缴率需达到多少,才能保证养老保险基金的可持续性呢?

基本养老保险的周转期较长,横跨了参保人的工作期和退休期,而且养老保险制度的改革受人口、经济、政治等多重因素的影响且存在较长的“潜伏期”,在未来若干年后才能显现出来。通过精算方法,则可从长期的角度,对现行制度下基本养老保险的未来状况进行测算分析,发现潜在风险及问题。以往测算基本养老保险的研究主要集中在以下两个方面:第一,关于养老保险基金负债、缺口、财政负担的测算研究,以分析制度的可持续性(蒋云赟,2013;王晓军 等,2013a;余立人,2012;刘学良,2014)。杨再贵和石晨曦(2016)基于封闭人口,从存量的角度建模,对企业职工个人账户未来财政负担的精算现值以及养老金替代率进行了测算。第二,关于政策参数、单个指标合理性的研究,主要集中于对退休年龄、缴费率、基金收益率、覆盖率等参数对养老保险基金运行的影响、参数间关系、参数值合理性的分析(王晓军 等,2015;艾慧 等,2012;王晓洁 等,2015;王亚柯 等,2016)。曾益(2016)等在“单独二孩”和“全面二孩”的背景下,针对出生率指标对养老保险收支进行测算,分析对养老金支付危机的影响。他们认为,如果 54% 合规夫妇生育二孩,则在 2090 年前,养老基金均具有偿付能力,不会出现基金赤字。这些研究多是从存量角度,对封闭人口下养老保险基金

① 截至 2015 年,企业职工基本养老保险基金累计结余收不抵支的省份已经达到 6 个,比上年增加了 4 个。累计结余下降的省份达到 5 个,比上年增加了 3 个。

运行情况建立精算模型,最终得到某个时点的测算结果。我国基本养老保险基金虽是"统账结合"模式,但实际运行过程中,统筹账户和个人账户并未实质性地分开管理,无论是属于基金积累制的个人账户,还是现收现付制的统筹账户,其偿付能力均受当期基本养老保险基金净资金流的影响。因此,对基本养老保险基金在各时点的资金流情况的测算,有利于分析当期养老保险基金的运行情况。关于基本养老金财政负担的测算研究,人口结构的测算对最终结果的影响较大。在目前"二孩"政策背景下,我国生育率水平将有所提高。因此,关于城镇人口的测算应全面考虑出生率、死亡率、迁移率等因素的影响,而以往文献中人口结构的测算仅侧重于对死亡率的分析。关于基本养老保险收支失衡所产生的财政负担,是否在财政补助限度内有待进一步深入分析。

本书从流量角度,针对企业职工基本养老保险财政负担建模适用于未来各个时点,并且最终测算结果不仅能展现纵向企业职工基本养老保险资金流、财政负担随时间的变动趋势,而且能横向展示年度内企业职工基本养老保险资金流的组成情况。为更全面衡量生育政策对人口的影响,运用 PADIS-INT 等新工具、新技术分别从高、中、低生育率水平测算中国人口结构的变化。基于精算基础假设,测算对征缴机构改革后企业职工基本养老保险资金流及财政负担情况,分析基本养老保险收支失衡所产生的财政负担,是否在财政补助限度内,并提出提高企业职工基本养老保险自平衡性的政策建议。

10.2.2　精算模型

1)统筹账户基金支出模型

(1)支付"老人"的统筹账户养老金

"老人"的统筹账户养老金水平是由其退休前一年社会平均工资水平、养老金替代率水平和养老金随年龄增长率决定的。用 $\overline{W}_t$ 表示 t 年社会平均工资,R_t 表示 t 年的养老金替代率,ρ_t 表示第 t 年的养老金增长率①, $B_{t,x}^{O}$ 表示 t 年 x 岁"老人"领取的统筹账户养老金。

当 $2016 \leqslant t \leqslant z+(\omega-r)$ 时,"老人"的年龄区间为 $[r+t-z,\omega]$。t 年 x 岁"老人",其在 t 年领取的统筹账户养老金可表示为

$$B_{t,x}^{O} = (1+b)^{x-(r+t-z)} B_{t,r+t-z}^{O} = (1+b)^{x-(r+t-z)} R_z \overline{W}_{z-1} \prod_{m=z}^{t-1} (1+\rho_m)$$

$L_{t,x}^{i}$ 表示 t 年 x 岁 i 类职工的城镇人数,其中,$i=1,2,3$ 分别表示男职工、女干部和女工人②。θ_t 表示 t 年城镇职工基本养老保险覆盖率,σ_t 表示 t 年参加企业职工基本养老保险的退休人数占参加城镇职工基本养老保险的城镇退休人数的比例。$L_{t,x}\theta_t\sigma_t$ 表示 t 年 x 岁的参加企业职工基本养老保险的退休人数③。用 EP_t^{O} 表示 t 年支付"老人"的统筹账户养老

① 假设养老金的增长率约为工资的 80%。

② 假设城镇企业女性职工中女干部和女工人的比例为 1∶3。

③ 本书假设参加城镇职工基本养老保险退休人数占参加城镇职工基本养老保险退休人数的比例与参加城镇职工基本养老保险总人数占参加城镇职工基本养老保险总人数的比例相同。

金,则

$$EP_t^O = \sum_{i=1}^{3} \sum_{x=r+t-z}^{\omega} L_{t,x}^i \theta_t \sigma_t B_{t,x}^O \tag{10.32}$$

(2)支付“中人”的统筹账户养老金

为保证“中人”生活水平,在发放基础养老金的同时,还要按一定规则发放过渡性养老金,即

“中人” 领取的基础养老金 =(退休前一年当地在岗职工平均工资 + 本人指数化平均缴费工资)÷ 2 × 缴费年限 × 1%

过渡性养老金主要由指数化平均缴费工资、计发系数 ε、1997 年年底前视同缴费年限 3 个因素决定,计发系数 ε 设为 1.2%①。用 $\overline{W}_t$ 表示 t 年的平均工资,$S_{t,x}$ 表示 t 年 x 岁参保人员的缴费工资,$J_{t,x}$ 和 $T_{t,x}$ 分别表示 t 年 x 岁退休人员领取的基础养老金和过渡性养老金,则 t 年 x 岁的退休“中人”,其在 t 年领取的基础养老金、过渡性养老金可分别表示为

$$\begin{aligned} J_{t,x} &= J_{t-(x-r),r} \prod_{m=t-(x-r)}^{t-1} (1+\rho_m) \\ &= \frac{\overline{W}_{t-(x-r)-1}}{2} \left[1 + \frac{1}{t-(x-r)-z} \sum_{k=1}^{t-(x-r)-z} \frac{S_{t-(x-r)-k,r-k}}{\overline{W}_{t-(x-r)-k}} \right] \cdot \\ &\quad [t-(x-r)-z]\% \prod_{m=t-(x-r)}^{t-1} (1+\rho_m) \end{aligned}$$

$$\begin{aligned} T_{t,x} &= T_{t-(x-r),r} \prod_{m=t-(x-r)}^{t-1} (1+\rho_m) \\ &= \varepsilon [r-e-(t-x+r-z)] \frac{1}{t-(x-r)-z} \sum_{k=1}^{t-(x-r)-z} \frac{S_{t-(x-r)-k,r-k}}{\overline{W}_{t-(x-r)-k}} \prod_{m=t-(x-r)}^{t-1} (1+\rho_m) \end{aligned}$$

用 EP_t^M 表示 t 年支付“中人”统筹账户养老金,当 $2016 \leqslant t < r-e+z-1$ 时,退休“中人”的年龄区间为 $[r,\ r-1+t-z]$,则

$$EP_t^M = \sum_{i=1}^{3} \sum_{x=r}^{r+t-z-1} L_{t,x}^i \theta_t \sigma_t (J_{t,x} + T_{t,x}) \tag{10.33}$$

当 $r-e+z-1 \leqslant t \leqslant 2095$ 时,退休“中人”的年龄区间为 $[e+1+t-z,\ \min(r+t-z-1,\omega)]$,则

$$EP_t^M = \sum_{i=1}^{3} \sum_{x=e+t-(z-1)}^{\min(r+t-z-1,\omega)} L_{t,x}^i \theta_t \sigma_t (J_{t,x} + T_{t,x}) \tag{10.34}$$

(3)支付“新人”的统筹账户养老金

“新人”的统筹账户养老金由退休前一年当地在岗职工平均工资、本人指数化平均缴费工资、缴费年限、养老金增长率 4 个因素决定。用 $B_{t,x}^N$ 表示 t 年 x 岁“新人”领取的统筹账户养老金。测算期内 $t(t \in [z+r-e, 2095])$ 年 x 岁 $(x \geqslant r)$ “新人”,其在 t 年领取的统筹账户养老金为

① 按现有规定,控制为 1% ~1.4%。

$$B_{t,x}^{N}=B_{t-(x-r),r}^{N}\prod_{k=t-(x-r)}^{t-1}(1+\rho_k)=\frac{\overline{W}_{t-(x-r)-1}}{2}\left(1+\frac{1}{r-e}\sum_{k=1}^{r-e}\frac{S_{t-(x-r)-k,r-k}}{\overline{W}_{t-(x-r)-k}}\right)\cdot (r-e)\%\prod_{m=t-(x-r)}^{t-1}(1+\rho_m)$$

用 EP_t^N 表示 t 年支付“新人”统筹账户养老金，$z+r-e\leqslant t\leqslant 2095$ 时，退休“新人”的年龄区间为$[r,\ \min(t-z+e,\omega)]$，则

$$EP_t^N=\sum_{i=1}^{3}\sum_{x=r}^{\min(t-z+e,\omega)}L_{t,x}^{i}\theta_t\sigma_t B_{t,x}^{N} \tag{10.35}$$

2）个人账户基金支出模型

根据国发〔2005〕38 号文件规定，对于缴费满 15 年的参保人员，当期达到退休年龄至死亡前每月领取个人账户养老金，额度为其个人账户养老保险缴费累计额除以计发月数。缴费年限的计算包括实际缴费年限和视同缴费年限。由于“老人”在制度建立前已经退休，因此，退休后无个人账户养老金，仅“中人”和“新人”退休后可领取个人账户养老金。个人账户养老保险缴费是由职工基于其上年平均工资按规定比例进行缴纳的，假设缴费率为 c_2。用 $I_{t,x}^M$，$I_{t,x}^N$ 分别表示 t 年 x 岁$(x\geqslant r)$“中人”“新人”领取的个人账户养老金，j_t 表示 t 年个人账户的记账利率。

（1）支付“中人”的个人账户养老金

令 m_r 表示退休年龄为 r 时对应的个人账户养老金计发月数，对于 t 年 x 岁$(x\geqslant r)$的“中人”，其在 t 年领取的个人账户养老金为

$$I_{t,x}^M=I_{t+r-x,r}^M=\frac{c_2\cdot\sum_{k=1}^{t+r-x-z}S_{t+r-x-k,r-k}\cdot\prod_{h=0}^{k-1}(1+j_{t+r-x-k+h})}{\frac{m_r}{12}}$$

EI_t^M 表示 t 年支付“中人”的个人账户养老金，当 $2016\leqslant t\leqslant r+z-e-1$ 时，退休“中人”的年龄区间为$[r,\ r-1+t-z]$，则

$$EI_t^M=\sum_{i=1}^{3}\sum_{x=r}^{r+t-z-1}L_{t,x}^{i}\theta_t\sigma_t I_{t,x}^{M} \tag{10.36}$$

当 $r-e+z-1\leqslant t\leqslant\omega-e+(z-1)$ 时，退休“中人”的年龄区间为$[e+1+t-z,\ \min(r+t-z-1,\omega)]$，则

$$EI_t^M=\sum_{i=1}^{3}\sum_{x=e+t-(z-1)}^{\min(r+t-z-1,\omega)}L_{t,x}^{i}\theta_t\sigma_t I_{t,x}^{M} \tag{10.37}$$

（2）支付“新人”的个人账户养老金

测算期内 $t(t\in[z+r-e,2095])$ 年 x 岁$(x\geqslant r)$“新人”，其在 t 年领取的个人账户养老金为

$$I_{t,x}^N=I_{t+r-x,r}^N=\frac{c_2\cdot\sum_{k=1}^{r-e}S_{t+r-x-k,r-k}\cdot\prod_{h=0}^{k-1}(1+j_{t+r-x-k+h})}{\frac{m_r}{12}}$$

EI_t^N 表示 t 年支付给退休“新人”的个人账户养老金，当 $2016 \leqslant t<z+r-e$ 时，个人账户不用支付“新人”的个人账户养老金；当 $z+r-e \leqslant t \leqslant 2095$ 时，未来各年支付给“新人”的个人账户养老金可表示为

$$EI_t^N = \sum_{i=1}^{3} \sum_{x=r}^{\min(t-z+e,\omega)} L_{t,x}^i \theta_t \sigma_t I_{t,x}^N \tag{10.38}$$

3）**基金收入模型**

统筹账户基金的收入来自用人单位缴纳的基本养老保险费。根据企业职工基本养老保险制度的相关规定，用人单位需基于参保职工缴费工资按规定比例为其缴纳基本养老保险费。设企业基本养老保险缴费率为 c_1，IP_t 为第 t 年统筹账户养老保险缴费收入，则未来各年统筹账户基金的收入可表示为

$$IP_t = \sum_{i=1}^{3} \sum_{x=e}^{r-1} L_{t,x}^i \mu_t \theta_t \delta_t c_1 S_{t,x} \tag{10.39}$$

个人账户基金的收入来自参保人员缴纳的基本养老保险费。根据企业职工基本养老保险制度的相关规定，在职人员需基于上年工资水平按规定比例缴纳基本养老保险费。假设个人缴费率为 c_2，用 II_t 表示第 t 年个人账户养老保险缴费收入，则个人账户基金的缴费收入可表示为

$$II_t = \sum_{i=1}^{3} \sum_{x=e}^{r-1} L_{t,x}^i \theta_t \mu_t \delta_t c_2 S_{t,x} \tag{10.40}$$

4）**财政负担模型**

养老保险基金的自平衡性主要是指在不依赖外界资金支持的情况下，养老保险基金每年的缴费收入与年初的累计结余能满足当年养老金支出的需要。基本养老保险属于财政“兜底”，因此，基本养老保险基金无力支付的养老金将由财政支付。每年财政都会通过补贴、减免等方式对基本养老保险进行转移支付，本书不考虑财政每年对基本养老保险的转移支付，仅测算由于基本养老保险基金机制自身运行过程中因偿付能力不足造成的基本养老保险财政负担，则基本养老保险财政负担等于基本养老保险基金负债超过资产的规模。

当基本养老保险基金盈余时，基本养老保险机制具有偿付能力，不会对财政带来养老金支付压力，此时基本养老保险的财政负担为零。当基本养老保险基金出现赤字时，财政需向基本养老保险基金转移资金，以保证养老金的发放，此时基本养老保险的财政负担等于基本养老保险基金的赤字规模。令 FA_t 表示第 t 年的基本养老保险基金累计结余，FB_t 表示第 t 年财政需支付的基本养老金，当上年度基本养老保险基金累计结余盈余时，即 $FA_{t-1} \geqslant 0$，则第 t 年养老保险金财政负担与基本养老保险基金存在关系

$$FB_t = -\min(0, FA_t)$$

其中

$$FA_t = [FA_{t-1}(1 + i_{t-1}) + IP_t + II_t] - (EP_t^O + EP_t^M + EP_t^N + EI_t^M + EI_t^N)$$

当上年度基本养老保险基金累计结余赤字时，即 $FA_{t-1}<0$，则第 t 年养老保险金财政负担

$$FB_t = -\min[0,(FA_t - FA_{t-1})]$$

其中

$$FA_t = [FA_{t-1} + IP_t + II_t] - (EP_t^O + EP_t^M + EP_t^N + EI_t^M + EI_t^N)$$

10.2.3　人口结构与经济、制度参数测算

1)人口结构的测算

本书选用中国人口与发展研究中心开发的 PADIS-INT 软件。该软件是在联合国人口司指导下开发出来的,国际上多个国家的研究机构也采用此软件进行人口测算。该软件功能更强大,适用于长期的人口测算,并且准确率高①。

(1)生育率与新生儿性别比

考虑“全面二孩”政策的影响以及民众生育热情的不确定性,本研究对城镇人口的测算,基于高、中、低 3 种生育率水平分别进行。城镇人口生育水平参照联合国人口司 2015 关于我国高、中、低 3 种生育水平的数据。新生儿性别比等于一年内出生的男性总数与女性总数的比值。根据国家统计局公布的数据,2015 年我国新生儿性别比为 113.51(女婴为 100)。《国家人口发展规划》的目标是在 2030 年将出生人口性别比稳定在 107。因此,本书假定新生儿性别比自 2015 年的 113.51 逐年降至 2030 年 107,之后保持稳定。

(2)生育模式

借鉴以往学者关于生育率模型的研究(谢韦克　等,1993;陈辉　等,2003;虞丽萍　等,2006;赵佳音　等,2015),将育龄妇女生育率用对数正态分布表示,即

$$f(x) = \frac{k}{\delta(x - x_0)\sqrt{2\pi}} \times \exp\left\{-\frac{[\ln(x - x_0) - \mu]^2}{2\delta^2}\right\}$$

式中　$f(x)$——x 岁育龄妇女的生育率;

k——尺度转换因子,将对数正态分布函数根据生育率水平进行一定尺度的变动;

x_0——起始育龄年龄,由于我国的育龄年龄是 15 ~ 49 岁,因此假设 $x_0 = 15$。

本书基于联合国人口司对我国育龄妇女生育水平的分组测算数据,以拟合值与实际值残差平方和最小、R^2 最大为限制条件,得到上式中各参数值的最优解,进而测算各年龄妇女的生育率②。为方便计算,本书假设育龄妇女的生育模式在一定期间具有稳定性,即 2015—2055 年育龄妇女的生育模式相同,2056—2095 年育龄妇女的生育模式相同。

(3)预期寿命与死亡模式

预期寿命数据选取联合国人口司关于我国未来男女预期寿命的测算数据,2016—2095 年,我国男性平均预期寿命由 75.03 岁上升至 88.85 岁,女性平均预期寿命由 78.08 岁上升至 89.8 岁,女性平均预期寿命高于男性平均寿命,但是男女寿命之间的差距在缩小。联合

---

① 将 PADIS-INT 软件测算结果与联合国人口测算结果比较,误差小于 1%。

② 联合国人口司(2015)将从 15 岁起每 5 岁的育龄妇女设为一组,对各组育龄妇女的平均生育率进行高、中、低 3 种方案估计,但是并未对各个年龄育龄妇女的生育率进行估计。本书基于此分组数据进行拟合,具体测算步骤详见石晨曦《中国企业职工基本养老保险财政负担的精算研究》。

国发展中国家模型生命表包含5种,即拉美模型生命表、智利模型生命表、南亚模型生命表、远东模型生命表及一般模型生命表。远东模型生命表中分年龄死亡率随预期寿命延长而不断变动,死亡率下降的速度随年龄的增大而加快,反映了预期寿命对死亡率的影响,较为符合我国人口的死亡模式(郑伟 等,2014)。

(4)迁移水平及迁移模式

假设2050年时,我国城镇化率达到75%,以后保持稳定。根据第六次人口普查数据可得到农村向城镇迁移人口的年龄性别结构,假设该结构保持不变,2020年之前农村人口向城镇迁移规模每年为1 200万人、2021—2025年每年1 000万人、2026—2030年每年800万人、2031—2040年每年600万人、2041—2050年每年400万人,到2050年时城镇化率达到75%。根据《中国统计年鉴2016》中公布的2015年城镇分年龄性别人口结构及以上数据,可得到城镇人口结构,如图10.1所示。

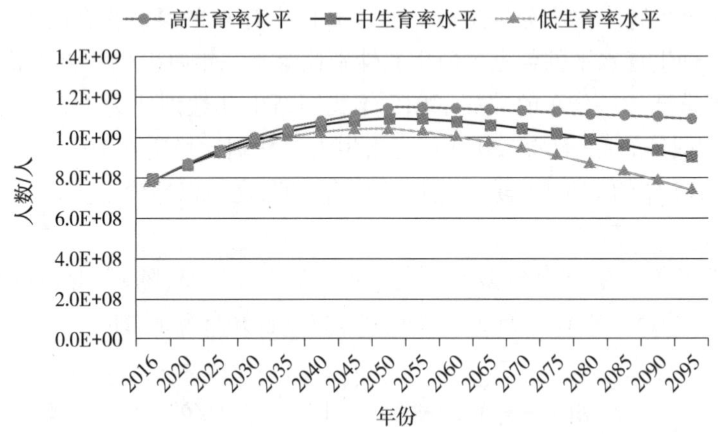

图10.1　高、中、低生育率水平下城镇人口总数变动趋势

2)基准参数设置

(1)入职年龄、退休年龄、终极年龄

假设企业职工平均入职年龄为20岁。根据《劳动法》规定,企业男性人员的退休年龄为60岁,女干部的退休年龄为55岁,女工人的退休年龄为50岁。终极年龄假设为100岁。

(2)缴费率

根据国发〔2005〕38号文件规定,企业职工基本养老保险缴费率为28%,其中,单位基于上年平均工资缴纳20%,个人基于上年平均工资缴纳8%。

(3)“老人”基础养老金的计发比例

“老人”基础养老金按其退休前一年社会平均工资的一定比例发放。本书假设此比例等于社会平均养老金替代率。根据《2015年度人力资源和社会保障事业发展统计公报》可知,2015年城镇企业职工养老金总支出为25 813亿元,离退休人员为9 142万人,则当年平均基本养老金约为28 236元,占上年在职人员平均工资的49.22%。鉴于企业职工基本养老保险的目标替代率为59.2%,本书假设自2016年起,“老人”基础养老金的计发比例逐年递增,在2025年达到59.2%。

(4)工龄工资增长率和同年度养老金随年龄增长率

工龄工资增长率是指工资随参加劳动时间的不断累积而变动的情况。工龄工资增长率可基于在职人员人口结构、基本养老保险年平均缴费工资以及当年各年龄在职人员缴费工资水平计算得到。同年度养老金随年龄增长率是反映在同一年度内相邻年龄退休人员间的领取养老金水平的差异。同年度养老金随年龄增长率可通过退休人员人口结构、当年平均养老金水平以及各年龄退休人员领取的养老金计算得到。根据《中国社会保险发展年度报告 2015》以及国家统计局公布的相关数据,可求得工龄工资增长率 s 约为 1. 176 9% ,同年度养老金随年龄增长率 b 约为 1. 569 6% [①]。

(5)工资增长率和征缴率

根据国家统计局公布的数据,可发现近 15 年城镇在岗职工平均工资呈指数型增长。我国经济进入“常态”,经济增速放缓。工资的增长会受到抑制,不会一直呈指数型增长。基于联合国有关我国未来经济增长率的测算数据以及我国人均国内生产总值增长率的历史数据[②],本书假设工资增长率与人均 GDP 的增长速度持平,在一定期间内按固定比例增长。2015—2025 年增长率为 6. 5% , 2025—2050 年工资增长率为 4. 5% , 2050 年以后保持在 3. 5% 。2014 年之前用不变的复合年均值为 7. 13% 。根据历年《劳动和社会保障事业发展统计公报》和《人力资源和社会保障事业发展统计公报》,可得 2002—2015 年城镇基本养老保险基金年均征缴率约为 58. 44% [③]。

(6)记账利率

1995—2015 年年均记账利率采用几何平均值法,考虑相邻公布存款基准利率执行天数,约为 3. 270 2% [④]。政府相关部门通过对养老保险基金参数的改革,以提高退休人员的待遇水平。根据《关于公布 2016 年职工养老保险个人账户记账利率等参数的通知》和《关于公布 2017 年职工养老保险个人账户记账利率等参数的通知》,可计算得 2015—2017 年年均个人账户记账利率约为 6. 75% [⑤]。本书假设 2015 年前个人账户的平均记账利率为 3. 270 2% , 2015 年后个人账户的平均记账利率为 6. 75% 。

(7)基本养老保险基金累计结存及收益率

根据《2015 年度人力资源和社会保障事业发展统计公报》年底我国城镇企业职工基本养老保险基金累计结存 35 345 亿元。根据《中国社会保险发展年度报告》公布的数据, 2009—2015 年企业养老保险基金年均收益率约为 2. 09% [⑥]。在《中国养老金精算报告》发布会上,相关负责人透露,随着养老保险基金委托管理的首次施行, 2017 年投资收益率将达到或超过 5% 。根据《基本养老保险基金投资管理办法》关于基金投资产品比例的规定可知,

① 详细的计算过程见:石晨曦(2018)《中国企业职工基本养老保险财政负担的精算研究》。

② 2009—2015 年以来,我国人均 GDP 年均增长率呈现明显下降趋势,由 17. 74% 降至 6. 46% 。

③ 详见石晨曦《中国养老保险财政负担的精算评估》。

④ 具体测算过程见:杨再贵和石晨曦(2017)《论我国养老保险基金巨额贬值观》。

⑤ 2017 年职工基本养老保险个人账户记账利率为 7. 12% , 2016 年为 8. 13% , 2014 年 10 月至 2015 年年底为 5% 。

⑥ 2009 年企业养老保险基金收益率为 2. 2% , 2010 年为 2. 0% , 2011 年为 2. 5% , 2012 年为 2. 6% , 2013 年为 2. 4% , 2014 年为 2. 9% , 2015 年为 3. 1% 。

投资于收益率较高的权益类资产比例应低于30%。因此,假设未来测算期内企业养老保险基金年均收益率为4%①。

(8)覆盖率和劳动参与率

根据《2015年度人力资源和社会保障事业发展统计公报》,目前我国养老保险覆盖率约为85%。根据国家统计局公布的数据,城镇职工养老保险参保人数占城镇就业人员的比例逐年明显递增,2017年该比例达到95%,假设到2025年增至100%。将养老保险覆盖率乘以城镇职工养老保险参保人数占城镇就业人员的比例作为职工养老保险实际覆盖率。国务院印发的《"十三五"国家老龄事业发展和养老体系建设规划》指出,到2020年基本养老保险参保率达到90%。党的十九大提出建成全覆盖的社会保障体系,因此,假设法定覆盖人群在2025年达到全民参保。考虑灵活就业人员的存在,定会存在不参保的人员,因此,假设全覆盖下参保率为95%。自2002年以来失业率维持在4%~4.3%,年失业率为4.14%。因此,劳动参与率约为95.86%,假设劳动参与率维持在此数据不变。

(9)评估期

本研究的评估期选为2018—2095年。

10.2.4 模拟结果

1)情境一:现行制度模式下基金运行情况

(1)基本养老保险基金支出

根据算式(10.32)—式(10.38)及人口、经济基础假设,可测算得到未来各年城镇企业基本养老保险支出规模。其结果见表10.5。

表10.5 企业职工基本养老保险支出情况/万亿元

年份	高生育率水平	中生育率水平	低生育率水平	年份	高生育率水平	中生育率水平	低生育率水平
2016	2.69	2.69	2.69	2060	45.46	45.46	45.46
2020	3.97	3.97	3.97	2065	52.55	52.55	52.55
2025	6.63	6.63	6.63	2070	60.07	59.90	59.73
2030	9.16	9.16	9.16	2075	68.32	67.82	67.32
2035	12.82	12.82	12.82	2080	77.67	76.26	74.88
2040	16.61	16.61	16.61	2085	86.53	83.93	81.33
2045	22.74	22.74	22.74	2090	94.86	90.76	86.61
2050	31.06	31.06	31.06	2095	104.25	98.21	92.07
2055	39.27	39.27	39.27				

① 当投资于权益类资产为最高比例30%、权益类资产的收益率为5%时,养老基金的平均投资收益率约为2.9%(30%×5%+70%×2%=2.9%)。当权益类资产的收益率达到目前社保基金投资收益率8.37%水平时,养老基金的平均投资收益率约为3.91%(30%×8.37%+70%×2%=3.91%)。随着养老基金委托投资管理体系的完善,养老保险基金的投资收益率也将进一步提高,故假设测算期内平均企业养老保险基金年均收益率为4%。

由表10.5可知，测算期内，高、中、低生育率方案下，企业职工基本养老金支出不断增加。生育率水平的差异对企业职工基本养老金支出影响最早在2066年开始显现①。高生育率水平下企业职工基本养老金支出高于中、低生育率水平下企业职工基本养老金支出。中生育率水平下企业职工基本养老金支出由2016年2.69万亿元增长至2095年的98.2万亿元，增长了近36倍。测算期内3种生育率水平下企业职工基本养老金支出年均增长率均呈现不断降低的趋势。2065年之前，3种生育率水平下企业职工基本养老金支出的年均增长率相同。2065年以后相邻测算时点间，高生育率水平下企业职工基本养老金支出年均增长率高于中、低生育率水平下企业职工基本养老金支出年均增长率。

(2)基本养老保险基金收入

根据算式(10.39)、式(10.40)及人口、经济基础假设，可测算得到未来各年城镇企业职工基本养老保险收入情况。其结果见表10.6。

表10.6　企业职工基本养老保险收入情况/万亿元

年份	高生育率水平	中生育率水平	低生育率水平	年份	高生育率水平	中生育率水平	低生育率水平
2016	2.82	2.82	2.82	2060	22.66	21.29	19.88
2020	3.69	3.69	3.69	2065	24.91	22.91	20.89
2025	5.60	5.60	5.60	2070	27.41	24.65	21.88
2030	8.08	8.08	8.08	2075	29.37	25.74	22.14
2035	11.37	11.37	11.37	2080	32.21	27.64	23.15
2040	13.84	13.72	13.60	2085	34.97	29.35	23.91
2045	16.69	16.36	16.04	2090	38.51	31.58	25.01
2050	19.78	19.15	18.53	2095	42.75	34.22	26.32
2055	20.91	19.96	19.00				

由表10.6可知，测算期内，高、中、低生育率水平下企业职工基本养老保险缴费收入随年递增，高生育率水平下企业职工基本养老保险缴费收入增幅最大。2016—2035年，高、中、低生育率水平下企业职工基本养老保险缴费收入规模相同，这是因为本书假设的入职年龄为20岁，对于2016年的新生儿将在2036年参加工作。因此，生育率水平的差异对企业职工基本养老保险缴费收入的影响将在2036年开始显现。测算期间，高生育率水平下企业职工基本养老保险缴费收入增长最快。测算期内企业职工基本养老保险缴费收入年均增长率呈现明显的降低趋势。其中，前20年企业职工基本养老保险缴费收入增长较快，后60年企业职工基本养老保险缴费收入增长相对较慢。高生育率水平下企业职工基本养老保险缴费

① 如果女婴未来以女工人的身份参加工作，根据现行退休年龄的规定，其将在2066年50岁时达到退休年龄；如果女婴未来以女干部的身份参加工作，根据现行退休年龄的规定，其将在2071年55岁时达到退休年龄。

收入年均增长率高于中、低生育率水平下企业职工基本养老保险缴费收入年均增长率。但3种生育率水平下企业职工基本养老金收入的增长幅度均低于相应生育率水平下企业职工基本养老保险缴费收入的增长幅度,且缴费收入的差异大于养老金支出间的差异。说明,生育率水平的变动对企业职工基本养老保险缴费收入的影响强于对养老金支出的影响,这是因为缴费收入会更早地受到生育率的影响。因此,提高生育率水平,更易于变动缴费收入。

(3)财政负担

根据表10.5和表10.6的数据以及财政负担模型可得到测算期内,基本养老保险财政负担见表10.7。

表10.7　高、中、低生育率水平基本养老保险财政负担/万亿元

年份	高生育率水平	中生育率水平	低生育率水平	年份	高生育率水平	中生育率水平	低生育率水平
2035	1.54	1.66	1.78	2070	38.95	42.08	45.18
2040	6.05	6.37	6.69	2075	45.45	48.63	51.73
2045	11.28	11.91	12.53	2080	51.55	54.59	57.42
2050	18.36	19.31	20.27	2090	56.35	59.19	61.60
2055	22.79	24.17	25.58	2095	61.50	63.99	65.75

由表10.7可知,在现行养老保险政策下,高、中、低生育率水平下,企业职工基本养老保险基金累计结余在2035年,均已被消耗殆尽。自企业职工基本养老保险基金出现赤字,赤字规模逐年递增。2035—2095年,基本养老保险财政负担稳步增加。随着测算时点的后移,2055年以后,财政支付企业职工基本养老金压力受生育率水平的影响越明显。高生育率水平下企业职工基本养老保险财政负担低于中生育率水平下、低生育率水平下产生的养老保险财政负担。说明,提高生育率水平有利于缓解养老保险财政负担。

(4)财政补贴

根据国家统计局公布的历年财政收入、GDP,根据历年《劳动和社会保障事业发展统计公报》和《人力资源和社会保障事业发展统计公报》,可得2002—2016年财政对基本养老保险补贴额占GDP的比例。基于历史数据,通过灰色模型(简称"GM模型")对该指标未来发展趋势进行测算。将2002—2016年财政对基本养老保险补贴额占GDP的比例分别用$x^{(0)}(1)$,$x^{(0)}(2)$,…,$x^{(0)}(15)$表示,即数列X。为降低原始数据波动对测算精度的影响,对数列X进行累加处理,得到数列X_1,即

$$X_1 = \{x^{(1)}(1), x^{(1)}(2), \cdots, x^{(1)}(15)\}$$

其中,$x^{(1)}(k) = \sum_{i=1}^{k} x^{(0)}(i)$。

X_1的变动趋势可表示为

$$\frac{\mathrm{d}x^{(1)}}{\mathrm{d}t} + ax^{(1)} = u$$

为求得参数 a, u 的估计值,构造数列 $\boldsymbol{Y}$ 和矩阵 $\boldsymbol{B}$,其中

$$\boldsymbol{Y}=[x^{(0)}(2),x^{(0)}(3),\cdots,x^{(0)}(14)]^{\mathrm{T}}$$

$$\boldsymbol{B}=\begin{bmatrix}-\dfrac{x^{1}(1)+x^{1}(2)}{2} & 1\\ -\dfrac{x^{1}(2)+x^{1}(3)}{2} & 1\\ \vdots & \vdots\\ -\dfrac{x^{1}(13)+x^{1}(14)}{2} & 1\end{bmatrix}$$

经过整理,可得 $\begin{bmatrix}\hat{a}\\ \hat{u}\end{bmatrix}=(\boldsymbol{B}^{\mathrm{T}}\boldsymbol{B})^{-1}\boldsymbol{B}^{\mathrm{T}}\boldsymbol{Y}$。通过 R 软件可求得 $\hat{a}=-0.059\,726\,197$, $\hat{u}=0.002\,952\,275$ 到未来数列 X_1 的测算值。由于数列 X_1 为数列 X 进行累加处理后的数列,那么,根据 X_1 的测算值与 X 数列的测算值之间存在关系

$$\hat{x}^{(0)}(t)=\hat{x}^{(1)}(t)-\hat{x}^{(1)}(t-1)$$

其中,$x^{(0)}(0)=0$。

为保证测算的精度,通过对原始数据还原值与实际值之间的残差值比较,对测算结果进行精度检验。残差值用 $\varepsilon^{(0)}(t)$ 表示,则

$$\varepsilon^{(0)}(t)=x^{(0)}(t)-\hat{x}^{(0)}(t)$$

令 $x^{(0)}$ 的均值和方差、残差的均值和方差分别为

$$\bar{X}^{(0)}=\frac{1}{M}\sum_{t=1}^{M}x^{(0)}(t)$$

$$S_1=\sqrt{\frac{1}{M}\sum_{t=1}^{M}[x^{(0)}(t)-\bar{X}^{(0)}]^2}$$

$$\bar{\varepsilon}^{(0)}=\frac{1}{M-1}\sum_{t=2}^{M}\varepsilon^{(0)}(t)$$

$$S_2=\sqrt{\frac{1}{M-1}\sum_{t=2}^{M}[\varepsilon^{(0)}(t)-\bar{\varepsilon}^{(0)}]^2}$$

根据测算结果及原始值可计算得 $S_1\approx0.000\,003\,05$, $S_2\approx0.000\,000\,42$,则后验差比值 $S_2/S_1\approx0.136\,7<0.35$。根据测算精度等级判断,测算精度较高。基于上文关于 GDP 增长率的假设,可计算未来财政对基本养老保险补贴额见表 10.8。

表 10.8　未来年度财政对企业职工基本养老保险的补贴及其占 GDP 的比例

年份	财政补贴占 GDP 比例	财政补贴	年份	财政补贴占 GDP 比例	财政补贴
2017	0.007 5	5.91E+11	2025	0.012 1	1.49E+12
2020	0.009 0	8.42E+11	2030	0.016 3	2.44E+12

续表

年份	财政补贴占 GDP 比例	财政补贴	年份	财政补贴占 GDP 比例	财政补贴
2035	0.022 0	4.01E+12	2050	0.053 8	3.32E+12
2040	0.029 6	6.57E+12	2055	0.072 5	3.67E+12
2045	0.039 9	1.08E+13	—	—	—

对比表 10.8 的测算结果可知，2040 年、2045 年财政补贴能弥补企业职工基本养老保险制度自身运行过程中产生的财政负担，但 2055 年以后的企业职工基本养老保险制度自身运行过程中产生的财政负担超过财政补贴。若不采取改革措施，为维持企业职工基本养老保险基金运转，只能依靠不断加大财政的转移支付，而这种“投入”如同黑洞一般越来越大且不具有可持续性。

2）情境二：征缴机构改革后基金运行情况

目前，我国生育率水平接近本书假设的中生育率水平，因此，基于中等生育率水平下人口结构，对征缴机构改革后基金运行情况进行模拟。征缴机构的改革将提高养老保险实际征缴率，因此，对不同征缴率水平下养老保险基金财务情况及财政负担进行模拟。

（1）基本养老保险基金支出

根据算式（10.32）—式（10.38）及人口、经济基础假设，可测算得到不同征缴率水平下未来各年城镇企业基本养老保险支出规模。其结果见表 10.9。

表 10.9　不同征缴率水平下养老保险基金支出情况/万亿元

年份	征缴率				
	60%	70%	80%	90%	100%
2016	2.75	2.88	3.01	3.14	3.28
2020	4.09	4.31	4.55	4.79	5.06
2025	6.89	7.34	7.81	8.32	8.87
2030	9.51	10.15	10.83	11.55	12.32
2035	13.29	14.22	15.20	16.25	17.36
2040	17.07	18.05	19.08	20.16	21.29
2045	23.25	24.49	25.78	27.11	28.48
2050	31.65	33.20	34.80	36.44	38.12
2055	39.92	41.79	43.69	45.63	47.60
2060	46.13	48.23	50.35	52.49	54.65
2065	53.27	55.65	58.04	60.44	62.85
2070	60.69	63.38	66.07	68.76	71.46
2075	68.71	71.75	74.79	77.83	80.87

续表

年份	征缴率				
	60%	70%	80%	90%	100%
2080	77.27	80.70	84.12	87.55	90.97
2085	85.05	88.83	92.61	96.40	100.18
2090	91.97	96.08	100.18	104.29	108.39
2095	99.52	103.98	108.44	112.90	117.36

由表10.9可知，随着征缴率的提高，未来养老保险基金支出规模也随之增大，这是因目前我国个人账户施行基金积累制，征缴率的提高将提高参保人员个人账户基金的累计结余。未来个人账户养老金水平由其退休时个人账户累计结余和计发月数决定，若计发月数保持不变，个人账户累计结余的提高将增加个人账户养老金支出。因此，在人口老龄化、长寿风险的背景下，若征缴率得以稳步提高，可适度提高个人账户养老金计发月数。一方面有利于缩减长寿风险冲击下产生的超计发月数个人账户养老金，另一方面有利于缓解各年份养老金支出的压力。

（2）基本养老保险基金收入

根据算式（10.39）、式（10.40）及人口、经济基础假设，可以测算得到不同征缴率水平下未来各年城镇企业职工基本养老保险收入情况。其结果见表10.10。

表10.10 不同征缴率水平下养老保险基金收入情况/万亿元

年份	征缴率				
	60%	70%	80%	90%	100%
2016	3.51	4.10	4.68	5.27	5.86
2020	5.09	5.94	6.79	7.64	8.49
2025	7.71	8.99	10.28	11.56	12.85
2030	9.36	10.92	12.48	14.04	15.60
2035	11.37	13.27	15.16	17.06	18.96
2040	13.72	16.00	18.29	20.58	22.86
2045	16.36	19.09	21.82	24.55	27.27
2050	19.15	22.35	25.54	28.73	31.92
2055	19.96	23.29	26.61	29.94	33.27
2060	21.29	24.83	28.38	31.93	35.48
2065	22.91	26.73	30.55	34.37	38.19
2070	24.65	28.76	32.87	36.98	41.09
2075	25.74	30.03	34.32	38.61	42.91
2080	27.64	32.25	36.85	41.46	46.06

续表

年份	征缴率				
	60%	70%	80%	90%	100%
2085	29. 35	34. 24	39. 13	44. 02	48. 91
2090	31. 58	36. 84	42. 10	47. 36	52. 63
2095	34. 22	39. 92	45. 62	51. 33	57. 03

由表 10. 10 可知,随着征缴率的提高,养老保险基金收入增加。对比表 10. 6 中的数据,当征缴率为 60% 时,测算期内养老保险基金收入累计增加了 275. 66 万亿元。当征缴率为 70% 时,测算期内养老保险基金收入累计增加了 329. 59 万亿元,相比征缴率为 60% 时养老保险基金收入累计增加额多了 19. 57%。当征缴率为 80% 时,测算期内养老保险基金收入累计增加了 383. 53 万亿元,相比征缴率为 70% 时养老保险基金收入累计增加额多了 16. 36%。当征缴率为 90% 时,测算期内养老保险基金收入累计增加了 437. 47 万亿元,相比征缴率为 80% 时养老保险基金收入累计增加额多了 14. 06%。若养老保险实际缴费基数、实际缴费人口均落实,测算期内养老保险基金收入累计增加 491. 41 万亿元,相比征缴率为 90% 时养老保险基金收入累计增加额多了 12. 33%。可见,随着征缴率的提高,养老保险基金收入总增加规模增大,但增加速率降低。

(3)财政负担

根据表 10. 5 和表 10. 6 的数据以及财政负担模型可得到测算期内,基本养老保险财政负担见表 10. 11。

表 10. 11　不同征缴率水平下养老金财政负担情况/万亿元

年份	征缴率				
	60%	70%	80%	90%	100%
2045	2. 99	—	—	—	—
2050	12. 50	6. 05	—	—	—
2055	19. 96	18. 50	14. 02	3. 87	—
2060	24. 85	23. 40	21. 97	20. 56	13. 25
2065	30. 36	28. 92	27. 49	26. 07	24. 66
2070	36. 04	34. 61	33. 20	31. 78	30. 37
2075	42. 97	41. 72	40. 47	39. 21	37. 96
2080	49. 63	48. 45	47. 27	46. 09	44. 91
2085	55. 70	54. 59	53. 48	52. 38	51. 27
2090	60. 39	59. 24	58. 08	56. 92	55. 77
2095	65. 30	64. 06	62. 82	61. 58	60. 33

注:"—"表示当年不产生财政负担。

由表 10.11 可知，当征缴率为 60% 时，2045 年将产生养老金财政负担，相比表 10.5 产生的财政负担的年限推迟了 10 年，并且养老金财政负担规模缩减了 8.92 万亿元。若将征缴率提高 10%，则养老金财政负担首次出现的年份约推迟 5 年。当征缴率为 70% 时，养老金财政负担首次出现年份为 2050 年，并且当年产生的养老金财政负担规模比征缴率为 60% 时产生的养老金财政负担少了约 6 万亿元。当征缴率为 80% 时，老金财政负担首次出现年份为 2055 年，并且当年产生的养老金财政负担规模比征缴率为 70% 时产生的养老金财政负担少了约 4.48 万亿元。当征缴率继续提高 10%，养老金财政负担首次出现年份虽未推迟，但产生的养老金财政负担少了约 10.15 万亿元。若养老保险实际缴费基数、实际缴费人口均落实，则养老金财政负担将在 2060 年及以后出现，至 2095 年养老金财政负担规模相对之前征缴率未落实时产生的养老金财政负担规模征缴率每提高 10 个百分点，养老金财政负担约缩减 10 万亿元。

3）情境三：延迟退休政策实施下基金运行情况

（1）实施延迟退休后基金赤字情况

渐进式延迟退休是国际上主流方式，我国自 2008 年至今一直在提倡渐进式延迟退休，并不鼓励提前退休，因此，本书借鉴美、德、英、法 4 国渐进式延迟退休方案，制订“分步”“渐进”的改革方式，将渐进式延迟退休与弹性延迟退休相结合。假设从 2020 年开始，针对第二阶段，分别设计 3 种步调的延迟退休方案。方案一：考虑现行女工人、女干部退休年龄的差异，适度加快提高女工人退休年龄的速度，2020 年开始将女工人的退休年龄每年延迟 0.5 岁、女干部每年延迟 0.25 岁。在 2040 年开始将男性退休年龄每年延迟 0.25 岁，直至男女的退休年龄提高至 65 岁。方案二和方案三均不考虑现行女工人、女干部退休年龄的差异，采用相同的调整速度延迟退休，分别以每年延迟 0.25 岁和 0.5 岁的步调实施。方案一和方案三下，累计结余为正。基于方案二“步调”提高参保人员的退休年龄，高、中、低 3 种生育率水平下企业职工基本养老保险基金累计结余变动情况如图 10.2 所示。

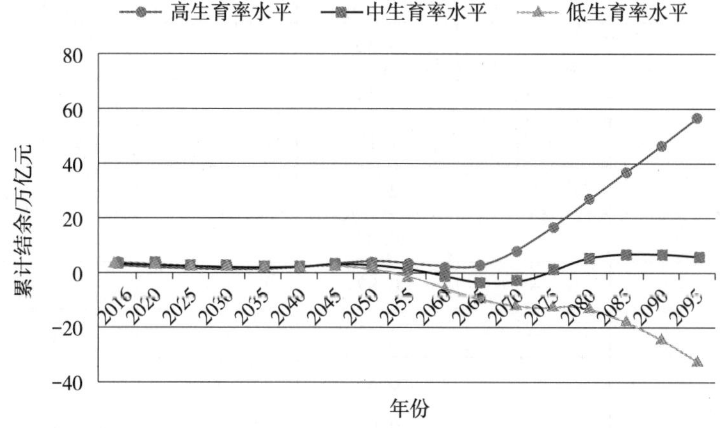

图 10.2　方案二下各种生育率水平下基本养老保险基金累计结余

由图 10.2 可知，基于方案二的“步调”提高退休年龄，测算期内，高生育率水平下企业职工养老保险基金累计结余为正。高生育率下企业职工基本养老保险基金累计结余先维持一定水平的略有结余，2060 年以后增长较快。中生育率水平下企业职工养老保险基金累计结余在 2057—2070 年出现赤字，其余年份保持略有结余。低生育率水平下，企业职工养老保险基金在 2052 年以前略有结余，在 2052 年以后出现赤字，且赤字规模不断扩大。在 2052 年以前，高、中、低生育率水平下企业职工基本养老保险基金累计结余的差异较小。2052 年以后，高生育率水平下企业职工基本养老保险基金累计结余增长率高于中生育率下企业职工基本养老保险基金累计结余增长率，而低生育率水平下企业职工基本养老保险基金累计结余以负的增长率增长。

(2)财政负担

基于方案二的延迟退休步调，高生育率水平下基本养老保险基金具有自平衡能力。但在中生育率水平、低生育率水平下，基本养老保险基金将分别在 2060 年、2055 年出现赤字，意味着产生养老金财政兜底责任。测算期各时点基本养老保险产生的刚性、弹性财政兜底责任情况见表 10.12。

表 10.12 方案二下基本养老保险刚性、弹性财政兜底责任/万亿元

年份	刚性财政兜底责任			弹性财政兜底责任		
	高生育率水平	中生育率水平	低生育率水平	高生育率水平	中生育率水平	低生育率水平
2020	—	—	—	0.41	0.41	0.41
2025	—	—	—	0.98	0.98	0.98
2030	—	—	—	0.78	0.78	0.82
2035	—	—	—	0.77	0.77	0.77
2040	—	—	—	—	—	0.03
2045	—	—	—	—	—	0.08
2050	—	—	—	—	1.51	0.57
2055	—	—	0.80	—	1.87	2.83
2060	—	1.35	0.44	—	2.89	4.29
2065	—	1.71	4.13	—	1.57	3.59
2070	—	—	2.99	—	—	2.02
2075	—	—	0.02	—	—	0.02
2080	—	—	0.87	—	—	0.87
2085	—	—	4.33	—	—	4.33
2090	—	—	6.83	—	—	6.83
2095	—	—	7.92	—	—	7.92

由表 10.12 可知，基于方案二的“步调”提高退休年龄，测算期内，高生育率水平下不会

带来刚性的养老金财政兜底责任。中生育率水平下，仅2060—2065年，存在刚性的养老金财政兜底责任，达到1.71万亿元。低生育率水平下，自2055年出现赤字后，刚性的财政兜底责任一直存在且与日俱增，最高达到7.92万亿元。方案二退休政策实施期初，3种生育率水平下均存在隐性的财政兜底责任。随着退休政策的实施，高生育率水平下，养老保险基金能够达到完全的自平衡，不存在隐性财政兜底责任。中生育率水平下，部分年份会产生隐性的财政兜底责任。随着生育率水平的降低，养老保险弹性财政兜底责任出现的年份数、规模均增大。说明，提高生育率水平，有利于降低养老保险的财政兜底责任。

4）**敏感性分析**

在其他参数不变的前提下，分别对退休年龄、缴费率、记账利率、工资增长率及计发月数5个参数变动对养老金财政负担的影响进行敏感性分析，以反映其影响程度。各参数对中生育率水平下2095年养老金财政负担的影响程度见表10.13。可见，养老金财政负担与缴费率、工资增长率、记账利率呈同向变动；与退休年龄、计发月数呈反向变动。各因素的影响程度由强到弱依次是退休年龄、缴费率、计发月数、工资增长率、记账利率。

表10.13　各因素对个人账户养老金财政负担的影响程度

参数变动	参数变动率/%	财政负担变动/万亿元	财政负担变动率/%	弹性
退休年龄：$\Delta r=1$	1.795	3.460	5.405	-3.011
计发月数：$\Delta m_x=12$	7.560	4.620	7.230	-0.986
缴费率：$\Delta c=0.8\%$	10.000	6.340	10.000	1.000
工资增长率：$g=0.1\%$	2.210	1.150	1.800	0.813
记账利率：$\Delta j=0.5\%$	7.410	0.740	1.160	0.156

10.2.5　结　论

本书从流量角度，区分各测算时点参保人员类别，建立了企业职工基本养老保险财政负担精算模型。在考虑出生率、死亡率、迁移率及死亡模式等因素的影响下，分别从高、中、低生育率水平，对城镇人口结构进行了测算。相关参数指标的设定充分考虑了当前人口、经济政策的影响。通过对2095年前企业职工基本养老保险资金流及所产生财政负担的测算，分析预期财政补贴能否弥补基本养老保险失衡所产生的财政负担，得到以下4点结论及建议：

①现行养老保险制度下，企业职工基本养老保险基金在2040年之后不再具有自平衡能力，并且养老保险财政负担逐年加重，至2095年增长率近40倍。若仅通过加大财政的转移支付来维持系统运转，这种“投入”会如同黑洞一般越来越大。因此，应加快养老保险制度的改革与完善。

②对征缴机构改革应“稳步慢走”，保证制度落实力度。征缴机构的改革有利于提高养老保险基金实际缴费基数以及实际缴费人数。征缴率的提高可以缓解当前养老保险基金支付压力。由测算结果可知，征缴率每提高10%，养老保险基金养老金财政负担首次出现的年

份约推迟5年。提高养老保险征缴率对养老保险基金收入的影响程度大于对养老金支出影响程度，因此，有利于减轻养老金财政负担。但对征缴机构改革初衷是提高机构效率，因此，改革方案实施应“稳步慢走”，确保目标征缴率逐步实现。

③财政补贴能推迟企业职工基本养老保险基金缺口产生的起始年份，但2050年及以后产生的基本养老保险财政负担会超过预期水平的财政补贴，基金仍存在缺口。因此，中央和地方政府需明确各自的责任，并通过基础养老金统筹调剂和资金的优化配置来共同弥补基本养老保险基金的缺口。

④提高虽有利于提高基本养老保险基金的自平衡能力，但生育率的提高在短期内不会对劳动力市场产生影响，因此，改善效果存在“滞后期”。目前，我国总和生育率仅为1.4，远低于目标生育率1.8。因此，应尽早实现生育发展目标，加快深化养老保险制度的改革，以避免基本养老保险基金赤字的产生。

第11章　相关企业职工基本养老保险的政策文件

关于工人、职员退休处理的暂行规定

（国务院1958年2月9日）

第一条　为了妥善地安置年老的和身体衰弱、因工残废而丧失劳动能力的工人、职员，制定本暂行规定。

第二条　国营、公私合营的企业、事业单位和国家机关、人民团体（以下简称企业、机关）的工人、职员，符合下列条件之一的，应该退休：

（一）男工人、职员年满六十周岁，连续工龄满五年，一般工龄（包括连续工龄，下同）满二十年的；女工人年满五十周岁、女职员年满五十五周岁，连续工龄满五年，一般工龄满十五年的；

（二）从事井下、高空、高温、特别繁重体力劳动或者其他有损身体健康工作的工人、职员，男年满五十五周岁、女年满四十五周岁，其连续工龄和一般工龄又符合本条（一）项条件的；

（三）男年满五十周岁、女年满四十五周岁的工人、职员，连续工龄满五年，一般工龄满十五年，身体衰弱丧失劳动能力，经过劳动鉴定委员会确定或者医生证明不能继续工作的；

（四）连续工龄满五年，一般工龄满二十五年的工人、职员，身体衰弱丧失劳动能力，经过劳动鉴定委员会确定或者医生证明不能继续工作的；

（五）专职从事革命工作满二十年的工作人员，因身体衰弱不能继续工作而自愿退休的。

第三条　符合本规定第二条（一）、（二）两项条件的工人、职员，如果因为工作需要，企业、机关可以继续留用。在本规定发布以后留用的这种工人、职员，都不加发在职养老补助费。

在本规定发布前留用的这种工人、职员，如果今后仍然需要继续留用，其原来领取的在职养老补助费可以照旧发给。

第四条　工人、职员退休以后，按月发给退休费，直至本人去世的时候为止。退休费的标准如下：

（一）符合本规定第二条（一）、（二）两项条件的工人、职员，连续工龄在五年以上不满十

年的,为本人工资的百分之五十;十年以上不满十五年的,为本人工资的百分之六十;十五年以上的,为本人工资的百分之七十;

(二)符合本规定第二条(三)、(四)两项条件的工人、职员,连续工龄在五年以上不满十年的,为本人工资的百分之四十;十年以上不满十五年的,为本人工资的百分之五十;十五年以上的,为本人工资的百分之六十;

(三)符合本规定第二条(五)项的工作人员,为本人工资的百分之七十;

(四)对于社会有特殊贡献的工人、职员的退休费,可以酌情高于本条(一)、(二)、(三)三项的标准,但是提高的幅度最高不得超过本人工资的百分之十五,并且必须经过上级主管机关批准。

第五条 工人、职员因工残废,经过劳动鉴定委员会确定或者医生证明完全丧失劳动能力的,也应该退休。退休后的待遇,在实行劳动保险条例的企业单位,仍然按照劳动保险条例的有关规定办理;在没有实行劳动保险条例的企业、机关,其退休费,饮食起居需人扶助的,按月发给本人工资的百分之七十五,饮食起居不需人扶助的,按月发给本人工资的百分之六十,直至本人去世的时候为止,其中对于社会有特殊贡献的,同样享受本规定第四条(四)项的待遇。

如果因公残废完全丧失劳动能力的工人、职员,符合本规定第二条(一)、(二)、(五)项条件,并且其应该领取的退休费的标准高于本条前款规定按月发给本人工资的百分之六十的时候,其退休费应该按照本规定第四条的规定发给。

第六条 工人、职员退休的时候,本人和他们的供养直系亲属前往居住地点途中所需用的车船费、旅馆费、行李搬运费和伙食补助费,都按照本单位现行的行政经费开支的规定办理。

第七条 退休人员本人,可以享受与他所居住的地方的国家机关工作人员相同的公费医疗待遇。医药费按照企业、机关现行的办法报销。

第八条 退休人员去世以后,一次发给五十元至一百元的丧葬补助费;并且根据他供养的直系亲属人数的多少,一次发给相当于本人六至九个月的退休费总额的亲属抚恤费。

第九条 本规定所说的连续工龄的计算办法:企业的工人、职员按照"劳动保险条例实施细则修正草案"计算本企业工龄的规定办理;事业单位、国家机关和人民团体的工作人员按照"国务院关于处理国家机关工作人员退职退休时计算工作年限的暂行规定"办理。

第十条 本规定所说的本人工资,是指工人、职员退休前最后一个月的计时工资标准。凡在本规定发布以前已经具备本规定第二条所列退休条件的工人、职员,在当时并未退休而只调任轻便工作并且降低工资的,按照调动工作前最后一个月的计时工资标准计算;如果在具备退休条件以后的期间内调动工作不止一次的,按照第一次调动工作前最后一个月的计时工资标准计算。

第十一条 工人、职员退休,由企业、机关行政决定,取得同级工会同意以后执行。如果是领导人员退休,还必须报送任免机关批准。

有关退休的工龄计算,退休待遇标准的确定,填发退休人员证明书等工作,由企业、机关的人事部门会同同级工会办理。

第十二条　规定发给的各项费用，在实行劳动保险的企业单位，退休费、丧葬补助费和亲属抚恤费，由劳动保险基金中支付，如果本单位的劳动保险基金不敷开支，可以在本省、自治区、直辖市或者本产业系统内进行调剂，仍然不足的时候，差额部分由本单位行政支付。在没有实行劳动保险的企业单位，上述各项费用，全部由企业行政支付；在事业单位、国家机关和人民团体，全部由退休人员居住地方的县级民政部门另列预算支付。

第十三条　本规定同样适用于学校的教员、职员、工人，供销合作社的工人、职员和在军队中工作的无军籍的工人、职员；但是，不适用于手工业生产合作社、运输合作社和未定息的公私合营企业的人员。

第十四条　本规定自发布之日起施行。国务院发布的"国家机关工作人员退休处理暂行办法"同时废止。前政务院发布的"劳动保险条例"与本规定有抵触的，按照本规定执行。但是，过去已经退休现在继续领取退休费的人员，仍然按照原来的标准享受待遇。

第十五条　本规定的实施细则，分别由劳动部和省、自治区、直辖市人民委员会制定发布施行。

国务院关于企业职工养老保险制度改革的决定

（国务院 1991 年 6 月 26 日）

我国企业职工的养老保险制度是 50 年代初期建立的，以后在 1958 年和 1978 年两次作了修改。近年来，各地区适应经济体制改革的需要，又进行了以退休费用社会统筹为主要内容的改革，取得一定成效。按照国民经济和社会发展十年规划和第八个五年计划纲要的要求，在总结各地经验的基础上，国务院对企业职工养老保险制度改革作如下决定：

一、根据我国生产力发展水平和人口众多且老龄化发展迅速的情况，企业职工养老保险制度改革要处理好国家利益、集体利益和个人利益，目前利益和长远利益，整体利益和局部利益的关系，主要是对现行的制度办法进行调整、完善。考虑各地区和企业的情况不同，各省、自治区、直辖市人民政府可以根据国家的统一政策，对职工养老保险作出具体规定，允许不同地区、企业之间存在一定的差别。

二、随着经济的发展，逐步建立起基本养老保险与企业补充养老保险和职工个人储蓄性养老保险相结合的制度。改变养老保险完全由国家、企业包下来的办法，实行国家、企业、个人三方共同负担，职工个人也要缴纳一定的费用。

三、基本养老保险基金由政府根据支付费用的实际需要和企业、职工的承受能力，按照以支定收、略有结余、留有部分积累的原则统一筹集。

具体的提取比例和积累率，由省、自治区、直辖市人民政府经实际测算后确定，并报国务院备案。

四、企业和职工个人缴纳的基本养老保险费分别记入《职工养老保险手册》。

企业缴纳的基本养老保险费，按本企业职工工资总额和当地政府规定的比例在税前提取，由企业开户银行按月代为扣缴。企业逾期不缴，要按规定加收滞纳金，滞纳金并入基本养老保险基金。

职工个人缴纳基本养老保险费，在调整工资的基础上逐步实行，缴费标准开始时可不超过本人标准工资的 3%，以后随着经济的发展和职工工资的调整再逐步提高。职工个人缴纳的基本养老保险费，由企业在发放工资时代为收缴。

五、企业和职工个人缴纳的基本养老保险费转入社会保险管理机构在银行开设的“养老保险基金专户”，实行专项储存，专款专用，任何单位和个人均不得擅自动用。银行应按规定提取“应付未付利息”；对存入银行的基金，按其存期照人民银行规定的同期城乡居民储蓄存款利率计息，所得利息并入基金。积累基金的一部分可以购买国家债券。

地方各级政府要设立养老保险基金委员会，实施对养老保险基金管理的指导和监督。委员会由政府主管领导任主任，劳动、财政、计划、审计、银行、工会等部门的负责同志参加，办公室设在劳动部门。

六、职工退休后的基本养老金计发办法目前不作变动，今后可结合工资制度改革，通过增加标准工资在工资总额中的比重，逐步提高养老金的数额。

国家根据城镇居民生活费用价格指数增长情况，参照在职职工工资增长情况对基本养老金进行适当调整，所需费用从基本养老保险基金中开支。

七、尚未实行基本养老保险基金省级统筹的地区，要积极创造条件，由目前的市、县统筹逐步过渡到省级统筹。实行省级统筹后，原有固定职工和劳动合同制职工的养老保险基金要逐步按统一比例提取，合并调剂使用。具体办法由各省、自治区、直辖市人民政府制定。

中央部属企业，除国家另有规定者外，都要参加所在地区的统筹。

八、企业补充养老保险由企业根据自身经济能力，为本企业职工建立，所需费用从企业自有资金中的奖励、福利基金内提取。个人储蓄性养老保险由职工根据个人收入情况自愿参加。国家提倡、鼓励企业实行补充养老保险和职工参加个人储蓄性养老保险，并在政策上给予指导。同时，允许试行将个人储蓄性养老保险与企业补充养老保险挂钩的办法。补充养老保险基金，由社会保险管理机构按国家技术监督局发布的社会保障号码（国家标准GB 11643—89）记入职工个人账户。

九、劳动部和地方各级劳动部门负责管理城镇企业（包括不在城镇的全民所有制企业）职工的养老保险工作。

劳动部门所属的社会保险管理机构，是非营利性的事业单位，经办基本养老保险和企业补充养老保险的具体业务，并受养老保险基金委员会委托，管理养老保险基金。现已由人民保险公司经办的养老保险业务，可以维持现状不作变动。个人储蓄性养老保险由职工个人自愿选择经办机构。

十、社会保险管理机构可从养老保险基金中提取一定的管理服务费，具体的提取比例根据实际工作需要和节约的原则，由当地劳动部门提出，经同级财政部门审核，报养老保险基金委员会批准。管理服务费主要用于支付必要的行政和业务等费用。养老保险基金及管理服务费，不计征税费。

社会保险管理机构应根据国家的政策规定，建立健全基金管理的各项制度，编制养老保险基金和管理服务费收支的预、决算，报当地人民政府在预算中列收列支，并接受财政、审计、银行和工会的监督。

十一、本决定适用于全民所有制企业。城镇集体所有制企业可以参照执行；对外商投资企业中方职工、城镇私营企业职工和个体劳动者，也要逐步建立养老保险制度。具体办法由各省、自治区、直辖市人民政府制定。

十二、国家机关、事业单位和农村（含乡镇企业）的养老保险制度改革，分别由人事部、民政部负责，具体办法另行制定。

企业职工养老保险制度改革，是保障退休职工生活，维护社会安定的一项重要措施，对减轻国家和企业负担，促进经济体制改革以及合理引导消费有重要作用。这项工作政策性强，涉及面广，各级政府要切实加强领导，根据本决定的精神，结合实际抓紧制定具体的实施方案，积极稳妥地推进企业职工养老保险制度的改革。

关于加强企业职工社会保险基金投资管理的暂行规定

（财政部　劳动部 1994 年 11 月 22 日）

近年来，各地区和有关部门在深化劳动制度改革的过程中，积极推进企业职工社会保险制度改革，组织实施了养老保险、失业保险等社会保险基金的统筹，对稳定社会秩序、保证职工群众的基本生活等起到了较好的作用。为促进我国社会保险制度改革的顺利进行，保证职工养老保险、失业保险等社会保险基金的安全与完整，严肃财经纪律，经国务院同意，现就企业职工社会保险基金投资管理问题作如下暂行规定：

一、企业职工社会保险基金是按国家规定提取、筹集和使用的专项基金，必须坚持专款专用的原则，任何单位和个人都无权自行决定该基金的其他用途。

二、为保证养老保险基金的安全和完整并妥善处理该基金的保值问题，国家发行社会保险基金特种定向债券（以下简称特种定向债券）。职工养老保险基金收支相抵后的结余额，除留足两个月支付费用外，80%左右应用于购买特种定向债券，在国务院没有作出新的规定前，不得在境内外进行其他直接投资和各种形式的委托投资。

三、职工失业保险、医疗保险、工伤保险等其他社会保险基金，在保证必要支出后，其结余额的一部分以及养老保险基金购买特种定向债券后的结余额，应根据国家下达的年度国债发行计划，积极认购其他种类的国家债券。其中，失业保险等其他社会保险基金结余额，也可视国债发行计划需要，认购一部分特种定向债券。

四、特种定向债券的发行办法及优惠条件由财政部另行制定。发行特种定向债券和其他国家债券时的有关事项（包括国家债券的贴现和抵押问题），由财政部、劳动部与有关部门商定。

五、各种社会保险基金购买国家债券的利息收入免交税费并转入基金。

六、社会保险基金购买国家债券以后仍有结余的部分，应按社会保险基金管理的有关规定存入银行的专户。

七、职工失业保险基金中用于转业训练和生产自救的支出，应按规定审批程序报有关部门批准，其中涉及固定资产投资的必须纳入国家基本建设规模严格管理。

八、各地区、各有关部门已将社会保险基金投资于其他项目的，应在本规定公布后半年内收回并返还基金。逾期仍未收回的要逐笔登记，在审计、财政、计划、银行、劳动等部门监督下，限期收回；自行投资已造成损失不能收回的，要追究有关领导和当事人的责任，严肃处理。

九、本规定自公布之日起施行。各地区和各有关部门应采取有效措施保证本规定的贯彻落实，社会保险事业管理机构要严格执行规定及各项财务制度，自觉接受政府有关部门和社会公众的监督检查，切实维护社会保险基金的安全与完整。

国务院关于建立统一的企业职工基本养老保险制度的决定

（国务院1997年7月16日发布）

近年来，各地区和有关部门按照《国务院关于深化企业职工养老保险制度改革的通知》（国发〔1995〕6号）要求，制定了社会统筹与个人账户相结合的养老保险制度改革方案，建立了职工基本养老保险个人账户，促进了养老保险新机制的形成，保障了离退休人员的基本生活，企业职工养老保险制度改革取得了新的进展。但是，由于这项改革仍处在试点阶段，目前还存在基本养老保险制度不统一、企业负担重、统筹层次低、管理制度不健全等问题，必须按照党中央、国务院确定的目标和原则，进一步加快改革步伐，建立统一的企业职工基本养老保险制度，促进经济与社会健康发展。为此，国务院在总结近几年改革试点经验的基础上作出如下决定：

一、到本世纪末，要基本建立起适应社会主义市场经济体制要求，适用城镇各类企业职工和个体劳动者，资金来源多渠道、保障方式多层次、社会统筹与个人账户相结合、权利与义务相对应、管理服务社会化的养老保险体系。企业职工养老保险要贯彻社会互济与自我保障相结合、公平与效率相结合、行政管理与基金管理分开等原则，保障水平要与我国社会生产力发展水平及各方面的承受能力相适应。

二、各级人民政府要把社会保险事业纳入本地区国民经济与社会发展计划，贯彻基本养老保险只能保障退休人员基本生活的原则，把改革企业职工养老保险制度与建立多层次的社会保障体系紧密结合起来，确保离退休人员基本养老金和失业人员失业救济金的发放，积极推行城市居民最低生活保障制度。为使离退休人员的生活随着经济与社会发展不断得到改善，体现按劳分配原则和地区发展水平及企业经济效益的差异，各地区和有关部门要在国家政策指导下大力发展企业补充养老保险，同时发挥商业保险的补充作用。

三、企业缴纳基本养老保险费（以下简称企业缴费）的比例，一般不得超过企业工资总额的20%（包括划入个人账户的部分），具体比例由省、自治区、直辖市人民政府确定。少数省、自治区、直辖市因离退休人数较多、养老保险负担过重，确需超过企业工资总额20%的，应报劳动部、财政部审批。个人缴纳基本养老保险费（以下简称个人缴费）的比例，1997年不得低于本人缴费工资的4%，1998年起每两年提高1个百分点，最终达到本人缴费工资的8%。有条件的地区和工资增长较快的年份，个人缴费比例提高的速度应适当加快。

四、按本人缴费工资11%的数额为职工建立基本养老保险个人账户，个人缴费全部记入个人账户，其余部分从企业缴费中划入。随着个人缴费比例的提高，企业划入的部分要逐步降至3%。个人账户储存额，每年参考银行同期存款利率计算利息。个人账户储存额只用于职工养老，不得提前支取。职工调动时，个人账户全部随同转移。职工或退休人员死亡，个人账户中的个人缴费部分可以继承。

五、本决定实施后参加工作的职工，个人缴费年限累计满15年的，退休后按月发给基本养老金。基本养老金由基础养老金和个人账户养老金组成。退休时的基础养老金月标准为省、自治区、直辖市或地（市）上年度职工月平均工资的20%，个人账户养老金月标准为本人账户储存额除以120。个人缴费年限累计不满15年的，退休后不享受基础养老金待遇，其个人账户储存额一次支付给本人。

本决定实施前已经离退休的人员，仍按国家原来的规定发给养老金，同时执行养老金调整办法。各地区和有关部门要按照国家规定进一步完善基本养老金正常调整机制，认真抓好落实。

本决定实施前参加工作、实施后退休且个人缴费和视同缴费年限累计满15年的人员，按照新老办法平稳衔接、待遇水平基本平衡等原则，在发给基础养老金和个人账户养老金的基础上再确定过渡性养老金，过渡性养老金从养老保险基金中解决。具体办法，由劳动部会同有关部门制订并指导实施。

六、进一步扩大养老保险的覆盖范围，基本养老保险制度要逐步扩大到城镇所有企业及其职工。城镇个体劳动者也要逐步实行基本养老保险制度，其缴费比例和待遇水平由省、自治区、直辖市人民政府参照本决定精神确定。

七、抓紧制定企业职工养老保险基金管理条例，加强对养老保险基金的管理。基本养老保险基金实行收支两条线管理，要保证专款专用，全部用于职工养老保险，严禁挤占挪用和挥霍浪费。基金结余额，除预留相当于2个月的支付费用外，应全部购买国家债券和存入专户，严格禁止投入其他金融和经营性事业。要建立健全社会保险基金监督机构，财政、审计部门要依法加强监督，确保基金的安全。

八、为有利于提高基本养老保险基金的统筹层次和加强宏观调控，要逐步由县级统筹向省或省授权的地区统筹过渡。待全国基本实现省级统筹后，原经国务院批准由有关部门和单位组织统筹的企业，参加所在地区的社会统筹。

九、提高社会保险管理服务的社会化水平，尽快将目前由企业发放养老金改为社会化发放，积极创造条件将离退休人员的管理服务工作逐步由企业转向社会，减轻企业的社会事务负担。各级社会保险机构要进一步加强基础建设，改进和完善服务与管理工作，不断提高工作效率和服务质量，促进养老保险制度的改革。

十、实行企业化管理的事业单位，原则上按照企业养老保险制度执行。

建立统一的企业职工基本养老保险制度是深化社会保险制度改革的重要步骤，关系改革、发展和稳定的全局。各地区和有关部门要予以高度重视，切实加强领导，精心组织实施。劳动部要会同国家体改委等有关部门加强工作指导和监督检查，及时研究解决工作中遇到的问题，确保本决定的贯彻实施。

关于实行企业职工基本养老保险省级统筹和行业统筹移交地方管理有关问题的通知

（国务院 1998 年 8 月 6 日发布）

为了深化企业职工养老保险制度改革，加强基本养老保险基金管理和调剂力度，确保企业离退休人员基本养老金的按时足额发放，国务院决定，加快实行企业职工基本养老保险省级统筹，并将铁道部、交通部、信息产业部（原邮电部部分）、水利部、民航总局、煤炭局（原煤炭部）、有色金属局（原中国有色金属工业总公司）、国家电力公司（原电力部）、中国石油天然气集团公司和中国石油化工集团公司（原石油天然气总公司部分）、银行系统（工商银行、农业银行、中国银行、建设银行、交通银行、中保集团）、中国建筑工程总公司组织的基本养老保险行业统筹移交地方管理。现就有关问题通知如下：

一、加快实行企业职工基本养老保险省级统筹

（一）1998 年年底以前，各省、自治区、直辖市（以下简称省、区、市）要实行企业职工基本养老保险省级统筹（以下简称“省级统筹”），建立基本养老保险基金省级调剂机制，调剂金的比例以保证省、区、市范围内企业离退休人员基本养老金的按时足额发放为原则。到 2000 年，在省、区、市范围内，要基本实现统一企业缴纳基本养老保险费比例，统一管理和调度使用基本养老保险基金，对社会保险经办机构实行省级垂直管理。

（二）省级统筹的范围包括省、区、市（含计划单列市、副省级省会城市、经济特区、开发区等）内的国有企业、集体企业、外商投资企业、私营企业等城镇各类企业及其职工。城镇个体经济组织及其从业人员也应参加基本养老保险并纳入省级统筹。

（三）从 1998 年 9 月 1 日起，目前实行基本养老保险基金差额缴拨的地区，要改变基金结算方式，对企业和职工个人全额征收基本养老保险费，对企业离退休人员全额支付基本养老金。各省、区、市要积极创造条件，加快实现企业离退休人员基本养老金的社会化发放，推进社会化管理进程。

二、按期完成基本养老保险行业统筹移交地方管理

（四）在 1998 年 8 月 31 日以前，实行基本养老保险行业统筹（以下简称行业统筹）企业的基本养老保险工作，按照先移交后调整的原则，全部移交省、区、市管理。从 1998 年 9 月 1 日起，由省、区、市社会保险经办机构负责收缴行业统筹企业基本养老保险费和发放离退休人员基本养老金。跨省、区、市的，按单位或其分支机构的注册登记地进行属地划分，其基本养老保险工作分别移交所在省、区、市社会保险经办机构管理。行业统筹在各省、区、市的省级社会保险经办机构暂予保留，待地方政府机构改革时再统筹研究。

（五）行业统筹移交地方管理后，1998 年内，企业和职工个人缴纳基本养老保险费的比例保持不变。从 1999 年起，调整企业缴纳基本养老保险费比例，起步时不低于企业工资总

额的13%，以后逐步过渡到与地方企业相同的比例。根据行业的具体情况，煤炭、银行、民航企业的过渡期为5年，其他行业企业的过渡期原则上为3年。从1999年1月1日起，职工个人缴纳基本养老保险费的比例按省、区、市确定的统一比例执行，一次到位。

从1998年1月1日起，统一按本人缴费工资11%的数额调整或建立职工基本养老保险个人账户，移交前后的个人账户储存额合并计算。

（六）行业统筹移交地方管理后，原行业统筹企业已离退休人员的基本养老保险原待遇原则上维持不变，其中经原劳动部、财政部批准的统筹项目内的部分由省级统筹的基本养老保险基金支付，未列入统筹项目的部分由企业支付。行业统筹移交地方管理以后退休的人员，基本养老保险待遇按照省、区、市的办法执行，对于按原行业统筹计发办法计算高于按地方计发办法计算的部分，可由各省、区、市采用加发补贴的办法解决，所需费用从省级统筹的基本养老保险基金中支付，补贴的标准逐年调整，5年后执行省、区、市的计发办法。

（七）行业统筹积累的基本养老保险基金，全部移交给省、区、市社会保险经办机构管理，其中存在省、区、市以下社会保险经办机构的，随同行业统筹移交地方管理一并移交给地方；存在中央部门的，主要用于解决移交过程中的地区不平衡问题。具体移交办法由劳动保障部、财政部统一研究制订并尽快下发。

行业统筹企业建立的补充养老保险，要逐步加以规范，由劳动保障部审查同意的机构经办。补充养老保险积累的基金不移交地方。

（八）加快行业统筹移交地方管理，是实行省级统筹的重要保证。行业统筹移交地方管理的工作由劳动保障部会同财政部组织实施。行业统筹移交地方管理后，企业缴纳基本养老保险费的比例调整和对退休人员的补贴办法等，各省、区、市要报劳动保障部，劳动保障部商财政部同意后，由省、区、市人民政府批准实施。

三、加强领导，严肃纪律，确保按时足额发放企业离退休人员基本养老金

（九）各省、区、市人民政府、各有关部门和单位要统一认识，加强领导，积极稳妥地推进省级统筹和行业统筹移交地方管理的工作，要按照本通知规定的程序和进度，抓紧进行，认真落实。要严肃纪律，不能搞提前退休，不得擅自提高待遇，不准借交接之机挪用基本养老保险基金，对被挤占挪用的基本养老保险基金，要从严从快清查收回。各省、区、市人民政府要采取切实有效措施，按期建立省级统筹，保证基本养老保险基金在省、区、市范围内调剂使用，确保按时足额发放企业离退休人员的基本养老金，不得再发生新的拖欠，对以前拖欠的要逐步予以补发。对发放企业离退休人员基本养老金确有困难的地区，1998年中央财政给予适当支持。

（十）实行省级统筹和行业统筹移交地方管理，时间紧、任务重、政策性强，涉及各方面利益的调整和社会的稳定，各省、区、市人民政府、各有关部门和单位要高度重视，精心组织实施。劳动保障部、财政部要加强指导，保证省级统筹和行业统筹移交地方管理工作的顺利完成。

关于完善企业职工基本养老保险制度的决定

（国务院2005年12月3日发布）

近年来，各地区和有关部门按照党中央、国务院关于完善企业职工基本养老保险制度的部署和要求，以确保企业离退休人员基本养老金按时足额发放为中心，努力扩大基本养老保险覆盖范围，切实加强基本养老保险基金征缴，积极推进企业退休人员社会化管理服务，各项工作取得明显成效，为促进改革、发展和维护社会稳定发挥了重要作用。但是，随着人口老龄化、就业方式多样化和城市化的发展，现行企业职工基本养老保险制度还存在个人账户没有做实、计发办法不尽合理、覆盖范围不够广泛等不适应的问题，需要加以改革和完善。为此，在充分调查研究和总结东北三省完善城镇社会保障体系试点经验的基础上，国务院对完善企业职工基本养老保险制度作出如下决定：

一、完善企业职工基本养老保险制度的指导思想和主要任务。以邓小平理论和“三个代表”重要思想为指导，认真贯彻党的十六大和十六届三中、四中、五中全会精神，按照落实科学发展观和构建社会主义和谐社会的要求，统筹考虑当前和长远的关系，坚持覆盖广泛、水平适当、结构合理、基金平衡的原则，完善政策，健全机制，加强管理，建立起适合我国国情，实现可持续发展的基本养老保险制度。主要任务是：确保基本养老金按时足额发放，保障离退休人员基本生活；逐步做实个人账户，完善社会统筹与个人账户相结合的基本制度；统一城镇个体工商户和灵活就业人员参保缴费政策，扩大覆盖范围；改革基本养老金计发办法，建立参保缴费的激励约束机制；根据经济发展水平和各方面承受能力，合理确定基本养老金水平；建立多层次养老保险体系，划清中央与地方、政府与企业及个人的责任；加强基本养老保险基金征缴和监管，完善多渠道筹资机制；进一步做好退休人员社会化管理工作，提高服务水平。

二、确保基本养老金按时足额发放。要继续把确保企业离退休人员基本养老金按时足额发放作为首要任务，进一步完善各项政策和工作机制，确保离退休人员基本养老金按时足额发放，不得发生新的基本养老金拖欠，切实保障离退休人员的合法权益。对过去拖欠的基本养老金，各地要根据《中共中央办公厅　国务院办公厅关于进一步做好补发拖欠基本养老金和企业调整工资工作的通知》要求，认真加以解决。

三、扩大基本养老保险覆盖范围。城镇各类企业职工、个体工商户和灵活就业人员都要参加企业职工基本养老保险。当前及今后一个时期，要以非公有制企业、城镇个体工商户和灵活就业人员参保工作为重点，扩大基本养老保险覆盖范围。要进一步落实国家有关社会保险补贴政策，帮助就业困难人员参保缴费。城镇个体工商户和灵活就业人员参加基本养老保险的缴费基数为当地上年度在岗职工平均工资，缴费比例为20%，其中8%记入个人账户，退休后按企业职工基本养老金计发办法计发基本养老金。

四、逐步做实个人账户。做实个人账户，积累基本养老保险基金，是应对人口老龄化的重要举措，也是实现企业职工基本养老保险制度可持续发展的重要保证。要继续抓好东北三省做实个人账户试点工作，抓紧研究制订其他地区扩大做实个人账户试点的具体方案，报国务院批准后实施。国家制订个人账户基金管理和投资运营办法，实现保值增值。

五、加强基本养老保险基金征缴与监管。要全面落实《社会保险费征缴暂行条例》的各项规定，严格执行社会保险登记和缴费申报制度，强化社会保险稽核和劳动保障监察执法工作，努力提高征缴率。凡是参加企业职工基本养老保险的单位和个人，都必须按时足额缴纳基本养老保险费；对拒缴、瞒报少缴基本养老保险费的，要依法处理；对欠缴基本养老保险费的，要采取各种措施，加大追缴力度，确保基本养老保险基金应收尽收。各地要按照建立公共财政的要求，积极调整财政支出结构，加大对社会保障的资金投入。

基本养老保险基金要纳入财政专户，实行收支两条线管理，严禁挤占挪用。要制定和完善社会保险基金监督管理的法律法规，实现依法监督。各省、自治区、直辖市人民政府要完善工作机制，保证基金监管制度的顺利实施。要继续发挥审计监督、社会监督和舆论监督的作用，共同维护基金安全。

六、改革基本养老金计发办法。为与做实个人账户相衔接，从 2006 年 1 月 1 日起，个人账户的规模统一由本人缴费工资的 11% 调整为 8%，全部由个人缴费形成，单位缴费不再划入个人账户。同时，进一步完善鼓励职工参保缴费的激励约束机制，相应调整基本养老金计发办法。

《国务院关于建立统一的企业职工基本养老保险制度的决定》(国发〔1997〕26 号)实施后参加工作、缴费年限(含视同缴费年限，下同)累计满 15 年的人员，退休后按月发给基本养老金。基本养老金由基础养老金和个人账户养老金组成。退休时的基础养老金月标准以当地上年度在岗职工月平均工资和本人指数化月平均缴费工资的平均值为基数，缴费每满 1 年发给 1%。个人账户养老金月标准为个人账户储存额除以计发月数，计发月数根据职工退休时城镇人口平均预期寿命、本人退休年龄、利息等因素确定。

国发〔1997〕26 号文件实施前参加工作，本决定实施后退休且缴费年限累计满 15 年的人员，在发给基础养老金和个人账户养老金的基础上，再发给过渡性养老金。各省、自治区、直辖市人民政府要按照待遇水平合理衔接、新老政策平稳过渡的原则，在认真测算的基础上，制订具体的过渡办法，并报劳动保障部、财政部备案。

本决定实施后到达退休年龄但缴费年限累计不满 15 年的人员，不发给基础养老金；个人账户储存额一次性支付给本人，终止基本养老保险关系。本决定实施前已经离退休的人员，仍按国家原来的规定发给基本养老金，同时执行基本养老金调整办法。

七、建立基本养老金正常调整机制。根据职工工资和物价变动等情况，国务院适时调整企业退休人员基本养老金水平，调整幅度为省、自治区、直辖市当地企业在岗职工平均工资年增长率的一定比例。各地根据本地实际情况提出具体调整方案，报劳动保障部、财政部审批后实施。

八、加快提高统筹层次。进一步加强省级基金预算管理，明确省、市、县各级人民政府的责任，建立健全省级基金调剂制度，加大基金调剂力度。在完善市级统筹的基础上，尽快提高统筹层次，实现省级统筹，为构建全国统一的劳动力市场和促进人员合理流动创造条件。

九、发展企业年金。为建立多层次的养老保险体系，增强企业的人才竞争能力，更好地保障企业职工退休后的生活，具备条件的企业可为职工建立企业年金。企业年金基金实行完全积累，采取市场化的方式进行管理和运营。要切实做好企业年金基金监管工作，实现规范运作，切实维护企业和职工的利益。

十、做好退休人员社会化管理服务工作。要按照建立独立于企事业单位之外社会保障体系的要求，继续做好企业退休人员社会化管理工作。要加强街道、社区劳动保障工作平台建设，加快公共老年服务设施和服务网络建设，条件具备的地方，可开展老年护理服务，兴建退休人员公寓，为退休人员提供更多更好的服务，不断提高退休人员的生活质量。

十一、不断提高社会保险管理服务水平。要高度重视社会保险经办能力建设，加快社会保障信息服务网络建设步伐，建立高效运转的经办管理服务体系，把社会保险的政策落到实处。各级社会保险经办机构要完善管理制度，制订技术标准，规范业务流程，实现规范化、信息化和专业化管理。同时，要加强人员培训，提高政治和业务素质，不断提高工作效率和服务质量。

完善企业职工基本养老保险制度是构建社会主义和谐社会的重要内容，事关改革发展稳定的大局。各地区和有关部门要高度重视，加强领导，精心组织实施，研究制订具体的实施意见和办法，并报劳动保障部备案。劳动保障部要会同有关部门加强指导和监督检查，及时研究解决工作中遇到的问题，确保本决定的贯彻实施。

本决定自发布之日起实施，已有规定与本决定不一致的，按本决定执行。

附　录

附表 1　中生育率水平下 2016 年、2055 年、2095 年的男性生命表

序号	2016 年	2055 年	2095 年	序号	2016 年	2055 年	2095 年	序号	2016 年	2055 年	2095 年
0	0. 009 988	0. 004 396	0. 002 157	34	0. 000 599	0. 000 234	0. 000 104	68	0. 028 638	0. 013 038	0. 006 147
1	0. 001 383	0. 000 504	0. 000 231	35	0. 000 656	0. 000 257	0. 000 115	69	0. 030 830	0. 014 204	0. 006 764
2	0. 000 547	0. 000 219	0. 000 107	36	0. 000 751	0. 000 295	0. 000 132	70	0. 033 823	0. 015 791	0. 007 609
3	0. 000 240	0. 000 096	0. 000 047	37	0. 000 843	0. 000 333	0. 000 148	71	0. 037 644	0. 017 807	0. 008 686
4	0. 000 137	0. 000 054	0. 000 026	38	0. 000 935	0. 000 370	0. 000 165	72	0. 041 417	0. 019 792	0. 009 745
5	0. 000 120	0. 000 048	0. 000 023	39	0. 001 026	0. 000 406	0. 000 181	73	0. 045 202	0. 021 782	0. 010 806
6	0. 000 138	0. 000 055	0. 000 026	40	0. 001 154	0. 000 457	0. 000 204	74	0. 048 951	0. 023 733	0. 011 839
7	0. 000 139	0. 000 055	0. 000 026	41	0. 001 319	0. 000 524	0. 000 233	75	0. 053 492	0. 026 261	0. 013 252
8	0. 000 140	0. 000 056	0. 000 026	42	0. 001 481	0. 000 590	0. 000 263	76	0. 058 886	0. 029 384	0. 015 053
9	0. 000 142	0. 000 056	0. 000 026	43	0. 001 643	0. 000 656	0. 000 292	77	0. 064 230	0. 032 470	0. 016 827
10	0. 000 144	0. 000 057	0. 000 026	44	0. 001 798	0. 000 719	0. 000 320	78	0. 069 603	0. 035 566	0. 018 604
11	0. 000 145	0. 000 057	0. 000 026	45	0. 002 026	0. 000 813	0. 000 362	79	0. 074 845	0. 038 578	0. 020 325
12	0. 000 147	0. 000 058	0. 000 027	46	0. 002 326	0. 000 938	0. 000 418	80	0. 082 083	0. 042 862	0. 022 843
13	0. 000 149	0. 000 058	0. 000 027	47	0. 002 620	0. 001 061	0. 000 472	81	0. 091 515	0. 048 487	0. 026 181

14	0. 000 149	0. 000 058	0. 000 027	48	0. 002 914	0. 001 183	0. 000 527	82	0. 100 842	0. 054 035	0. 029 466
15	0. 000 168	0. 000 065	0. 000 030	49	0. 003 194	0. 001 299	0. 000 578	83	0. 110 244	0. 059 613	0. 032 762
16	0. 000 205	0. 000 080	0. 000 036	50	0. 003 668	0. 001 500	0. 000 667	84	0. 119 498	0. 065 092	0. 035 976
17	0. 000 238	0. 000 093	0. 000 042	51	0. 004 340	0. 001 785	0. 000 794	85	0. 131 237	0. 072 395	0. 040 451
18	0. 000 272	0. 000 107	0. 000 048	52	0. 004 997	0. 002 063	0. 000 918	86	0. 145 806	0. 081 681	0. 046 250
19	0. 000 308	0. 000 121	0. 000 054	53	0. 005 660	0. 002 342	0. 001 042	87	0. 160 296	0. 090 889	0. 051 978
20	0. 000 334	0. 000 132	0. 000 059	54	0. 006 310	0. 002 617	0. 001 165	88	0. 174 922	0. 100 176	0. 057 737
21	0. 000 353	0. 000 139	0. 000 062	55	0. 007 063	0. 002 940	0. 001 308	89	0. 189 254	0. 109 371	0. 063 396
22	0. 000 371	0. 000 147	0. 000 065	56	0. 007 917	0. 003 310	0. 001 472	90	0. 206 750	0. 121 160	0. 070 950
23	0. 000 390	0. 000 154	0. 000 069	57	0. 008 763	0. 003 677	0. 001 635	91	0. 227 948	0. 135 920	0. 080 567
24	0. 000 409	0. 000 162	0. 000 072	58	0. 009 612	0. 004 044	0. 001 798	92	0. 248 901	0. 150 629	0. 090 107
25	0. 000 427	0. 000 168	0. 000 075	59	0. 010 416	0. 004 392	0. 001 952	93	0. 269 760	0. 165 530	0. 099 732
26	0. 000 444	0. 000 175	0. 000 078	60	0. 011 821	0. 005 000	0. 002 222	94	0. 288 878	0. 180 626	0. 109 444
27	0. 000 461	0. 000 181	0. 000 081	61	0. 013 846	0. 005 871	0. 002 609	95	0. 306 448	0. 195 914	0. 119 243
28	0. 000 478	0. 000 187	0. 000 083	62	0. 015 825	0. 006 723	0. 002 986	96	0. 318 630	0. 211 402	0. 129 130
29	0. 000 494	0. 000 194	0. 000 086	63	0. 017 813	0. 007 575	0. 003 363	97	0. 329 418	0. 227 094	0. 139 106
30	0. 000 513	0. 000 201	0. 000 089	64	0. 019 781	0. 008 414	0. 003 731	98	0. 335 715	0. 242 987	0. 149 171
31	0. 000 535	0. 000 210	0. 000 093	65	0. 021 886	0. 009 437	0. 004 235	99	0. 335 987	0. 259 112	0. 159 345
32	0. 000 557	0. 000 218	0. 000 097	66	0. 024 145	0. 010 645	0. 004 879	100	1	1	1
33	0. 000 579	0. 000 227	0. 000 101	67	0. 026 389	0. 011 841	0. 005 513				

附表 2　基于现行制度，中生育率水平下基本养老保险的财政支付压力/亿元

情境	1	2	3	4	5	6	7	8	9	10
2035	—	—	—	—	—	—	—	4.09E+3	—	—
2040	1.66E+4	3.13E+4	4.20E+3	5.46E+3	2.10E+4	—	2.49E+4	3.47E+4	1.32E+4	2.94E+4
2045	6.37E+4	7.17E+4	5.72E+4	6.37E+4	7.17E+4	4.94E+4	6.37E+4	7.17E+4	5.72E+4	7.08E+4
2050	1.19E+5	1.30E+5	1.10E+5	1.19E+5	1.30E+5	1.10E+5	1.19E+5	1.30E+5	1.10E+5	1.30E+5
2055	1.93E+5	2.07E+5	1.82E+5	1.93E+5	2.07E+5	1.82E+5	1.93E+5	2.07E+5	1.82E+5	2.09E+5
2060	2.42E+5	2.57E+5	2.29E+5	2.42E+5	2.57E+5	2.29E+5	2.42E+5	2.57E+5	2.29E+5	2.64E+5
2065	2.96E+5	3.13E+5	2.83E+5	2.96E+5	3.13E+5	2.83E+5	2.96E+5	3.13E+5	2.83E+5	3.25E+5
2070	3.52E+5	3.70E+5	3.38E+5	3.52E+5	3.70E+5	3.38E+5	3.52E+5	3.70E+5	3.38E+5	3.88E+5
2075	4.21E+5	4.40E+5	4.05E+5	4.21E+5	4.40E+5	4.05E+5	4.21E+5	4.40E+5	4.05E+5	4.64E+5
2080	4.86E+5	5.07E+5	4.69E+5	4.86E+5	5.07E+5	4.69E+5	4.86E+5	5.07E+5	4.69E+5	5.36E+5
2085	5.46E+5	5.69E+5	5.27E+5	5.46E+5	5.69E+5	5.27E+5	5.46E+5	5.69E+5	5.27E+5	6.02E+5
2090	5.92E+5	6.16E+5	5.72E+5	5.92E+5	6.16E+5	5.72E+5	5.92E+5	6.16E+5	5.72E+5	6.53E+5
2095	6.40E+5	6.66E+5	6.19E+5	6.40E+5	6.66E+5	6.19E+5	6.40E+5	6.66E+5	6.19E+5	7.07E+5
情境	11	12	13	14	15	16	17	18	19	20
2035	4.81E+3	—	—	—	—	3.50E+3	1.14E+4	—	—	—
2040	3.92E+4	1.69E+4	1.91E+4	3.47E+4	5.88E+3	3.34E+4	3.93E+4	2.51E+4	4.49E+3	1.92E+4
2045	7.88E+4	6.42E+4	7.08E+4	7.88E+4	6.42E+4	7.08E+4	7.88E+4	6.42E+4	5.70E+4	6.50E+4
2050	1.41E+5	1.21E+5	1.30E+5	1.41E+5	1.21E+5	1.30E+5	1.41E+5	1.21E+5	1.09E+5	1.20E+5
2055	2.23E+5	1.98E+5	2.09E+5	2.23E+5	1.98E+5	2.09E+5	2.23E+5	1.98E+5	1.78E+5	1.92E+5

2060	2.79E+5	2.52E+5	2.64E+5	2.79E+5	2.52E+5	2.64E+5	2.79E+5	2.52E+5	2.21E+5	2.36E+5
2065	3.41E+5	3.12E+5	3.25E+5	3.41E+5	3.12E+5	3.25E+5	3.41E+5	3.12E+5	2.70E+5	2.86E+5
2070	4.06E+5	3.74E+5	3.88E+5	4.06E+5	3.74E+5	3.88E+5	4.06E+5	3.74E+5	3.20E+5	3.37E+5
2075	4.83E+5	4.48E+5	4.64E+5	4.83E+5	4.48E+5	4.64E+5	4.83E+5	4.48E+5	3.82E+5	4.01E+5
2080	5.57E+5	5.19E+5	5.36E+5	5.57E+5	5.19E+5	5.36E+5	5.57E+5	5.19E+5	4.41E+5	4.63E+5
2085	6.25E+5	5.83E+5	6.02E+5	6.25E+5	5.83E+5	6.02E+5	6.25E+5	5.83E+5	4.96E+5	5.19E+5
2090	6.78E+5	6.33E+5	6.53E+5	6.78E+5	6.33E+5	6.53E+5	6.78E+5	6.33E+5	5.37E+5	5.61E+5
2095	7.33E+5	6.86E+5	7.07E+5	7.33E+5	6.86E+5	7.07E+5	7.33E+5	6.86E+5	5.79E+5	6.05E+5

情境	21	22	23	24	25	26	27	28	29	30
2035	—	—	—	—	—	—	—	—	—	—
2040	—	—	8.02E+3	—	1.36E+4	2.74E+4	1.88E+3	—	—	—
2045	4.25E+4	4.95E+4	6.50E+4	2.97E+4	5.70E+4	6.50E+4	5.05E+4	2.88E+4	5.14E+4	9.80E+3
2050	9.95E+4	1.09E+5	1.20E+5	9.95E+4	1.09E+5	1.20E+5	9.95E+4	9.89E+4	1.10E+5	8.97E+4
2055	1.67E+5	1.78E+5	1.92E+5	1.67E+5	1.78E+5	1.92E+5	1.67E+5	1.75E+5	1.88E+5	1.63E+5
2060	2.09E+5	2.21E+5	2.36E+5	2.09E+5	2.21E+5	2.36E+5	2.09E+5	2.23E+5	2.38E+5	2.11E+5
2065	2.57E+5	2.70E+5	2.86E+5	2.57E+5	2.70E+5	2.86E+5	2.57E+5	2.78E+5	2.94E+5	2.65E+5
2070	3.05E+5	3.20E+5	3.37E+5	3.05E+5	3.20E+5	3.37E+5	3.05E+5	3.34E+5	3.51E+5	3.19E+5
2075	3.66E+5	3.82E+5	4.01E+5	3.66E+5	3.82E+5	4.01E+5	3.66E+5	4.03E+5	4.22E+5	3.88E+5
2080	4.24E+5	4.41E+5	4.63E+5	4.24E+5	4.41E+5	4.63E+5	4.24E+5	4.69E+5	4.90E+5	4.51E+5
2085	4.77E+5	4.96E+5	5.19E+5	4.77E+5	4.96E+5	5.19E+5	4.77E+5	5.28E+5	5.51E+5	5.10E+5
2090	5.17E+5	5.37E+5	5.61E+5	5.17E+5	5.37E+5	5.61E+5	5.17E+5	5.73E+5	5.98E+5	5.54E+5
2095	5.58E+5	5.79E+5	6.05E+5	5.58E+5	5.79E+5	6.05E+5	5.58E+5	6.20E+5	6.46E+5	5.99E+5

续表

情境	31	32	33	34	35	36	37	38	39	40
2035	—	—	—	—	—	—	—	—	—	—
2040	—	—	—	—	6.15E+3	—	—	1.17E+4	—	—
2045	1.71E+4	4.06E+4	0.00E+00	3.77E+4	5.33E+4	1.94E+4	4.99E+4	6.08E+4	3.09E+4	3.92E+4
2050	9.89E+4	1.10E+5	8.70E+4	9.89E+4	1.10E+5	8.97E+4	1.10E+5	1.22E+5	1.01E+5	1.10E+5
2055	1.75E+5	1.88E+5	1.63E+5	1.75E+5	1.88E+5	1.63E+5	1.91E+5	2.05E+5	1.80E+5	1.91E+5
2060	2.23E+5	2.38E+5	2.11E+5	2.23E+5	2.38E+5	2.11E+5	2.46E+5	2.61E+5	2.34E+5	2.46E+5
2065	2.78E+5	2.94E+5	2.65E+5	2.78E+5	2.94E+5	2.65E+5	3.08E+5	3.24E+5	2.95E+5	3.08E+5
2070	3.34E+5	3.51E+5	3.19E+5	3.34E+5	3.51E+5	3.19E+5	3.71E+5	3.89E+5	3.57E+5	3.71E+5
2075	4.03E+5	4.22E+5	3.88E+5	4.03E+5	4.22E+5	3.88E+5	4.48E+5	4.67E+5	4.32E+5	4.48E+5
2080	4.69E+5	4.90E+5	4.51E+5	4.69E+5	4.90E+5	4.51E+5	5.20E+5	5.42E+5	5.03E+5	5.20E+5
2085	5.28E+5	5.51E+5	5.10E+5	5.28E+5	5.51E+5	5.10E+5	5.87E+5	6.10E+5	5.68E+5	5.87E+5
2090	5.73E+5	5.98E+5	5.54E+5	5.73E+5	5.98E+5	5.54E+5	6.37E+5	6.62E+5	6.17E+5	6.37E+5
2095	6.20E+5	6.46E+5	5.99E+5	6.20E+5	6.46E+5	5.99E+5	6.90E+5	7.16E+5	6.69E+5	6.90E+5
情境	41	42	43	44	45	46	47	48	49	50
2035	—	—	—	—	—	—	—	—	—	—
2040	1.89E+3	—	5.04E+3	1.89E+4	—	—	—	—	—	—
2045	6.08E+4	1.94E+4	5.29E+4	6.08E+4	3.96E+4	8.75E+3	3.14E+4	—	—	1.96E+4
2050	1.22E+5	1.01E+5	1.10E+5	1.22E+5	1.01E+5	8.80E+4	9.94E+4	6.85E+4	8.41E+4	9.94E+4
2055	2.05E+5	1.80E+5	1.91E+5	2.05E+5	1.80E+5	1.59E+5	1.72E+5	1.48E+5	1.59E+5	1.72E+5
2060	2.61E+5	2.34E+5	2.46E+5	2.61E+5	2.34E+5	2.02E+5	2.17E+5	1.89E+5	2.02E+5	2.17E+5

2065	3.24E+5	2.95E+5	3.08E+5	3.24E+5	2.95E+5	2.50E+5	2.66E+5	2.37E+5	2.50E+5	2.66E+5
2070	3.89E+5	3.57E+5	3.71E+5	3.89E+5	3.57E+5	2.99E+5	3.17E+5	2.85E+5	2.99E+5	3.17E+5
2075	4.67E+5	4.32E+5	4.48E+5	4.67E+5	4.32E+5	3.62E+5	3.82E+5	3.47E+5	3.62E+5	3.82E+5
2080	5.42E+5	5.03E+5	5.20E+5	5.42E+5	5.03E+5	4.22E+5	4.43E+5	4.05E+5	4.22E+5	4.43E+5
2085	6.10E+5	5.68E+5	5.87E+5	6.10E+5	5.68E+5	4.76E+5	4.99E+5	4.57E+5	4.76E+5	4.99E+5
2090	6.62E+5	6.17E+5	6.37E+5	6.62E+5	6.17E+5	5.16E+5	5.40E+5	4.96E+5	5.16E+5	5.40E+5
2095	7.16E+5	6.69E+5	6.90E+5	7.16E+5	6.69E+5	5.56E+5	5.82E+5	5.35E+5	5.56E+5	5.82E+5

情境	51	52	53	54	55	56	57	58	59	60
2035	—	—	—	—	4.57E+3	1.28E+4	—	—	3.86E+3	—
2040	—	—	—	—	4.57E+4	5.20E+4	3.78E+4	3.96E+4	5.13E+4	2.64E+4
2045	—	1.85E+4	4.03E+4	2.30E+2	8.22E+4	9.01E+4	7.56E+4	8.22E+4	9.01E+4	7.56E+4
2050	5.51E+4	8.80E+4	9.94E+4	7.88E+4	1.39E+5	1.51E+5	1.30E+5	1.39E+5	1.51E+5	1.30E+5
2055	1.48E+5	1.59E+5	1.72E+5	1.48E+5	2.12E+5	2.25E+5	2.01E+5	2.12E+5	2.25E+5	2.01E+5
2060	1.89E+5	2.02E+5	2.17E+5	1.89E+5	2.60E+5	2.75E+5	2.48E+5	2.60E+5	2.75E+5	2.48E+5
2065	2.37E+5	2.50E+5	2.66E+5	2.37E+5	3.15E+5	3.31E+5	3.02E+5	3.15E+5	3.31E+5	3.02E+5
2070	2.85E+5	2.99E+5	3.17E+5	2.85E+5	3.71E+5	3.89E+5	3.57E+5	3.71E+5	3.89E+5	3.57E+5
2075	3.47E+5	3.62E+5	3.82E+5	3.47E+5	4.38E+5	4.58E+5	4.23E+5	4.38E+5	4.58E+5	4.23E+5
2080	4.05E+5	4.22E+5	4.43E+5	4.05E+5	5.04E+5	5.25E+5	4.87E+5	5.04E+5	5.25E+5	4.87E+5
2085	4.57E+5	4.76E+5	4.99E+5	4.57E+5	5.63E+5	5.86E+5	5.45E+5	5.63E+5	5.86E+5	5.45E+5
2090	4.96E+5	5.16E+5	5.40E+5	4.96E+5	6.10E+5	6.35E+5	5.90E+5	6.10E+5	6.35E+5	5.90E+5
2095	5.35E+5	5.56E+5	5.82E+5	5.35E+5	6.60E+5	6.86E+5	6.39E+5	6.60E+5	6.86E+5	6.39E+5

续表

情境	61	62	63	64	65	66	67	68	69	70
2035	1.21E+4	2.00E+4	5.36E+3	1.17E+4	2.00E+4	4.63E+3	2.74E+3	1.14E+4	—	1.89E+4
2040	4.58E+4	5.17E+4	4.09E+4	5.04E+4	5.68E+4	4.50E+4	4.96E+4	5.65E+4	3.91E+4	5.01E+4
2045	8.22E+4	9.01E+4	7.56E+4	8.89E+4	9.68E+4	8.23E+4	8.89E+4	9.68E+4	8.23E+4	8.89E+4
2050	1.39E+5	1.51E+5	1.30E+5	1.50E+5	1.61E+5	1.40E+5	1.50E+5	1.61E+5	1.40E+5	1.50E+5
2055	2.12E+5	2.25E+5	2.01E+5	2.27E+5	2.41E+5	2.16E+5	2.27E+5	2.41E+5	2.16E+5	2.27E+5
2060	2.60E+5	2.75E+5	2.48E+5	2.82E+5	2.97E+5	2.69E+5	2.82E+5	2.97E+5	2.69E+5	2.82E+5
2065	3.15E+5	3.31E+5	3.02E+5	3.43E+5	3.59E+5	3.29E+5	3.43E+5	3.59E+5	3.29E+5	3.43E+5
2070	3.71E+5	3.89E+5	3.57E+5	4.05E+5	4.23E+5	3.91E+5	4.05E+5	4.23E+5	3.91E+5	4.05E+5
2075	4.38E+5	4.58E+5	4.23E+5	4.79E+5	4.98E+5	4.64E+5	4.79E+5	4.98E+5	4.64E+5	4.79E+5
2080	5.04E+5	5.25E+5	4.87E+5	5.51E+5	5.72E+5	5.34E+5	5.51E+5	5.72E+5	5.34E+5	5.51E+5
2085	5.63E+5	5.86E+5	5.45E+5	6.17E+5	6.40E+5	5.98E+5	6.17E+5	6.40E+5	5.98E+5	6.17E+5
2090	6.10E+5	6.35E+5	5.90E+5	6.69E+5	6.93E+5	6.49E+5	6.69E+5	6.93E+5	6.49E+5	6.69E+5
2095	6.60E+5	6.86E+5	6.39E+5	7.24E+5	7.50E+5	7.03E+5	7.24E+5	7.50E+5	7.03E+5	7.24E+5
情境	71	72	73	74	75	76	77	78	79	80
2035	2.68E+4	1.21E+4	—	6.02E+3	—	—	—	—	5.66E+3	1.36E+4
2040	5.60E+4	4.52E+4	3.89E+4	4.75E+4	2.65E+4	2.75E+4	4.30E+4	1.42E+4	4.17E+4	4.76E+4
2045	9.68E+4	8.23E+4	7.59E+4	8.38E+4	6.93E+4	7.59E+4	8.38E+4	6.93E+4	7.59E+4	8.38E+4
2050	1.61E+5	1.40E+5	1.30E+5	1.41E+5	1.20E+5	1.30E+5	1.41E+5	1.20E+5	1.30E+5	1.41E+5
2055	2.41E+5	2.16E+5	1.97E+5	2.11E+5	1.86E+5	1.97E+5	2.11E+5	1.86E+5	1.97E+5	2.11E+5
2060	2.97E+5	2.69E+5	2.41E+5	2.56E+5	2.29E+5	2.41E+5	2.56E+5	2.29E+5	2.41E+5	2.56E+5

2065	3.59E+5	3.29E+5	2.90E+5	3.06E+5	2.77E+5	2.90E+5	3.06E+5	2.77E+5	2.90E+5	3.06E+5
2070	4.23E+5	3.91E+5	3.40E+5	3.57E+5	3.26E+5	3.40E+5	3.57E+5	3.26E+5	3.40E+5	3.57E+5
2075	4.98E+5	4.64E+5	4.01E+5	4.20E+5	3.86E+5	4.01E+5	4.20E+5	3.86E+5	4.01E+5	4.20E+5
2080	5.72E+5	5.34E+5	4.61E+5	4.82E+5	4.44E+5	4.61E+5	4.82E+5	4.44E+5	4.61E+5	4.82E+5
2085	6.40E+5	5.98E+5	5.15E+5	5.38E+5	4.97E+5	5.15E+5	5.38E+5	4.97E+5	5.15E+5	5.38E+5
2090	6.93E+5	6.49E+5	5.58E+5	5.82E+5	5.38E+5	5.58E+5	5.82E+5	5.38E+5	5.58E+5	5.82E+5
2095	7.50E+5	7.03E+5	6.02E+5	6.28E+5	5.81E+5	6.02E+5	6.28E+5	5.81E+5	6.02E+5	6.28E+5
情境	81									
2035	—									
2040	3.56E+4									
2045	6.93E+4									
2050	1.20E+5									
2055	1.86E+5									
2060	2.29E+5									
2065	2.77E+5									
2070	3.26E+5									
2075	3.86E+5									
2080	4.44E+5									
2085	4.97E+5									
2090	5.38E+5									
2095	5.81E+5									

附表 3　基于方案二的延迟退休办法，中生育率水平下基本养老保险财政支付压力/亿元

情境	1	2	4	5	7	8	10	11	12	13
2035	—	—	—	—	—	—	—	2.52E+3	—	—
2040	—	—	—	—	—	—	—	1.01E+4	—	—
2045	—	—	—	—	—	2.17E+3	6.83E+3	1.42E+4	—	—
2050	—	3.89E+2	—	—	—	7.53E+3	1.20E+4	2.20E+4	—	6.47E+3
2055	—	2.83E+4	—	1.16E+4	1.08E+2	2.88E+4	3.40E+4	4.67E+4	1.73E+4	3.30E+4
2060	1.35E+4	4.25E+4	—	4.13E+4	2.89E+4	4.15E+4	4.75E+4	6.25E+4	3.52E+4	4.83E+4
2065	1.71E+4	3.46E+4	4.62E+2	3.56E+4	1.72E+4	3.13E+4	3.68E+4	5.43E+4	2.25E+4	4.03E+4
2070	—	1.49E+4	—	1.79E+4	—	9.51E+3	1.24E+4	3.24E+4	—	1.86E+4
2075	—	—	—	—	—	—	—	1.27E+3	—	—
2080	—	—	—	—	—	—	—	—	—	—
2085	—	1.17E+4	—	1.58E+4	—	6.30E+3	—	2.76E+4	—	4.70E+3
2090	—	3.50E+4	—	4.04E+4	—	2.88E+4	1.74E+4	5.26E+4	—	2.60E+4
2095	—	4.46E+4	—	5.28E+4	—	3.62E+4	2.40E+4	6.41E+4	—	3.48E+4
情境	14	15	16	17	18	20	26	55	56	57
2035	—	—	1.52E+3	8.54E+3	—	—	—	—	4.66E+3	—
2040	3.95E+3	—	5.37E+3	1.03E+4	—	—	—	1.45E+4	2.25E+4	3.73E+3
2045	1.35E+4	—	7.23E+3	1.38E+4	—	—	—	2.24E+4	2.97E+4	1.64E+4
2050	2.20E+4	—	1.20E+4	2.09E+4	3.35E+3	—	—	3.19E+4	4.19E+4	2.37E+4
2055	4.79E+4	—	3.33E+4	4.43E+4	2.43E+4	—	—	5.67E+4	6.94E+4	4.63E+4

2060	6.65E−4	3.29E+4	4.50E+4	5.76E+4	3.48E+4	—	1.26E+4	7.44E+4	8.94E+4	6.21E+4
2065	6.24E+4	2.23E+4	3.17E+4	4.58E+4	2.02E+4	1.11E+4	1.90E+4	7.26E+4	9.02E+4	5.83E+4
2070	4.48E+4	—	5.12E+3	2.06E+4	—	—	1.60E+2	6.11E+4	8.11E+4	4.48E+4
2075	1.74E+4	—	—	—	—	—	—	4.24E+4	6.50E+4	2.40E+4
2080	1.55E+4	—	—	—	—	—	—	4.67E+4	7.27E+4	2.55E+4
2085	4.92E+4	—	—	1.21E+4	—	—	—	8.21E+4	1.13E+5	5.73E+4
2090	7.91E+4	—	1.08E+4	3.48E+4	—	—	1.81E+3	1.13E+5	1.49E+5	8.46E+4
2095	9.77E+4	—	1.60E+4	4.26E+4	—	—	3.06E+4	1.34E+5	1.74E+5	1.01E+5

情境	58	59	60	61	62	63	64	65	66	67
2035	—	—	—	4.63E+3	1.17E+4	—	1.00E+4	1.74E+4	3.71E+3	1.66E+3
2040	3.80E+3	1.73E+4	—	1.77E+4	2.26E+4	1.22E+4	2.45E+4	2.98E+4	2.01E+4	2.37E+4
2045	2.15E+4	2.96E+4	7.05E+3	2.20E+4	2.86E+4	1.66E+4	3.32E+4	4.05E+4	2.72E+4	3.36E+4
2050	3.21E+4	4.35E+4	2.27E+4	3.03E+4	3.92E+4	2.30E+4	4.62E+4	5.62E+4	3.80E+4	4.86E+4
2055	5.87E+4	7.36E+4	4.64E+4	5.34E+4	6.44E+4	4.44E+4	7.40E+4	8.67E+4	6.35E+4	7.92E+4
2060	7.98E+4	9.80E+4	6.48E+4	6.78E+4	8.04E+4	5.76E+4	9.32E+4	1.08E+5	8.09E+4	1.03E+5
2065	8.30E+4	1.05E+5	6.50E+4	6.18E+4	7.59E+4	5.04E+4	9.12E+4	1.09E+5	7.69E+4	1.08E+5
2070	7.71E+4	1.03E+5	5.57E+4	4.59E+4	6.13E+4	3.33E+4	7.76E+4	9.76E+4	6.13E+4	1.02E+5
2075	6.44E+4	9.53E+4	3.91E+4	2.32E+4	4.00E+4	9.51E+3	5.63E+4	7.89E+4	3.78E+4	8.92E+4
2080	7.45E+4	1.11E+5	4.44E+4	2.42E+4	4.29E+4	9.09E+3	6.03E+4	8.62E+4	3.91E+4	1.02E+5
2085	1.17E+5	1.61E+5	8.06E+4	5.60E+4	7.74E+4	3.87E+4	9.71E+4	1.28E+5	7.23E+4	1.48E+5
2090	1.58E+5	2.11E+5	1.15E+5	8.15E+4	1.06E+5	6.20E+4	1.30E+5	1.65E+5	1.01E+5	1.95E+5
2095	1.92E+5	2.55E+5	1.40E+5	9.42E+4	1.21E+5	7.26E+4	1.52E+5	1.92E+5	1.19E+5	2.34E+5

续表

情境	68	69	70	71	72	73	74	75	76	77
2035	9.39E+3	—	1.67E+4	2.37E+4	1.07E+4	—	4.66E+3	—	—	—
2040	2.95E+4	1.39E+4	2.43E+4	2.92E+4	2.02E+4	1.45E+4	2.25E+4	3.73E+3	3.80E+3	1.73E+4
2045	4.17E+4	2.69E+4	3.17E+4	3.82E+4	2.63E+4	2.24E+4	2.97E+4	1.64E+4	2.15E+4	2.96E+4
2050	6.00E+4	3.92E+4	4.29E+4	5.18E+4	3.56E+4	3.19E+4	4.19E+4	2.37E+4	3.21E+4	4.35E+4
2055	9.41E+4	6.70E+4	6.80E+4	7.90E+4	5.90E+4	5.67E+4	6.94E+4	4.63E+4	5.87E+4	7.36E+4
2060	1.22E+5	8.84E+4	8.30E+4	9.55E+4	7.28E+4	7.44E+4	8.94E+4	6.21E+4	7.98E+4	9.80E+4
2065	1.30E+5	9.01E+4	7.55E+4	8.96E+4	6.40E+4	7.26E+4	9.02E+4	5.83E+4	8.30E+4	1.05E+5
2070	1.28E+5	8.08E+4	5.63E+4	7.18E+4	4.37E+4	6.11E+4	8.11E+4	4.48E+4	7.71E+4	1.03E+5
2075	1.20E+5	6.39E+4	2.98E+4	4.66E+4	1.61E+4	4.24E+4	6.50E+4	2.40E+4	6.44E+4	9.53E+4
2080	1.38E+5	7.14E+4	2.94E+4	4.81E+4	1.43E+4	4.67E+4	7.27E+4	2.55E+4	7.45E+4	1.11E+5
2085	1.93E+5	1.12E+5	6.15E+4	8.29E+4	4.41E+4	8.21E+4	1.13E+5	5.73E+4	1.17E+5	1.61E+5
2090	2.48E+5	1.51E+5	8.72E+4	1.11E+5	6.77E+4	1.13E+5	1.49E+5	8.46E+4	1.58E+5	2.11E+5
2095	2.97E+5	1.83E+5	1.00E+5	1.27E+5	7.86E+4	1.34E+5	1.74E+5	1.01E+5	1.92E+5	2.55E+5
情境	78	79	80	81						
2035	—	4.63E+3	1.17E+4	—						
2040	—	1.77E+4	2.26E+4	1.22E+4						
2045	7.05E+3	2.20E+4	2.86E+4	1.66E+4						
2050	2.27E+4	3.03E+4	3.92E+4	2.30E+4						
2055	4.64E+4	5.34E+4	6.44E+4	4.44E+4						
2060	6.48E+4	6.78E+4	8.04E+4	5.76E+4						

2065	6.50E+4	6.18E+4	7.59E+4	5.04E+4						
2070	5.57E+4	4.59E+4	6.13E+4	3.33E+4						
2075	3.91E+4	2.32E+4	4.00E+4	9.51E+3						
2080	4.44E+4	2.42E+4	4.29E+4	9.09E+3						
2085	8.06E+4	5.60E+4	7.74E+4	3.87E+4						
2090	1.15E+5	8.15E+4	1.06E+5	6.20E+4						
2095	1.40E+5	9.42E+4	1.21E+5	7.26E+4						

参考文献

艾慧,吴延东,李洁明,等. 2012. 我国城镇职工基本养老保险金征缴的不利因素研究——基于统筹账户精算视角[J]. 华东经济管理,26(3):33-36.

曹艳春,路锦非. 2010. 长期精算模型下上海基本养老保险制度整合的财政压力测试[J]. 华东经济管理,24(5):153-157.

曹园. 2016. 中国机关事业单位养老保险财务可持续性研究——基于人口老龄化背景[D]. 北京:中央财经大学.

陈丰元,米海杰,桂琰,等. 2013. 基本养老保险转轨成本的计算偏误与偿付机制[J]. 保险研究,(11):120-127.

陈辉,刘筱娴. 2003. 妇女生育模式概率模型的探讨[J]. 中国卫生统计,20(4):208-211.

高建伟,高明. 2006. 中国基本养老保险替代率精算模型及其应用[J]. 数学的实践与认识,(5):18-22.

高建伟. 2004. 中国隐性养老金债务精算模型及其应用研究[J]. 经济数学,(2):120-129.

龚锋,余锦亮. 2015. 人口老龄化、税收负担与财政可持续性[J]. 经济研究,(8):16-30.

龚敏,杨艳. 2016. 调整社保缴费率对城镇居民消费储蓄行为的影响分析[J]. 吉林大学社会科学学报,(5):5-16,187.

韩猛,王晓军. 2010. Lee-Carter 模型在中国城市人口死亡率预测中的应用与改进[J]. 保险研究,(10):3-9.

洪娟. 2010. 调税收杠杆促"三足鼎立"——建议我国实施个人税收递延型养老保险[J]. 中国社会保障,(2):37-38.

洪丽,曾国安. 2017. 养老保险缴费率调整与经济增长:理论模型与数值模拟[J]. 社会保障研究,(2):3-12.

胡玉琴,郑学东. 2010. 中国城镇职工个人账户支付能力——基于养老保险制度改革前后的比较研究[J]. 财经论丛,(3):38-44.

黄利霞,冯斌. 2015. 养老金均衡收益率黄金增长路径研究[J]. 统计与决策,(9):45-48.

贾康,王瑞,杨良初. 2000. 调整财政支出结构是减少养老保险隐性债务的重要途径[J]. 财政研究,(6):38-44.

蒋云赟. 2009. 我国企业基本养老保险的代际平衡分析[J]. 世界经济文汇,(1):58-69.

蒋云赟. 2013. 我国农民工养老保险方案的再研究——基于财政负担视角的代际核算模拟[J]. 财经研究,39(10):4-18.

金赟. 2014. 养老保险个人账户的动态平衡研究[J]. 统计研究,31(7):38-42.

景鹏,胡秋明.2016.生育政策调整、退休年龄延迟与城镇职工基本养老保险最优缴费率[J].财经研究,(4):26-37.

李富荣.2013.改进的动态 GM(1,1)模型在人口预测中的应用[J].统计与决策,(19):72-74.

李国璋,刘津汝.2011.产权制度、金融发展和对外开放对全要素生产率增长贡献的经验研究[J].经济问题,(2):4-9.

李杨.2009.金融危机下企业养老保险基金缺口预测及实证分析——基于 H 省的调查分析[J].财政研究,(11):20-23.

李志生,刘恒甲.2010. Lee-Carter 死亡率模型的估计与应用——基于中国人口数据的分析[J].中国人口科学,(3):46-56.

刘思峰.2017.灰色系统理论及其应用[M].北京:科学出版社.

刘威,刘昌平.2018.老龄化、人口流动与养老保险基金可持续性[J].江西财经大学学报,(3):66-76.

刘晓梅.2012.我国社会养老服务面临的形势及路径选择[J].人口研究,36(5):104-112.

刘学良.2014.中国养老保险的收支缺口和可持续性研究[J].中国工业经济,318(9):25-37.

龙卓舟.2008.我国现行养老社会保险转制成本处置政策的缺陷——从制度经济学视角的分析[J].经济体制改革,(3):40-44.

骆正清,陆安.2010.我国养老保险制度的个人退休账户缺口的精算模型及影响因素分析[J].统计与决策,(17):61-63.

马宁,刘玮.2015.商业养老保险税收优惠模式的选择——基于税率敏感性分析[J].保险研究,(7):90-97.

马宁.2014.税收优惠养老保险模式的最优选择——基于个人所得税税率的效应分析[J].保险研究,(9):51-57.

马庆钰.2017.改进制度供给是社会创新的关键[J].理论探讨,(2):133-137.

茅倬彦,罗昊.2013.符合二胎政策妇女的生育意愿和生育行为差异——基于计划行为理论的实证研究[J].人口研究,(1):84-93.

庞杰,王光伟.2016.国有资本净收入对养老保险的最优划拨率——劳动力人口增长率变化情况下的研究[J].经济与管理研究,(2):115-123.

齐艺莹,陶萌.2011.当前我国社会养老保险隐性债务规模精算分析[J].人口学刊,(4):68-74.

祁恒裙.2006.对我国社会养老保险基金缺口问题的探讨[J].兰州大学学报:社会科学版,34(6):104-107.

邱菀华,高建伟.2012.个人账户中养老金给付精算模型及其应用[J].北京航空航天大学学报:社会科学版,15(3):22-26.

石晨曦,杨再贵.2017.城镇企业职工个人账户财政补贴与偿付能力分析[J].江西财经大学学报,(1):57-68.

石智雷,杨云彦.2014.符合“单独二孩”政策家庭的生育意愿与生育行为人口研究[J].人口研究,(5):27-40.

涂东阳,许莉,殷晨听.2013.个税递延养老保险的缴费设计研究[J].保险研究,(12):65-73.

汪伟.2012.人口老龄化、养老保险制度变革与中国经济增长——理论分析与数值模拟[J].金融研究,388(10):29-45.

王佳林.2015.影响推出延迟退休年龄政策的因素及可行性分析[J].经济问题探索,(8):29-35.

王晓洁,王丽.2015.财政分权、城镇化与城乡居民养老保险全覆盖——基于中国2009—2012年省级面板数据的分析[J].财贸经济,(11):75-87.

王晓军,米海杰.2013a.养老金支付缺口:口径、方法与测算分析[J].数量经济技术经济研究,(10):49-62,78.

王晓军,米海杰.2013b.澄清对养老金替代率的误解[J].统计研究,30(11):52-59.

王晓军,任文东.2013.我国养老保险的财务可持续性研究[J].保险研究,(4):118-127.

王晓军,赵明.2015.寿命延长与延迟退休:国际比较与我国实证[J].数量经济技术经济研究,(3):111-128.

王晓军.2002.对我国养老金制度债务水平的估计与预测[J].预测,(1):29-32.

王晓军.2009.我国社会养老保险不同类型人群养老金替代率的测算[J].统计与决策,(20):10-12.

王亚柯,李羽翔.2016.机关事业单位养老保障水平测算与改革思路[J].华中师范大学学报:人文社会科学版,(6):34-43.

王叶梅,党耀国,王正新.2008.非等间距GM (1,1)模型背景值的优化[J].中国管理科学,16(4):159-162.

王莹.2010.个税递延型养老保险——基于税收优惠的思考[J].中南财经政法大学学报,(1):73-77,144.

魏吉漳.2014.中国城镇企业职工基本养老保险财务可持续性精算评估[D].北京:社会科学院研究生院.

谢韦克,黄荣清.1993.中国妇女生育模型研究[J].人口与经济,(1):35-40.

许鼎.2017.中国机关事业单位养老保险的财政负担精算评估研究[D].北京:中央财经大学.

薛惠元,王翠琴.2009.现收现付制与基金制的养老保险制度成本比较——基于养老保险收支平衡数理模型[J].保险研究,(11):59-64.

薛惠元.2014.基于整体法的新农保个人账户基金收支平衡模拟与预测[J].保险研究,(2):103-118.

闫坤,刘陈杰.2015.我国“新常态”时期合理经济增速测算[J].财贸经济,(1):17-26.

杨妮,王艳.2014.基于OLG模型的公共养老金最优企业缴费率研究[J].中国人口.资源与环境,(S1):159-162.

杨再贵,石晨曦.2016.中国城镇企业职工统筹账户养老金的财政负担[J].经济科学,(2):41-51.

杨再贵.2008.企业职工基本养老保险、养老金替代率和人口增长率[J].统计研究,(5):38-42.

姚引妹,李芬,尹文耀.2014.单独两孩政策实施中堆积夫妇及其生育释放分析[J].人口研究,(4):3-18.

殷俊,黄蓉.2012.人口老龄化、退休年龄与基础养老金长期偿付能力研究[J].理论与改革,(4):73-76.

余立人.2012.延长退休年龄能提高社会养老保险基金的支付能力吗?[J].南方经济,(6):74-84.

虞丽萍,袁景淇.2006.基于随机分布函数的分年龄性别生育率组合模型[J].上海交通大学学报,(9):1613-1616.

曾益,凌云,张心洁.2016.从"单独二孩"走向"全面二孩":城乡居民基本养老保险基金可持续性能提高吗?[J].财政研究,(11):65-79.

曾益,任超然,汤学良.2013.延长退休年龄能降低个人账户养老金的财政补助吗?[J].数量经济技术经济研究,(12):81-96.

曾益,任超然,刘倩.2013.延长退休年龄有助于改善养老保险的偿付能力吗?——基于精算模型的模拟分析[J].经济管理,35(05):108-117.

詹新宇,王素丽.2017.财政支出结构的经济增长质量效应研究——基于"五大发展理念"的视角[J].当代财经,(4):25-37.

张晶,黄本笑.2014.商业养老保险税收优惠模式的最优选择——基于一般均衡的角度[J].武汉大学学报:哲学社会科学版,(1):83-89.

张迎斌,刘志新,柏满迎,等.2013.我国社会基本养老保险的均衡体系与最优替代率研究——基于跨期叠代模型的实证分析[J].金融研究,(1):79-91.

张勇.2007.中国个人账户的支付能力研究[J].数量经济技术经济研究,(7):126-134.

赵春红.2017.个税递延型养老保险个人缴费研究——基于公平性的视角[J].保险研究,(12):15-28.

赵佳音,孙骁.2015.基于生育率组合模型的分年龄性别生育率预测[J].统计与决策,13:102-105.

郑秉文.2015.中国养老金发展报告(2015)——"第三支柱"商业养老保险顶层设计[M].北京:经济管理出版社.

郑秉文.2014.中国养老金发展报告:向名义账户制转型[M].北京:经济管理出版社.

郑秉文.2012.中国基本养老保险个人账户基金研究报告[M].北京:中国劳动社会保障出版社.

郑伟,林山君,陈凯.2014.中国人口老龄化的特征趋势及对经济增长的潜在影响[J].数量经济技术经济研究,8(3):20-38.

中国社会科学院经济研究所社会保障课题组. 2013. 多轨制社会养老保障体系的转型路径[J]. 经济研究,(12):4-16.

周渭兵. 2009. 基本养老保险记账利率制度下个人账户收支平衡的实证分析[J]. 财政研究,(4):25-27.

邹丽丽. 2014. 基本养老保险统筹层次提高中的收入再分配问题研究[J]. 人口经济,(1):108-115.

Anantharaman D, Lee Y G. 2014. Managerial risk taking incentives and corporate pension policy [J]. Journal of Financial Economics, 111(2):328-351.

Andonov A, Kok N, Eichholtzor P. 2013. A global perspective on pension fund investments in real estate[J]. The Journal of Portfolio Management: 32-42.

Andrew B A. 2001. The effects of investing social security funds in the stock market when fixed costs prevent some households from holding stocks[J]. American Economic Review, 91(1): 128-48.

Archer S. 2011. Pension funds as owners and financial intermediaries: a review of recent Canadian experience [M]. Cynthia A. Williams, Peer C. Zumbansen. The Embedded Firm. Corporate Governance, Labor, and Finance Capitalism. Cambridge: Cambridge University Press, 177-204.

Ashenfelter O, Card D. 2002. Did the elimination of mandatory retirement affect faculty retirement [J]. American Economic Review, 92(4):957-980.

Attanasio O, DeLeire T. 2002. The Effect of Individual Retirement Account on Household Consumption and National Saving[J]. The Economic Journal, (112):504-538.

Behaghel L, Blau D M. 2010. Framing social security reform: behavioral responses to changes in the full retirement age[R]. Germany: The Institute for the Study of Labor.

Beshears J, Choi J J, Laibson D, et al. 2009. The importance of default options for retirement savings outcomes: Evidence from the United States [M]. Chicago: University of Chicago Press.

Beshears J, Choi J J, Laibson D, et al. 2017. Does Front-Loading Taxation Increase Savings? Evidence from Roth 401(K) Introductions[J]. Journal of Public Economics, (151):84-95.

Bloom D E, Canning D, Moore M J. 2007. A theory of retirement[R]. Massachusetts: National Bureau of Economic Research.

Boado-Penas M C, Valdes-Prieto S, Vidal-Melia C. 2008. The Actuarial Balance Sheet for Pay-As-You-Go Finance: Solvency Indicators for Spain and Sweden[J]. Fiscal Studies, 29(1): 89-103.

Boeri T, Brugiavini A. 2008. Pension reforms and women retirement plans[J]. Journal of Population Ageing, 1(1):7-30.

Burtless G. 2013. The impact of population aging and delayed retirement on workforce productivity [R]. Massachusetts: Center for Retirement Research at Boston College Hovey House.

Choi J J, David L, Madrian B C, et al. 2002. Defined Contribution Pensions: Plan Rules, Participant Decisions, and the Path of Least Resistance[J]. National Bureau of Economic Research, (16): 1-56.

Christian G. 2008. Intergenerational risk-sharing and risk-taking of a pension fund[J]. Journal of Public Economics, 92(5-6): 1463-1485.

Clark R L, Hanson E, Mitchell O S. 2016. Lessons for public pensions from Utah's move to pension choice[J]. Journal of Pension Economics & Finance, 15(3): 285-310.

David E C, Ransom M R. 2011. Pension plan characteristics and framing effects in employee savings behavior[J]. The Review of Economics and Statistics, 93(1): 228-243.

Disney R. 2004. Are contributions to public pension programs a tax on employment[J]. Economic Policy, 19(39): 268-311.

Drahokoupil J, Domonkos S. 2012. Averting the funding-gap crisis: east European pension reforms since 2008[J]. Global Social Policy, 12(3): 283-299.

Duval R. 2003. The retirement effects of old-age pension and early retirement schemes in OECD countries[R]. Pairs: OECD Economics Department.

Ebenstein A, Leung S. 2010. Son preference and access to social insurance: evidence from china's rural pension program[J]. Population and Development Review, 36(1): 47-70.

Eich F, Gust C, Soto M. 2012. Reforming the public pension system in the Russian federation [R]. Washington, D. C.: International Monetary Fund IMF.

Engen E M, Gale W G, Scholz J K. 1994. Do Saving Incentives Work[R]. Brookings Papers on Economic Activity.

Farrel J, Shoag D. 2015. Asset management in public DB and non-DB pension plans[J]. Journal of Pension Economics & Finance, 15(4): 1-28.

Gelber M. 2011. How do 401(k)s Affect Saving? Evidence from Changes in 401(k) Eligibility [J]. American Economic Journal: Economic Policy, (3): 103-122.

Girosi F, King G. 2007. Understanding the Lee-Carter Mortality Forecasting Method [R]. Working Paper.

Gruber J, Wise D A. 2012. Social security programs and retirement around the world: micro estimation[R]. Washington, D. C.: World Bank.

Holzmann R. 2012. Global pension systems and their reform: worldwide drivers, trends, and challenges[R]. Austria: The Institute for the Study of Labor.

Inderst G. 2014. Pension fund investment in infrastructure: lessons from Australia and Canada [J]. Rotman International Journal of Pension Management. 7(1): 40-48.

Ingles D. 2015. Superannuation tax concessions and the age pension: a principled approach to savings taxation[R]. Australia: Tax and Transfer Policy Institute.

Jamaludin N, Gerrans P. 2015. Retirement savings investment decisions: evidence from Malaysia [J]. Journal of The Asia Pacific Economy, 20(4): 644-657.

Jeffrey B, Wilcox D. 2009. Discounting state and local pension liabilities [J]. American Economic Review, 99(2): 538-542.

Jimeno J F, Rojas J A, Puente S. 2008. Modelling the impact of aging on social security expenditures[J]. Economic Modelling, 25(2): 201-224.

Kalwij A, Kapteyn A, De Vos K. 2010. Retirement of older workers and employment of the young [J]. Economist Netherlands, 158(4): 341-359.

Kan K, Wang Y. 2013. Comparing China and India: A Factor Accumulation Perspective [J]. Journal of Comparative Economics, (41): 879-894.

Kim J, Li J, Sun F. 2013. Pension contributions and earnings quality[J]. Review of Pacific Basin Financial Markets and Policies, 16(1): 1-31.

Kitao S. 2010. Individual Retirement Accounts, Saving and Labor Supply [J]. Economics Letters, (108): 197-200.

Kocken T. 2012. Pension liability measurement and intergenerational fairness: two case studies [J]. Rotman International Journal of Pension Management, 5(1): 13-23.

Kruse D L. 1995. Pension Substitution in the 1980s: Why the Shift Toward Defined Contribution Pension Plans[R]. National Bureau of Economic Research Working Paper.

Marchiori L, Pierrard O, Sneessens H R. 2012. Aging, labour market dynamics and fiscal imbalances[R]. Poland: National Bank of Poland, 1-33.

Poterba J M, Venti S F, Wise D A. 1995. Do 401(k) Contributions Crowd Out Other Personal Saving[J]. Journal of Public Economics, (58): 1-32.

Ranchhod V. 2006. The effect of the south african old age pension on labour supply of the elderly [J]. South African Journal of Economics. 74(4): 725-744.

Robert N M, Rauh J D. 2009. The liabilities and risks of state-sponsored pension plans[J]. The Journal of Economic Perspectives, 23(4): 191-210.

Staubli S, Zweimuller J. 2013. Does raising the early retirement age increase employment of older workers[J]. Journal of Public Economics, (108): 17-32.

Sunley P. 2000. Pension exclusion in grey capitalism: mapping the pensions gap in britain [J]. Transactions of the Institute of British Geographers, 25(4): 483-501.

Tolos H, Wang P, Zhang M, et al. 2014. Retirement systems and pension reform: A Malaysian perspective[J]. International Labour Review, 153(3): 489-502.

United Nations Population Fund, 2010. State of World Population 2010 [R]. United Nations Population Fund Report.

Venti S F, Wise D A. 1990. Have IRAs Increased U. S. Saving? Evidence from Consumer

Expenditure Surveys[J]. Quarterly Journal of Economics, (105):661-698.

Verbic M, Majcen B, Nieuwkoop R V. 2006. Sustainability of the Slovenian pension system: an analysis with an overlapping-generations general equilibrium model [J]. Eastern European Economics, 44(4):60-81.

Wilmoth J R. 1996. Mortality Projections for Japan: A Comparison of Four Methods. Health and Mortality Among Elderly Population[M]. New York: Oxford University Press.

后 记

我的本科和硕士专业为会计学，博士转为保险学。选择转方向一方面是自己硕士期间自学通过了中国准精算师资格考试，另一方面是我对社会保障领域的好奇，希望自己的研究能对人民群众的生活有所改善与提高，这也算是我的个人追求。在中央财经大学保险学院的博士生活，不仅对我本身的业务能力、以后的就业方向产生了很大的影响，同时也在一定程度上改变了我的性格、价值观。感恩自己的选择，正所谓漫漫人生路、关键的也就那么几步。庆幸自己在关键的点，走对了路。感谢本书编著过程中，中央财经大学杨再贵教授给予的指导！

对于社会保险的研究，我是有一种情怀的，虽然自己在努力地科研，但实际能做的事情还是微乎其微。此书的研究视角、研究方法等方面我都尽可能地去完善，但是肯定存在许多有待改进的地方，还望各位同人批评指正。我很愿意向大家学习、共同探讨。

此书能顺利出版，感谢重庆工商大学财政金融学院的领导和同事们给予的帮助，尤其是刁孝华教授、曾胜教授、王兰教授给予的帮助和支持！

感谢毛跃一教授和策划编辑尚老师对本书提出的建议和后期完善过程中提供的帮助！

感谢我的先生对我工作的支持和包容，使我有更多的精力进行科研，还要感谢他经常的调侃，让我即使论文虐我千百遍，我依然能保持幽默继续前行。

最后，还要感谢我来重庆结识的第一个朋友俊杰，谢谢你让我慢慢发现山城的美，让我在最初的几个月的适应期内有所依靠，让我喜欢上这里。

石晨曦

2018 年 12 月于重庆工商大学